AF273843

e

El líder criético

Desarrolla tus habilidades para ser críticamente ético

El líder criético

Desarrolla tus habilidades para ser críticamente ético

Francisco Javier Sastre Segovia

Prólogo de Luis de la Fuente Castillo
Ilustraciones interiores de Elena Estrada Gómez

Enero, 2024

El líder criético
Desarrolla tus habilidades para ser críticamente ético
Francisco Javier Sastre Segovia

Avda. de Valdenigriales, s/n
28223 Pozuelo de Alarcón (Madrid)
Tel. 91 452 41 00
www.esic.edu/editorial
@EsicEditorial

ISBN: 978-84-1192-021-6
Depósito Legal: M-259-2024

Diseño de cubierta: Balloon Comunicación
Maquetación: Balloon Comunicación
Ilustraciones interiores: Elena Estrada Gómez
Lectura: Balloon Comunicación
Impresión: Gráficas Dehon

Un libro de

Impreso en España - *Printed in Spain*
Este libro ha sido impreso con tinta ecológica y papel sostenible.

A mi madre, ejemplo de bondad y liderazgo aplicado para todos los que tenemos la suerte de estar en su vida.

Con todo mi agradecimiento y, sobre todo, mi eterno amor.

ÍNDICE

PRÓLOGO

Escribir el prólogo de un libro siempre tiene una gran responsabilidad. En primer lugar, por respeto al autor, pero especialmente por los lectores.

Cuando mi amigo Javi me pidió que prologase su libro sobre el «líder criético», lo primero que hice fue preguntarle a qué se refería con ese concepto. Me explicó que, a su vez, este contenía tres conceptos: liderazgo, análisis crítico y ética. En ese momento hice un repaso de mi vida tanto en lo personal como en lo profesional.

El mundo del fútbol, al máximo nivel, me ha permitido, primero como jugador y después como entrenador, observar los comportamientos que están ligados a esos términos muy de cerca.

En este libro se abordan aspectos que son realmente importantes en cualquier persona y, de modo especial, para un líder o alguien que desea serlo.

Por una parte, se hace un análisis en profundidad de qué supone el liderazgo: sus tipos, su implicación para las organizaciones y cómo mejorarlo. Efectivamente, como se indica en el libro, nadie puede atribuirse el título de líder porque es el equipo quien lo otorga. El mundo del fútbol es un claro ejemplo de ello, ya que si el equipo no te apoya, el recorrido en un club o en una selección es muy corto.

En segundo lugar, se explica qué es el análisis crítico y por qué es importante. Y lo cierto es que todos nos vemos condicionados de muchos modos por nuestro entorno. Si cabe, más cuando eres una persona pública y estás sujeto a todo tipo de valoraciones. Dicen que en España hay 46 millones de seleccionadores nacionales. Y, al menos, hay tantas opiniones sobre tu persona y modo de actuar como esa cantidad. La toma de decisiones debe tener como fin último el beneficio del equipo. Al menos así lo he entendido siempre, con independencia de factores externos que siempre ejercen ciertas presiones o, cuando menos, condicionantes.

Por último, en el libro se recogen aspectos fundamentales sobre la ética. La ética es esencial en cualquier aspecto de la vida, como indica el autor. Unos principios morales y éticos deben guiar (al menos en mi caso así lo han hecho) el comportamiento. En el libro se pone mucho énfasis en este punto y me consta que para Javi es algo fundamental en su vida.

Finalmente se analizan dimensiones que tienen que ver con el liderazgo, poniendo ejemplos concretos de personas que son o han sido líderes en distintos ámbitos: político, deportivo, empresarial, etc. A varios de ellos, sobre todo los deportistas, tengo la suerte de conocerlos. Quiero, además, agradecer a Javi que me considere referente y me mencione en algún apartado. No sé si soy ejemplo, pero tampoco dudo de que cada día trato de mejorar.

En definitiva, se trata de un libro entretenido, con sólida base teórica, pero también mucha aproximación a la realidad que, al igual que me ha sucedido a mi, espero que invite al lector a reflexionar para, entre todos, construir un mundo mejor.

Luis de la Fuente
Seleccionador nacional absoluto
Real Federación Española de Fútbol

INTRODUCCIÓN

Desde hace tiempo, vengo pensando en plasmar por escrito algunas reflexiones que me han venido surgiendo desde hace años. Casi desde que tengo uso de razón, me han parecido muy relevantes dos aspectos. Uno de ellos tiene que ver con el pensamiento y análisis crítico. Supongo que la obsesión por no dejarme condicionar ha hecho que haya profundizado en este campo, donde nada se da por supuesto, donde se trata de analizar todo desde la frescura de una mirada carente de prejuicios para, así, poder tomar mejores decisiones que no estuvieran viciadas por lo anterior.

Todos nos dejamos condicionar y yo no soy una excepción, pero la permanente batalla que hay que mantener para que esto no sea sencillo, o se produzca en la menor medida posible, merece la pena. Desde luego que desgasta (y mucho), pero permite afrontar las cosas, informaciones y personas desde una perspectiva distinta y mucho más rica.

El otro elemento está relacionado por algo que también he vivido desde niño, por mi educación en familia. Y tiene que ver con los valores, los principios y la ética. Pienso que una persona sin ética no es buena persona. Y esta afirmación puede parecer demasiado taxativa, pero uno de esos valores es llamar a las cosas por su nombre. El respeto que todos los seres humanos tienen, la lealtad, la honestidad, la responsabilidad y la coherencia, son aspectos que deberían acompañar a cualquier persona.

Tanto en el mundo personal como en el profesional he tenido la oportunidad de compartir con excelentes personas mi andadura. También con otros que no lo han sido tanto. De todos, he aprendido. En unos casos, lo que hay que hacer; en otros, lo que no. En todo caso, como digo, han sido una importante fuente de aprendizaje. El liderazgo se da en cualquier ámbito, no solo en el empresarial. Y aquí, sin extenderme, me gustaría referirme a mis padres, verdaderos líderes y referentes en muchos ámbitos, más allá de aspectos profesionales.

Las personas cambian y también las organizaciones y las sociedades. Y todos necesitamos algunos referentes. Estos son los líderes. Siempre los ha habido, pero sus características eran unas que, en mi opinión, deben revisarse hoy en día.

La confluencia de estos tres factores, liderazgo, análisis crítico y ética, conforman lo que he denominado «el líder criético», que es el líder críticamente ético. Este líder no entiende de ideología ni de género. Por ello, a lo largo del libro, de un modo genérico hablo del líder criético. Bien podría ser la lideresa; tenemos muchas y fantásticas, pero por economía lingüística y por no aburrir al lector con él, ella, elle, además de por coherencia, como digo, me refiero al líder criético. Por otra parte, como apunto, no tiene una ideología determinada, ya que hay líderes muy capaces en todos los bandos. Pensar lo contrario, sería faltar al análisis crítico.

He procurado documentar, tras un profundo estudio, cada afirmación que he llevado a cabo, pero no es descartable que algún elemento se me haya podido escapar.

El libro contiene aspectos que pueden ser más entretenidos que otros, pero espero que todos sean de utilidad para los lectores. Pensando en ellos, he puesto toda la ilusión en este ensayo.

LIDERAZGO Y SU IMPORTANCIA

1 LIDERAZGO Y SU IMPORTANCIA

1.1 Introducción

Mucho se ha escrito sobre liderazgo en la literatura tanto novelística como, de modo especial, académica. Se podría acudir a múltiples razones por las cuales el liderazgo es importante; de modo especial en estos tiempos en los que se alude más a este concepto que al de gestor o directivo. Lo cierto es que el liderazgo no alude de modo expreso al ámbito empresarial, sino que se aplica a distintos campos y tiene un impacto muy relevante en todos ellos.

Desde grandes generales hasta empresarios, pasando por deportistas o políticos, el liderazgo es algo que siempre ha suscitado mucho interés.

En el campo empresarial, el liderazgo tiene un alto impacto en la evolución de las organizaciones. En los últimos años se han prodigado estudios que tienen el liderazgo como eje. Estos estudios e informes tratan de estar a la vanguardia de las necesidades en el mundo empresarial.

Como señala el informe de Previsión Global de Liderazgo en el año 2021, una crisis es la verdadera prueba para el liderazgo. En este sentido, apuntan, en un estudio llevado a cabo entre 15.787 líderes, con más 2.100 profesionales de RR. HH. y en 1.742 organizaciones, las cinco prioridades (entre paréntesis, el % de ellos) manifestadas por más del 50% de los CEO son las siguientes:

- Desarrollar la próxima generación de líderes (55%).
- Hacer frente a la recesión económica (54%).
- Atracción y retención del talento (52%).
- Innovación del producto (50%).

El informe Gallup elaborado al respecto señala que el liderazgo es esencial, teniendo una percepción elevada entre el 48% de los líderes, frente al 34% en 2011. Supone un importante crecimiento en poco tiempo. Esto es especialmente relevante si se tiene en cuenta que solo el 28% los responsables de RR. HH. consideran que tienen en sus organizaciones liderazgo de alto nivel.

Las empresas de todo el mundo se enfrentan a una crisis de liderazgo, según dicho informe trimestral sobre liderazgo que se ha mencionado anteriormente. Solo el 11% de las organizaciones encuestadas informaron que tienen un banco de liderazgo «fuerte» o «muy fuerte», el más bajo de los últimos 10 años.

Algunos otros datos, como el que recoge Kevin Johnson, que inciden en la distancia que hay entre la importancia atribuida al liderazgo y su percepción es la que aportan los siguientes datos:

- Los empleados de todos los niveles en el lugar de trabajo se sienten marginados e infravalorados en más de un sentido.
- Las empresas estadounidenses gastaron 160.000 millones de dólares en formación y educación de los empleados, y sin embargo:
  - El 58% de los directivos afirma no haber recibido ninguna formación en gestión.
  - El 79% de las personas dejan su trabajo por falta de aprecio.
  - El 77% de las organizaciones afirman estar experimentando actualmente una brecha de liderazgo.
  - Solo el 10% de los directores generales cree que las iniciativas de desarrollo del liderazgo de su empresa tienen un claro impacto en el negocio.
  - El 63% de los *millennials* afirman que sus habilidades de liderazgo no se están desarrollando plenamente.

Según el informe elaborado por la consultora Deloitte, *liderazgo de alto impacto*, las cinco dimensiones sobre las capacidades del liderazgo son las siguientes:

- Comunicación del estilo de liderazgo.
- Exposición como método de aprendizaje.
- Recursos humanos y colaboración del negocio.

- Conocimiento compartido.
- Asunción de riesgos.

En la misma línea, un informe adicional de la consultora, bajo el título *Liderazgo para el siglo XXI; intersección de lo tradicional y lo nuevo*, en un mundo de modelos de negocio digitales disruptivos, fuerzas de trabajo aumentadas, organizaciones aplanadas y un cambio continuo hacia prácticas de trabajo en equipo, las organizaciones desafían a sus líderes a dar un paso al frente y mostrar el camino que seguir. Se presiona a los consejeros delegados para que adopten una postura sobre cuestiones sociales; se pide a los ejecutivos de la *C-suite* (máximo nivel ejecutivo) que trabajen de forma más colaborativa en todas las funciones; los líderes de línea deben aprender a operar en redes de equipos. Pero dicho estudio muestra que, aunque las organizaciones esperan nuevas capacidades de liderazgo, siguen promoviendo en gran medida los modelos y mentalidades tradicionales, cuando deberían estar desarrollando habilidades y midiendo el liderazgo de manera que ayude a los líderes a navegar eficazmente por una mayor ambigüedad, hacerse cargo de un cambio rápido y comprometerse con las partes interesadas externas e internas.

Sin embargo, aunque muchas organizaciones han creado modelos de liderazgo digital, actualizado sus marcos e invertido en nuevos programas de liderazgo, el estudio apunta que la mayor necesidad puede residir en la combinación del desarrollo de nuevas competencias y su ubicación en un nuevo contexto. Ese nuevo contexto es el cambiante conjunto de expectativas sociales y organizativas sobre cómo deben actuar los líderes y a qué resultados deben aspirar. En la era de la empresa social, la gente ya no cree que los resultados financieros sean la única o principal medida para juzgar el éxito de una empresa; también juzgan a las organizaciones por el impacto que tienen en el entorno social y físico, así como en sus clientes y en las personas que trabajan para y con ellas. En consecuencia, los líderes que se centran únicamente en dirigir una empresa fuerte y competir sin descanso en el mercado pueden ser considerados demasiado estrechos de miras y no plenamente comprometidos con los retos del entorno empresarial y social más amplio.

Según dicho informe, las principales diferencias entre la situación actual y la deseada tienen que ver con los siguientes aspectos:

- **Transparencia.** En el mundo actual de la empresa social, la transparencia es la divisa organizativa más valiosa. Ayuda a generar confianza y respeto en un mundo en el que muchos pueden cuestionar las verdaderas intenciones de una organización. Sin embargo, a pesar de la importancia de la transparencia, solo el 18% de los encuestados creía tener un modelo transparente y abierto; el 37% estaba preocupado por su capacidad para generar confianza, el 60% estaba preocupado por la percepción de transparencia de sus empleados y el 27% creía que la falta de transparencia estaba creando una desventaja competitiva.
- **Colaboración interna.** A medida que las organizaciones avanzan hacia modelos de negocio centrados en los servicios, pueden beneficiarse cuando los líderes de la *C-suite* cambian su enfoque más allá de sus estrechas torres de responsabilidad y trabajan más estrechamente entre sí. Como ya comentamos en el informe del año pasado, las funciones y el trabajo de los directivos son cada vez más complejos y están más integrados. Sin embargo, el 83% de los encuestados nos dijeron que sus ejecutivos de la *C-suite* rara vez colaboran o lo hacen solo de forma puntual; solo el 17% dijo que los ejecutivos de la *C-suite* en su organización colaboran regularmente.
- **Gestión del rendimiento.** La forma en que se mide el éxito de los individuos sigue siendo una poderosa manera de moldear el comportamiento. Sin embargo, a pesar del fuerte deseo de las organizaciones de obtener de sus líderes un comportamiento diferente, más propio del siglo XXI, los encuestados describieron un enfoque muy tradicional en la forma de evaluar a los altos directivos. Los tres criterios más utilizados por las organizaciones para medir el éxito de los líderes son impulsar la estrategia (63%), obtener resultados financieros (58%) y gestionar bien las operaciones (44%).

De acuerdo con el informe de Deloitte, la cultura de la organización tiene un impacto directo e importante en el crecimiento del liderazgo y el rendimiento de la organización

Según se señala en CompareCamp en su informe *Leadership Statistics 20/21 Data, Trends&Predictions*, el 83% de las organizaciones reconocen la importancia de desarrollar líderes a todos los niveles. El mismo informe apunta que el 30% de las organizaciones tienen dificultades en desarrollar efectivamente el liderazgo debido a una falta de implicación de los altos directivos.

En una línea similar se expresa el informe elaborado por Ticpymes, donde el 86% de los trabajadores considera que falta liderazgo entre sus directivos.

El estudio elaborado por Ryan Pendell para Gallup sobre liderazgo publicado en 2019 destaca algunos aspectos:

- Los líderes necesitan comprender y mejorar la experiencia de los mánager en su compañía.
- Esta experiencia del empleado es la marca del empleador. Únicamente el 12% de los empleados considera que sus organizaciones llevan a cabo una buena labor en el proceso de incorporación de sus empleados. La mayor parte de sus empleados con sus mánager cuando abandonan las organizaciones.
- El respeto está en la base de una cultura inclusiva. Este es uno de los aspectos más importantes de las empresas en la actualidad.
- El compromiso del empleado está en auge.
- No se puede crear una compañía ágil sin grandes directivos.
- La mayor parte de los empleados están quemados en su trabajo.
- La gestión del rendimiento está rota.

El informe Marsh McLennan sobre liderazgo señala lo siguiente:

- Una de las razones por las que se están afrontando algunos problemas de liderazgo tiene que ver con la retirada o jubilación de los *baby boomers* mientras los *millenials* todavía no han accedido a posiciones ejecutivas.
- El 30% de las organizaciones son incapaces de crear programas efectivos de desarrollo debido a la falta de compromiso por parte de los altos directivos.
- El 42% de las organizaciones no tiene desarrollado un esquema de competencias para desarrollar el liderazgo.

Sin intención de abrumar, vemos que son numerosos los informes y estudios sobre el liderazgo. Todos ellos de rabiosa actualidad. Dichos informes que hacen referencia al liderazgo tienen algunos puntos en común: la importancia de este y la necesidad de perfeccionarlo para la mejora de las organizaciones.

Algunos pensadores que se manifiestan al respecto son:

- Warren Bennis: afirma que si hubiera que destacar un elemento por el que admirar a una compañía, este sería el que tiene que ver con el liderazgo de quien la dirige.
- El Institute for Strategic Change afirma que la revalorización de las organizaciones que se han visto afectadas por un liderazgo positivo ha subido un 900% en 10 años, frente a un 74% de aquellas que no lo han tenido.
- Harvard Business School sostiene que la calidad del liderazgo en las organizaciones es responsable de, aproximadamente, el 20% de su rendimiento. Y añade que las razones de la sustitución de los CEO se corresponde, en un 73% de los casos, con un ineficiente liderazgo.
- Las empresas de selección cada vez otorgan más relevancia a las habilidades blandas. En este sentido, el liderazgo está entre las más destacadas. Cualquier organización desea contar con líderes que sean capaces de motivar y orientar a un equipo. Cuando no lo tienen en su organización, se presentan dos alternativas: contratarlos externamente o formarlos. Contratarlos externamente tiene la ventaja de que ahorra tiempo, pero la desventaja de que no está consolidado con los valores de la organización, en los que hay que trabajar. Si se entrena y trata de consolidar desde dentro, normalmente requiere tiempo, pero sí está alineado con la cultura de la organización.
- Según el Foro Económico Mundial, el liderazgo se encuentra entre las habilidades más demandadas por las organizaciones (en tercer lugar, antecedido por la comunicación, aspecto muy vinculado al liderazgo).

La importancia del liderazgo es expresada no solo por los incontestables datos de reciente publicación y que tienen una base empresarial y tratamientos sólidos. El mundo de la academia, a través de numerosos autores, ha abundado en esta relevancia.

El liderazgo es una condición humana básica y global, pues desde los inicios del ser humano, donde ya vivían en sociedad, han existido líderes que han guiado a los demás, de tal manera que a medida que la sociedad ha ido evolucionando el liderazgo también se ha transformado (Barroso & Salazar, 2010).

El liderazgo es uno de los factores más determinantes e influyentes en la percepción que tienen los trabajadores del clima organizacional (Ponce et al, 2014), y dada la importancia que tiene el clima organizacional en el cumplimiento de los objetivos de la organización, un clima positivo genera un mayor sentimiento de pertinencia hacia la organización provocando automáticamente un mejor desempeño en los trabajadores.

Por decirlo de alguna manera, un buen liderazgo determina un buen clima laboral y un buen clima laboral influye positivamente en el rendimiento.

1.2 Qué se entiende por liderazgo

El liderazgo nace desde el mismo momento en que surge la interacción entre dos individuos. Aquí, normalmente entendemos que se trata de dos personas, pero no tiene por qué ser así. De hecho, en el mundo animal se presentan muchos ejemplos de liderazgo. Hay especies donde esto es más evidente, como en los lobos. Son una especie muy jerárquica y el liderazgo tiene un papel muy importante. Al ser menos desarrollada que los humanos, se llega a confundir liderazgo con jerarquía, ya que, en ocasiones, se sigue al líder por temor, más que por convicción, que es la esencia del liderazgo. En todo caso, referida a los humanos, desde el momento en que dos personas se juntan para llevar a cabo cualquier actividad ya existe, potencialmente, una acción de liderazgo.

Desde el origen de nuestra existencia, donde un individuo, al salir de caza, establecía la táctica de acoso a los animales o la estructura de organización del grupo, ya existe liderazgo. En aquel momento, la atribución del liderazgo residía, normalmente, en la fuerza física. Afortunadamente, en la mayoría de los casos, esto ya ha evolucionado y son otros los atributos que otorgan esa legitimidad: información, conocimiento, relaciones y otros. Desde luego, en el entorno empresarial.

Durante décadas se pensaba que el liderazgo venía determinado por los rasgos y que era innato. De alguna manera, se nacía líder o no. Desde hace ya bastantes años, se ha observado que el liderazgo está asociado a ciertas competencias que se pueden aprender y desarrollar. Fruto de esta aproximación, en las universidades y escuelas de negocios se está ofreciendo formación en este ámbito. Además, la cada vez más compleja situación que vivimos en todos los ámbitos, y de modo particular en las empresas, hace que la demanda esté creciendo de manera notable.

Serrano y Portalanza (2014) han recogido, al respecto, varias definiciones sobre el liderazgo y su importancia, analizando su influencia sobre el clima organizacional.

Los autores se han referido al liderazgo de una manera abundante aunque general.

«El liderazgo es la capacidad de influir en un grupo para que se logren las metas» (Gómez, 2002). Para Davis y Newstrom (2003), el liderazgo es el proceso de lograr influir sobre los demás con trabajo en equipo, con el propósito de que trabajen con entusiasmo en el logro de sus objetivos. Serra (2010) lo explica como un grupo de formas de comportamiento que el líder usa como herramienta para influir sobre el actuar de los individuos y equipos.

El principio primordial del liderazgo es que las personas tienden a seguir a quienes pueden ayudarlos a lograr sus metas (Koontz & O'Donnell, 2001). En este sentido el rol del líder es lograr que la organización genere relaciones que permitan obtener los resultados esperados, ya que los líderes afanan su labor en la creación de nuevas oportunidades que permitan compartir y aprender lo aprendido, llegando a transformar el contexto (Fullan, 2002).

La efectividad del líder está dada por su habilidad para lograr que las organizaciones alcancen las metas planteadas considerando su habilidad para influir sobren el proceder de los demás (Robbins & Judge, 2009). Por eso el liderazgo se desarrolla con una visión integrada por el líder, el talento humano y la organización, encauzada a la búsqueda de la calidad y excelencia organizacional (Cruz & Salanova, 2011).

Desde esta perspectiva, el rol del liderazgo implica fomentar el crecimiento y la participación personal, impulsar la creatividad y desarrollar habilidades en todos los miembros de la organización (Perdomo & Prieto, 2009).

Como recogen Serrano y Portalanza (2014), en las últimas décadas se ha mencionado mucho cómo el liderazgo ejerce influencia sobre sus subordinados, poniendo el foco en estos últimos.

Lo cierto es que definir el liderazgo no es sencillo, ya que no hay consenso sobre el elemento que otorga ese liderazgo. Algunos de los aspectos tienen que ver con características que atesora el líder, son las que se exponen a continuación y que ayudan a entender el concepto de una manera general:

- **Liderazgo como influencia**. Describe el liderazgo como un proceso de influir a los otros. Tiene que ver con la capacidad del líder de construir relaciones y poder afectar el comportamiento para ejecutar una determinada visión. El resultado está orientado a modificar el comportamiento a través de la inspiración y motivación del grupo.

  En este sentido se han manifestado algunos autores como el Dr. Myles Munroe en *The Spirit of Leadership* (2005) o William Alan Cohen en *The art of the Leader* (2000), además de Hersey y Blanchard, a quienes me referiré más tarde. Joseph Rost (1993) se refiere al líder como la relación de influencia que mantiene con sus seguidores en la búsqueda de un objetivo común.

  Bill Gates es un ejemplo de líder que ha ejercido (y lo sigue haciendo) una gran influencia. Además, esta influencia va más allá de sus propios trabajadores, que sirven de inspiración para muchos otros.

  En el ámbito deportivo, jugadores como Modric, Leo Messi o LeBron James (por citar solo algunos) ejercen una gran influencia sobre sus compañeros. Su sola presencia hace que los demás componentes del equipo ganen en confianza y seguridad.
- **Líder como gestor o inductor del cambio**. El líder se entiende como la persona que es capaz de movilizar para el cambio. Se trata de aquel que se da cuenta de que hay un desencadenante del cambio y es capaz de movilizar a una organización para llevarlo a cabo. Del mismo modo, cuando se ha definido el cambio, es capaz de hacer que dicho cambio se gestione con éxito. Describen al liderazgo como el proceso de cambio apoyado en influencia social y persuasión. Gardner (1989) sostiene que el liderazgo es el proceso

de persuasión o cambio por el cual un individuo o equipo induce a un grupo a perseguir los objetivos establecidos por el líder o por el líder y sus seguidores.

Steve Jobs, en su vuelta a la compañía que había cofundado, llevó a cabo significativos cambios en lo que se refiere a diseño de productos, innovación tecnológica, lanzamiento de nuevos productos y otros, que devolvieron a la compañía al máximo nivel.

En el ámbito deportivo, el Milan AC, de Arrigo Sacchi, introdujo una nueva manera de jugar al fútbol a finales de los ochenta, que los madridistas hemos sufrido. Presión sobre los rivales, centrales en salida de balón y otras variantes, hicieron que el fútbol se comenzase a entender de otra manera.

- **El líder como servicio**. Tiene que ver con el liderazgo identificado como servicio a los demás. Identifica al líder como alguien guiado por el servicio a los demás. Greenleaf (2002) sostiene que el liderazgo tiene que ver con el servicio a los demás y el compromiso de desarrollar más servidores como líderes.

  San Juan Pablo II fue un claro ejemplo de liderazgo al servicio de los demás. Más adelante, me referiré a la madre Teresa de Calcuta como referente en este campo, pero Juan Pablo II comparte este mismo liderazgo mediante el cual siempre dio muestras de pensar y trabajar para los demás.
- **Liderazgo y carácter**. Estas definiciones hablan del carácter del líder y afirman la relevante importancia que tienen el carácter, la integridad y la confianza en el líder. Ciulla (2020) afirma que el liderazgo es una compleja relación moral que existe entre las personas y que se basa en confianza, obligación, compromiso, emoción y una visión compartida de lo que es bueno.

  Las primeras teorías sobre liderazgo tienen esta base. Atribuye a la personalidad la capacidad de liderar. Incluso se llegó a pensar que el liderazgo se podía heredar. Habla del liderazgo como una serie de atributos de carácter innato y que, aunque se pueden desarrollar, solo es hasta cierto punto y a partir de una serie de características ya predeterminadas.
- **Liderazgo como desarrollo**. Pone el liderazgo en el desarrollo del líder para hacer crecer a los demás como futuros líderes. Pone el foco en el desarrollo de las personas que forman el grupo para

que evolucionen. En algunos casos, el desarrollo tendrá que ver con mantener el desarrollo de dichos colaboradores, pero en otros con la creación de nuevos líderes a partir de dichos colaboradores.

Autores como Ralph Nader (1988) afirman que la función del liderazgo es producir más líderes, no más seguidores. Un buen líder debería trabajar para que su equipo crezca por sí mismo y lo haga con la mira puesta en la creación de futuros líderes; personas que sean capaces de desarrollar, asimismo, a otros y que, fruto de este efecto, toda la organización evolucione.

- **El líder como ejemplo**. Se identifica al líder como la persona que mantiene coherencia entre lo que dice y cómo se comporta, para que los demás sean capaces de ver cómo lo que se mantiene se puede llevar a cabo. Los colaboradores necesitan ver que quien los dirige es capaz de mantener esa coherencia y comportarse como dice que hay que hacerlo.

En cualquier ámbito de la vida, el mejor modo de presentar las cosas e incentivar a un determinado comportamiento es el ejemplo. Frecuentemente se sigue a una persona porque nos inspira con su comportamiento. Aquí, la coherencia entre las palabras y las acciones es esencial. No se puede mantener un discurso y hacer todo lo contrario. Esto no solo significaría que el líder no tiene autoridad, sino que fomenta un modo de hacer las cosas completamente contraproducente, es decir, se incentiva aquello de «digo una cosa, pero hago la contraria». En muchas ocasiones esto sucede porque se ha instalado lo políticamente correcto en cuanto al discurso, pero los intereses personales priman y no se mantiene lo expuesto con el comportamiento.

Cuántas personas han hablado de ética, de la importancia de ayudar, de la fidelidad o lealtad y, a la hora de la verdad, se ha descubierto que su comportamiento va en sentido opuesto. Esto se debe a que los intereses personales han primado sobre el discurso generalmente aceptado. Por el contrario, cuando una persona es coherente en su comportamiento respecto a sus palabras o, simplemente, actúa de un modo ético y consecuente, este líder gana en credibilidad y adhesión.

Un líder que en este campo se puede destacar es Amancio Ortega. De carácter poco mediático, siempre ha estado en un segundo plano trabajando para su organización, el grupo Inditex y convirtiéndolo en un gigante mundial. Los que rodean al empresario hablan de su humanidad y carácter cercano a los colaboradores.

El líder criético (concepto que explicaré más adelante y que nace de la confluencia de tres elementos: liderazgo, análisis crítico y ética en el comportamiento) sabe que la coherencia tiene que ver con comportarse como se dice. En otras palabras, predicar con el ejemplo. Todos, con una cierta capacidad de comunicación, somos capaces de formular sentencias muy bonitas, motivadoras y apelar a un modo de trabajar y comportarse determinado. Eso es muy sencillo. No tenemos más que verlo en el ámbito político. Prácticamente todos lo hacen. Pero hay que comportarse conforme a lo que se dice. Eso, por un lado. Por otro, el líder criético es consciente de que su comportamiento está siendo observado y que lo que haga tiene mucho más predicamento que lo que diga. Este es el modo de orientar una conducta. No se puede pedir calma ante situaciones complejas si el líder no mantiene dicha calma. No se puede pedir respeto si el líder no respeta a los demás. En definitiva, no son las palabras las que definen al líder criético, sino su comportamiento.

Algunos autores, como Hersey y Blanchard, han señalado y apuntado al liderazgo situacional, que tiene que ver con la situación del grupo y del líder. El contexto y el tipo de personas y la madurez de quien se está liderando. Este punto lo comparto, pero, además, añado que los distintos sectores ponen el foco en un liderazgo diferente. El tipo de sector en el que se desarrollan hace que el liderazgo en materia de producción sea diferente en el ámbito automovilístico que en el de una empresa de servicios. Del mismo modo, si el negocio es B2B, seguramente la aproximación al cliente y, por tanto, el liderazgo es distinto al B2C. Y estos son algunos ejemplos que se pueden extender a muchos sectores donde elementos como el ciclo de vida de la industria juega un papel importante, ya que no es lo mismo una industria en crecimiento, madurez o declive a la hora de liderarla y gestionar su adaptación en un mercado cada vez más complejo.

Estas son algunas de las características que el líder presenta y que tienen que ver, como no puede ser de otro modo, con la interacción con los colaboradores, ya que el líder no es nada sin los colaboradores.

Poco profusa es la literatura sobre este aspecto, pero cada vez se pone más foco en la necesidad para el líder de contar con los colaboradores adecuados y viceversa.

1.3 Beneficios del liderazgo en las organizaciones

Ser un líder ético (en este caso criético) es muy bueno por diversas razones. No solo desde un punto de vista moral e individual, sino también para la propia organización. Algunos de los beneficios que pueden derivarse son los siguientes:

- **Mejora la reputación de la organización.** Una mayor reputación de la organización, a su vez, tiene muchas consecuencias positivas. Desde los empleados, quienes tendrán preferencia por trabajar en dicha organización y, además, hacerlo a un salario normalmente inferior si se diera el caso (algunas organizaciones lo utilizan como elemento estratégico), hasta cualquier otro de los grupos de interés. Los proveedores, por ejemplo, siempre prefieren trabajar con entidades éticas. Esto, asimismo, impacta en su organización, pero, además, a la hora de gestionar aspectos financieros, donde, cada vez más, se solicitan justificantes de cumplimiento de ética y sostenibilidad. De modo particular, los clientes. Los clientes muestran preferencia por consumir productos de marcas éticas. Y esta es una tendencia creciente. Esto puede, por tanto, convertirse en una ventaja estratégica.
- **Mejora los resultados de la empresa.** En la medida en que se trabaja de una manera coordinada, liderada, con un fin en mente y de manera proactiva y colaborativa, los resultados de la empresa se ven impactados positivamente. Además, al trabajar con más entusiasmo y mayor capacidad de afrontar los retos toda la organización afronta mejor la adversidad y la supera, sobreponiéndose a las dificultades que, inevitablemente, van a acontecer. Contar con un buen líder hace que todos se sientan protegidos, pero que, además, apoyen el proyecto sin fisuras (que no de manera no crítica) y remen todos en la misma dirección.
- **Confianza.** La confianza que se genera cuando un equipo está bien liderado tiene varias dimensiones. En primer lugar, hace que

se confíen en el compañero. Además de por el convencimiento técnico, la seguridad de que se está trabajando por un bien común y no por intereses personales da la tranquilidad de que se está haciendo lo correcto y, además, contribuyendo de manera decisiva. Por otra parte, esta confianza también se deposita obviamente en el líder, sabiendo que ejercerá como tal, defendiendo los intereses comunes por encima de los particulares. Y que lo hará de manera justa y decidida.

- **Trabajo en equipo y clima laboral.** El trabajar con un líder adecuado hace que este colabore en la creación de un trabajo en equipo, que no es lo mismo que un grupo de trabajo. Un trabajo en equipo tiene bien asignadas las responsabilidades, aunque se ayuden unos a otros tienen claro el objetivo común y el modo de lograrlo. En definitiva, se es más eficiente. Además de ello, el ambiente que se respira es de colaboración y dinámica positiva, haciendo que, además de disminuir el cansancio, la motivación juegue a favor de todos.
- **Estimula la creatividad.** El liderazgo hace que entre todos busquen las mejores soluciones de manera creativa, innovando en el modo de hacer las cosas y en el enfoque que dan a los temas. De este modo, se pueden abordar cuestiones que presentan una solución difícil si se emplean métodos tradicionales. Un equipo bien liderado logra la mejor aportación y el punto de vista de todos y cada uno de los miembros del grupo, logrando encontrar soluciones innovadoras, creativas y distintas a las que se llegarían de un modo tradicional. De alguna manera, se fomenta dicha creatividad.

2

LIDERAZGO Y PENSAMIENTO CRÍTICO

2 LIDERAZGO Y PENSAMIENTO CRÍTICO

2.1 Introducción

El pensamiento crítico tiene que ver con la capacidad de recopilar y analizar la información para llegar a una conclusión y tomar una decisión en consecuencia. Esta es una habilidad que excede el campo puramente empresarial y se puede extrapolar a cualquier ámbito de la vida.

El pensamiento crítico parte de la premisa de que no todo lo que llega a nuestros oídos o a nuestros ojos es de calidad. Y puede no ser de calidad por la fuente, por no estar contrastado, por tratar de condicionar nuestro comportamiento, etc.

El líder debe poner la atención en no dejarse condicionar. Dejarse condicionar, además de demostrar poca inteligencia, puede tener implicaciones graves en nosotros mismos y en los colaboradores que han depositado su confianza en dicho líder.

Cuando se habla de pensamiento crítico, algunas de las cuestiones que me vienen a la mente son las siguientes:

- ¿Profundizas en la información más allá del titular que escuchas o lees?
- ¿Consideras el contexto a la hora de analizar algo?
- ¿Cómo acudes al intercambio de opiniones?
- ¿Has pensado en el objetivo de la persona que te ofrece una determinada información o comentario?
- ¿Has evaluado en algún momento la calidad de tu pensamiento?
- ¿Todos los pensamientos tienen la misma importancia?
- ¿Cuál es el proceso que llevas a cabo cuándo tienes que tomar una decisión?

- ¿Hasta qué punto defiendes tus ideas y, en caso de estar equivocado, rectificas?
- ¿Hasta qué punto las críticas te afectan? ¿Te las tomas personalmente? ¿Depende de quien las emita?
- ¿Te implicas emocionalmente en los debates que tienes?
- ¿Escuchas activamente o estás pensando en la respuesta que vas a ofrecer?
- ¿Cuál es el objetivo de una discusión? ¿Lo tienes claro antes de empezar?
- El pensamiento que tienes sobre algún tema ¿ha evolucionado a lo largo del tiempo?
- Si has cambiado de opinión sobre alguna cuestión, ¿qué te ha hecho cambiar de opinión?
- ¿Coinciden tus objetivos con los del resto del equipo y con los de la organización?
- ¿Contrastas la información que te hace tomar decisiones antes de llevarlas a cabo?
- ¿Evalúas *a posteriori* la repercusión de tus decisiones?
- ¿Te planteas con frecuencia si podrías pensar de otra manera si las circunstancias hubieran sido diferentes?

Todas estas son cuestiones que tenemos que considerar cuando hablamos de pensamiento crítico. Un líder debe llevar a cabo un pensamiento crítico donde todas estas preguntas sean tenidas en cuenta antes de tomar decisiones.

El análisis crítico es una de las habilidades más demandadas en cualquier tipo de empresas. Esto gana en importancia cuando se trata de liderar un equipo.

Las empresas de selección cada vez buscan más esta capacidad de análisis y pensamiento crítico. Y esto es una consecuencia clara del mayor foco que ponen las grandes organizaciones en ello. La razón es clara. En la medida que sus colaboradores tengan pensamiento crítico, más se pueden desarrollar y hacerlo además de una manera más sostenida y rentable, ya que se produce una discriminación de la información que no aporta valor, lo que incide directamente en el producto y en cualquier ámbito de la organización.

El análisis crítico tiene que ver con la calidad de la información que permite tomar decisiones y las decisiones están en el centro de la actividad social y empresarial. No nos referimos solo a las empresas, sino a cualquier tipo de organización. Si, además, estás en interacción con un grupo de compañeros, más relevancia. Y esto gana en importancia cuando, como líder, tienes que tomar decisiones y estas decisiones afectan (o pueden afectar) a muchos empleados o, en general, seguidores.

La toma de decisiones es la fase previa a una implementación que puede tener muchas consecuencias, y estas consecuencias es esencial que sean positivas. Para que la toma de decisiones sea lo más adecuada posible, es esencial que el proceso se siga de modo riguroso. Y, además, que se comunique adecuadamente. El pensamiento crítico está en la base del análisis de la información que tenemos que considerar para la toma de las decisiones. De ahí su importancia.

Como apunta Williams (2017) apoyándose en Dewey, «la esencia del pensamiento crítico es la suspensión del juicio; la esencia de esta suspensión es indagar la naturaleza del problema antes de proceder».

Con estas consideraciones, nos tenemos que preguntar qué es el pensamiento crítico. Robert Stemberg (1986) define el pensamiento crítico como los procesos mentales, estrategias y representaciones que la gente utiliza para resolver problemas, tomar decisiones y aprender nuevos conceptos.

Lipman (1987) sostiene que el pensamiento crítico debe ser definido por tres características:

- Pensamiento autocorrectivo.
- Pensamiento con criterio.
- Consideración del contexto.

Facione (1998) habla de pensamiento crítico con una aproximación muy práctica y se refiere a él como un «buen pensamiento», alejado del pensamiento irracional e ilógico. El pensamiento crítico tiene que ver con no dejarse llevar por prejuicios, con la consideración de todos los hechos y que estos sean correctamente analizados y evaluados, así como la escucha activa de todos los aspectos de las discusiones o consideraciones. Este pensamiento crítico, como apunta el autor, puede tener un propósito determinado, como el de ser el vencedor en una disputa, o por el contrario un espíritu colaborador en la defensa de un objetivo común. En cualquiera de los dos casos, el pensamiento crítico es útil y beneficioso.

El pensamiento crítico, por decirlo de manera clara, tiene que ver con la consideración menos arbitraria, exenta de pasión y prejuicios de toda (o la mayor parte de) la información para, con base en esta, defender una idea o tomar una decisión.

A veces, confundimos los términos «subjetivo» y arbitrario». Lo subjetivo tiene que ver con el sujeto y, cuando tomamos decisiones, estas decisiones tienen que ver con algo que aprecia un sujeto. En este sentido, no podemos decir que una decisión no es subjetiva. Lo que tenemos que intentar es que no sea arbitraria, es decir, que el juicio sea equilibrado, coherente y sin interferencias de ningún tipo.

La clave del pensamiento crítico es la pregunta. Una pregunta bien dirigida es parte de la solución. Por eso, la inteligencia en la pregunta resuelve gran parte del camino.

2.2 Fases en el pensamiento crítico

Según indica Facione (1998), las fases que cualquier proceso de pensamiento crítico debe contener son las siguientes:

1. **Identificación del problema**. Supone una identificación del hecho desde distintas perspectivas. A veces, si solo lo hacemos desde la primera, perdemos información muy relevante del hecho. Algunas de las cuestiones que nos tenemos que plantear son:

    1.1. ¿Qué está pasando?
    1.2. ¿Por qué está pasando esto?
    1.3. ¿Lleva mucho tiempo?
    1.4. ¿Todos lo ven del mismo modo?
    1.5. ¿Están influyendo mis opiniones? ¿Hay alguna suposición que esté haciendo?
    1.6. ¿Puedo hacer algo al respecto?
    1.7. ¿Soy yo el encargado de gestionarlo?

2. **Investigación**. Implica recoger toda la información disponible para saber qué es lo que está pasando. Cuantos más datos tengamos, mejor. Aquí me refiero a estadísticas, opiniones, hechos anteriores relacionados y otros elementos que afecten al hecho que se

esté valorando. Es importante acudir a distintas fuentes y contar con información tanto cuantitativa como cualitativa. La opinión o la decisión que no se base en información tiene un alto riesgo de ser equivocada. Ahora bien, no toda la información es igualmente valiosa Algunos de los elementos que debo considerar son:

2.1. Fuente.
2.2. Relevancia.
2.3. Actualización.
2.4. Confiabilidad.

De aquí, tenemos que contar con la más adecuada para nuestro proceso de toma de decisiones. Alguna información será más relevante y otra, menos. Y lo será para el problema que estemos abordando. Es decir, información relevante o de una determinada fuente puede ser más útil en una determinada situación que en otra. Es importante que identifiquemos qué información es relevante para qué propósito. Si confundimos este punto, la propia información, aunque sea adecuada, nos puede llevar a una decisión errónea.

3. **Análisis**. Estudiamos en profundidad la afirmación o información que nos ha llegado.

   ¿Por qué se produce esta afirmación? ¿Por qué el otro opina algo? ¿Cuáles son las razones a favor y en contra de esta? ¿En qué nos basamos (o se basa otra persona) para llevar a cabo dicha afirmación?

   Esta fase de análisis, a su vez, contiene varias subfases para buscar la mejor solución:

- Interpretación
  Tiene que ver con la comprensión general del hecho o información. Qué lo rodea. Algunas de las preguntas que nos tenemos que hacer son las siguientes: ¿qué significa un hecho o una información determinada? ¿Cuál es el contexto en el que se produce? ¿Cómo lo debo interpretar, en definitiva?... De nuevo, una misma información, en contextos distintos, puede aportar elementos de juicio diferentes.

- Análisis

  Estudiamos en profundidad la afirmación o información que nos ha llegado.

  ¿Por qué se produce esta afirmación? ¿Por qué el otro opina algo? ¿Cuáles son las razones a favor y en contra de esta? ¿En qué nos basamos (o se basa otra persona) para llevar a cabo dicha afirmación? Tenemos que estar también muy alerta por si el otro opina de una determinada forma para desviar nuestra atención. Esto, incluso, si el otro piensa del mismo modo que nosotros.

  El líder criético está en una derivada superior. El líder criético (concepto que desarrollaré más adelante en profundidad) combina las características de que es críticamente ético. Es un líder que lleva a cabo análisis críticos y se comporta de un modo ético. Y todo ello para tomar las mejores decisiones de una manera global. Tras abordar la importancia del análisis crítico y de la ética, expondré el modelo del líder criético como conjunción de ambas características en alguien que lidera a un grupo.

  Si tu contrincante opina lo mismo que tú, revisa tu pensamiento y el suyo. Tal vez lo haga para, mostrando ese acuerdo, posteriormente lograr algo mayor. O porque quiera despistarte. ¡Ojo!
- Inferencia

  Se trata de identificar los elementos que nos permitan llevar a cabo razonamientos, afirmaciones e hipótesis.

  ¿Qué conclusiones podemos extraer? ¿Qué evidencias se aportan? Si se acepta esa hipótesis, ¿qué consecuencias implicaría? ¿Qué aspectos no se han considerado o alternativas tenidas en cuenta? Muchos de los errores que cometemos (todos) tienen que ver con no haber considerado todos los elementos relevantes. Sí se han tenido en cuenta algunos, pero se han dejado de lado otros que también son importantes.
- Evaluación

  Consiste en medir o evaluar la credibilidad de las afirmaciones o descripciones aportadas. Las medimos con relación a otras similares, aportaciones sobre la misma materia.

  ¿Cómo de creíble resulta esta afirmación? ¿Hay hechos que la justifican o que la soportan? ¿Son sólidos los argumentos? A la hora de contrastar su fortaleza, el líder criético se pregunta: si yo estuviese en la posición contraria, ¿qué diría para rebatir dicho argumento? Cuanto más cerradas estén esas puertas, más inexpugnable es el razonamiento.

- Explicación
  Se trata de explicar la decisión considerada. Algunas cuestiones serían las siguientes: ¿cuáles son los resultados específicos de la investigación y cómo se ha llegado a dicha conclusión? ¿Cuál ha sido el proceso y las consideraciones? ¿Y la interpretación, más allá del hecho en sí mismo?
- Autorregulación
  Consiste en verificar la fiabilidad de todo el proceso y ver si nos hemos equivocado en algún punto. Tiene que ver con la precisión de lo que estamos tratando. Cómo ha sido la metodología y si esta ha sido seguida de un modo riguroso. ¿Cómo de buena es nuestra evidencia? ¿Soporta la crítica? ¿Hay algo que no hayamos tenido en cuenta?

4. **Toma de decisión**. Una vez he comprendido el contexto, he hecho las preguntas adecuadas y dispongo de la información adecuada, además de conocer los distintos puntos de vista, ya puedo tomar una decisión. Esa será la solución que adopte. Esta decisión afecta a varios niveles: estratégico, más a largo plazo y táctico, más operativo y a corto plazo.
5. **Comunicación de la decisión**. El proceso de la decisión no finaliza con la determinación de cuál es la solución que me parece mejor, sino que continúa con la presentación de esta. Aquí, la habilidad de comunicación es muy importante. Lo ideal es presentar varias posibles soluciones y compartirlas con el grupo para debatirlas.

   En todo caso, el líder criético deberá optar por una de ellas. Y aquí se trata de elaborar el argumento que soporte la decisión que defienda. Para elaborar un argumento se siguen tres fases:

5.1. Afirmación: se trata de una afirmación que necesita ser demostrada. Básicamente, aquello que quiero transmitir y de lo que quiero convencer al interlocutor.

5.2. Razonamiento: supone la explicación, elaboración y descripción de la afirmación. Por qué decimos lo que decimos. Con el razonamiento intentamos demostrar que nuestro razonamiento está bien fundamentado. Por ejemplo, los estudiantes más demandados son los de esa carrera universitaria. Además, tienen una perspectiva amplia de las áreas de la empresa.
5.3. Evidencia: consiste en informaciones u observaciones que se presentan para apoyar la afirmación y los razonamientos. No todas las evidencias tienen la misma relevancia. No es lo mismo que provenga de una fuente objetiva o de una que tenga interés en la información. También conviene contar con los datos del estudio (quién lo llevó a cabo, cuándo, quiénes fueron objeto de estudio y otros aspectos relacionados). No es lo mismo un estudio de una universidad que el de una asociación que tiene por objetivo desarrollar algo que es objeto de la afirmación. Aquí es importante conocer la coyuntura de lo que se está tratando y actuar de la manera más actualizada posible. Un mismo dato, con la velocidad que cambian las cosas, puede quedar desactualizado de manera casi inmediata.

En este proceso de comunicación, es importante mostrar respeto por otros puntos de vista, pero defendiendo, al mismo tiempo, el nuestro. La empatía en la comunicación es un aspecto importante. De igual modo, si esta decisión tiene que ver con la implementación de una decisión, hay que planificar cómo se va a llevar a cabo y asignar responsables en cada fase o de cada aspecto, para así buscar la mayor eficacia y que no todo quede en un análisis.

A veces, queremos demostrar demasiada empatía porque pensamos que eso nos hace ganar imagen frente a los demás y lo que resulta es que hacemos el tonto. Confundimos el objetivo de hacer valer nuestro punto de vista. Tan empático, que el otro se ha salido con la suya. Respeto, empatía, pero solidez en la defensa de nuestros argumentos. No son conceptos excluyentes. La firmeza en la comunicación no está reñida con el talante, pero que tampoco lo esté con el talento, por favor.

El objetivo de llevar a cabo un análisis crítico por parte del líder es tomar decisiones lo más asépticas posibles, exentas de toda tendencia en contra de la razón y que, por lo tanto, puedan ser perjudiciales para él mismo, el grupo y la organización.

En el momento de escribir estas líneas, estamos asistiendo a una situación política realmente compleja tanto en España como a nivel internacional. Cada día intento preguntarme si, antes de manifestar mi opinión, sigo este esquema y llevo a cabo un análisis realmente crítico. ¿Contrasto todas las fuentes, me dejo llevar por la pasión y los prejuicios? Preguntémonoslo antes de manifestarnos. La investidura de un presidente de Gobierno en España, el conflicto en la Franja de Gaza, la guerra de Ucrania (o en Ucrania, por ser más precisos), elecciones en Argentina, etc. Pueden ser buenas pruebas para ir mejorando en nuestro pensamiento crítico.

2.3 Características del pensamiento crítico

Algunas de las características que el líder criético, en cuanto al análisis crítico, debe tener son las siguientes:

- **Sistemático.** Una persona que quiere llevar a cabo un análisis crítico no puede utilizar atajos en la búsqueda de la verdad, porque esto conduce al error y a la no consideración de algunos elementos que pueden ser importantes. Además, esto facilitaría la confirmación de la hipótesis que tenemos ya predeterminada. Desde luego, esto supone un sobreesfuerzo, pero merece la pena si se quiere llegar a tener este pensamiento crítico.
- **Inquisitivo.** Debe tratar de llegar hasta las últimas consecuencias y buscar cualquier elemento incoherente o inconexo. Y esto, provenga de quien provenga. Otra cosa es la decisión que tomemos, pero ser inquisitivo en la búsqueda de la verdad es el mejor modo de garantizar resultados y solidez en el argumento.
- **Juicioso en la búsqueda de la verdad.** Debe perseguir la verdad por todos los medios a su alcance. Y que esta búsqueda la lleve a cabo con sentido, ponderación, respeto y prudencia, especialmente en un contexto en el que puede afectar negativamente o perjudicar a algunos.
- **Analítico.** Con rigor, debe analizar, estudiar y valorar cualquier información que caiga en sus manos. Con espíritu de escrutinio y detalle. Cualquier aspecto puede ser esencial.

- **Abierto.** Consiste en no ser un fanático de determinadas ideas o actuar con un cierto prejuicio y que este no pueda ya ser cambiado. El buen profesional, más allá de líder, es el que es capaz de identificar cuándo se ha equivocado y actuar en consecuencia. De modo particular, en nuestra búsqueda por la verdad, no hay que ir con ninguna idea preconcebida, porque esto nos nubla el juicio.

  Hay que huir del dogmatismo, que tantos problemas nos causa. Uno puede pensar: como Manolito dice X, seguro que está bien (o que está mal, en función de quién sea Manolito). Noooo. A veces, Manolito, por muy mala persona que sea, puede sostener algo que sea válido. Seamos abiertos ante esto.

  Esto sucede con frecuencia en el ámbito político. Si sentimos admiración por un determinado líder político, tendemos a aceptar casi cualquier cosa que afirma; del mismo modo sucede en sentido contrario. La actual situación, como he indicado antes, es claro ejemplo de ello.
- **Capacidad de razonamiento.** Tiene que ver con las conexiones entre las hipótesis, las evidencias y las conclusiones que se extraen. Este vínculo exige entrenamiento y rigor, pero si se tienen las piezas y no se es capaz de unirlas, no se logra nada.

El pensador crítico es el que permanentemente se está haciendo preguntas; incluso algunas en sentido negativo («¿y si no…?»). Esto facilita mucho el espíritu crítico, al cambiar el punto de partida. Es capaz de recopilar la información relevante y la evalúa tras un razonamiento lógico y exento de juicio, abierto a otras ideas, cuestiones o hipótesis. Y, como consecuencia de lo anterior, al final, llega a conclusiones que ayudan en la toma de decisiones más adecuada.

Como elementos muy generales, algunos de los aspectos que el líder, respecto al espíritu crítico, debe considerar son los siguientes:

- **La pregunta inicial es la clave**. ¿Qué es lo que pretendo? Con esta idea, se marca el rumbo del análisis. Y aquí es muy importante, al abordar la cuestión, que vayamos exentos de juicios y que seamos muy sinceros con nosotros mismos: ¿intento conocer la verdad o lo que busco es confirmar mi hipótesis? Si se trata de lo segundo, nos moveremos en un círculo vicioso de retroalimentación que no nos llevará a ninguna parte. Si, por el contrario, buscamos obtener la verdad, esto nos llevará a conocer la situación real, lo que no quiere decir que, por cuestiones estratégicas, sea la que tengamos que exponer en público, pero sí, desde luego, para considerar de cara a nuestro plan de acción.

Si se hace la pregunta adecuada, la mitad del camino está recorrido. Es como avanzar en la correcta dirección. Una vez marcada, ya las desviaciones son menores y la certeza de llegar a nuestro destino con éxito es mayor. Por eso, es importante dedicarle tiempo a este punto de partida. Del mismo modo, en su afán por no dejarse condicionar, el líder criético se pregunta qué pretenden otros cuando llevan a cabo cualquier tipo de afirmación. Es capaz de ver más allá.

- **No acudas con prejuicios**. Esto implica que debemos afrontar cualquier cuestión sin juicios predeterminados. Si lo que queremos es encontrar la verdad, nuestra investigación y razonamiento deben ser vírgenes, ajenos a toda idea o aspecto preconcebido.

No dejemos que nuestro juicio nuble nuestra razón. Aquí, aspectos generalistas son muy negativos: todas las mujeres son...; todos los andaluces son…; todos los de derechas son…, por poner algunos ejemplos. Es cierto que, en algunos casos, cuesta encontrar excepciones (de ahí su nombre), pero el hecho de que las haya invalida cualquier afirmación generalista de este tipo.

Recuerdo una ocasión, en el ámbito personal, un anuncio que me dejó marcado. Hace unos 35-40 años que lo vi en televisión. En él aparecía en *off* una voz afirmando que en la frontera de México se había detenido a un delincuente que había violado y asesinado a varias niñas. El relato era realmente escalofriante. Aparecía un hombre con el rostro marcadamente indígena y con una apariencia realmente desagradable en cuanto a sus facciones. Mi aversión hacia él crecía por momentos, y tengo que reconocer que ya estaba deseándole lo peor (los padres que lean estas líneas me comprenderán). En ese momento, un letrero bajo su rostro, apoyado por la voz del comentarista, afirmaba que ese era el policía que había dado caza al violador asesino.

Eso lo recuerdo como una de las mayores sensaciones que he vivido frente a la televisión. Yo (como seguramente muchos otros, ya que era la intención del anuncio) había dado por supuesto que, con ese aspecto, era el violador. Me dejé influir por las apariencias. Desde luego, mis prejuicios me jugaron una mala pasada. No dejemos que esto nos suceda. Seamos más cautos y, sobre todo, mejores profesionales y personas. Que no nos influyan dichos prejuicios; que huyamos de ellos. En mi vida profesional, he tenido otras muchas lecciones al respecto, pero refiero esta porque, realmente, me dejó marcado.

- **Aléjate de la emocionalidad**. Cuando la pasión nos puede, no afrontamos los análisis con garantías. Los hechos hay que juzgarlos tratando de desvestirnos de aspectos políticos, ideológicos o de cualquier fanatismo. Ojo, cuando hablamos de fanatismos, normalmente nos referimos a casos extremos, pero hay muchos estados intermedios que dificultan sobremanera nuestro análisis. Y, no nos engañemos, ahí estamos muy afectados.
- **No tomes las cosas personalmente**. Esto implica que hay que considerar que cualquier opinión que se vierta respecto a nuestra opinión no va dirigida a nosotros, sino a nuestro modo de razonar o a nuestro planteamiento. Y esto siempre es objeto de debate; en la medida que no lo tomemos como un ataque hacia nuestras personas, nos inmunizaremos. No se nos cuestiona a nosotros, simplemente se expone una discrepancia y la discrepancia está en la base de la investigación. Yo puedo criticar a mi equipo, pero que nadie más lo critique porque, de algún modo, nos sentimos agredidos.
- **Fomenta un ambiente de espíritu crítico y debate en tu equipo y en ti mismo**. Es muy importante que este aspecto de debate, error y aprendizaje rodee a todo nuestro equipo. Esto favorece el análisis, las opiniones distintas y, finalmente, una orientación a la verdad. Si de los errores se aprende, este es un buen foro de aprendizaje.
- **Considera el contexto**. Supone tener en cuenta el ámbito en el que se producen ciertas circunstancias. A veces, el contexto determina los comportamientos. Es muy importante tener en cuenta cuál es ese contexto para comprender y, por tanto poder analizar con mayor certeza, el porqué de ciertos comportamientos o hechos.
- **Contrasta la información**. Esto implica que verifiquemos varias fuentes de información respecto a una misma noticia. Esta misma, si se afronta desde distintos canales de televisión o de periódicos,

tiene diferentes enfoques y nos llevan, por tanto, a distintas conclusiones. De ahí la importancia de no dejarnos influir por ninguna de esas fuentes. Incluso tampoco la que, ideológicamente, esté mas cercana a nuestro planteamiento. Esto no hará más que reforzar un punto de vista que tal vez no sea el correcto.

Además de verificar las fuentes, es importante no juzgar por los titulares, sin abundar en el contenido. Nos puede llevar a equívocos por varias razones: en primer lugar, porque, fuera de contexto, una información puede estar viciada; en segundo término, porque la noticia no se relaciona exactamente con lo que pensamos. En tercer lugar, porque puede ser solo la opinión de quien lo emite, sea periodista o en cualquier otro ámbito.

¿Es igual el tratamiento que se da a una noticia desde RTVE o La Sexta que en Trece TV? Seguramente, no. Esto es un ejemplo de una orientación que pretende condicionar. Y el líder criético lo tiene que tener muy en cuenta. Que, posteriormente, lea *El País* (o escuche la SER) o *ABC* (o COPE), con opiniones muy diversas, pero que esto le sirva para contrastar y tener otro punto de vista.

- **Vigila tus sesgos cognitivos**. Aunque lo abordaremos más adelante, los sesgos cognitivos condicionan nuestro razonamiento o punto de vista. En la medida que los tengamos presentes, más nos alejaremos del peligro que suponen en la búsqueda de la verdad.
- **Sé contestatario**. Supone no dejarse llevar por la costumbre o ir a favor de corriente. Si, fruto del análisis, convergemos con las ideas tradicionales, bienvenido sea, pero el objetivo no es ese, sino desafiar los planteamientos tradicionales en busca de la verdad. Son muchas las presiones a las que, con frecuencia, nos vemos sometidos: sociales, religiosas, familiares, etc. Esto no debe condicionar nuestro modo de analizar, más allá de la decisión, en cuanto a nuestro modo de actuar, que finalmente determinemos. Esto tampoco implica que haya que llevar la contraria con intención de mostrar un criterio propio que está muy alejado de la realidad, ya que esto no es más que otro modo de verse condicionado.
- **Sé sistemático**. En el proceso de investigación y búsqueda de la verdad hay que seguir todos los pasos y hacerlo con rigor, afrontando cada uno de ellos de la manera más cuidadosa posible y no buscando ningún atajo. Implica, entre otras cosas, no dejarse vencer

por las presiones o las prisas. En la medida en que la presión no nos venza, habremos dado pasos en la búsqueda adecuada de la verdad.

- **Practica la escucha permanente**. La escucha es esencial en el análisis crítico. Solo desde la escucha (y escucha activa) se puede acceder a otros puntos de vista. Esto nos va a aportar una óptica distinta que seguramente nos es muy útil para nuestro objetivo final. Y esto hay que hacerlo tanto con los que están cerca como con los enemigos. En el primer caso, posiblemente nos abra vías de análisis sobre la búsqueda de soluciones adecuadas. En el segundo, nos da pistas sobre el planteamiento de nuestros rivales, lo que podemos utilizar en nuestro favor.

Es muy importante señalar que el análisis debe ser lo más objetivo (o menos arbitrario) posible. Y que esto no está reñido con que la opinión sea la que sea. Incluso, con frecuencia, un líder debe defender ciertos aspectos que son más adecuados al objetivo que pretende, que está ligeramente fuera del análisis objetivo llevado a cabo. Esto tiene que ver con la motivación del equipo o con aspectos vinculados con la negociación, pero es importante que se conozca la realidad y el marco en el que nos vamos a mover. En otras palabras, que no se deje condicionar.

Adicionalmente a estos aspectos, un buen líder es aquel que sabe exponer sus razonamientos, es decir, que argumenta bien sus ideas y es capaz de explicar el porqué de ciertas decisiones.

Con frecuencia, los líderes tienen que hacer frente a debates en los que exponer sus ideas. La confrontación no implica necesariamente discusiones acaloradas y batallas. Simplemente se trata (o se puede tratar) de diferentes pareceres sobre determinadas cuestiones. El cómo se entiende una situación o la propuesta que se debe llevar a cabo en un determinado momento están a la orden del día en el mundo empresarial.

Los anglosajones utilizan el término *discussion* para referirse a una diferencia dialéctica en cuanto a algo. En los países latinos somos más apasionados, y todo lo que no sea de un modo alineado supone una agresión que, a veces, consideramos personal. El líder debe entender que la diferencia enriquece, especialmente nuestro líder criético, ya que se ofrecen distintos puntos de vista que tal vez no habíamos considerado. Tanto si se trata de afrontar algo como de defender nuestro punto de vista, es conveniente seguir un esquema en el razonamiento y en la exposición de los argumentos que lo soportan. En este sentido, nuestro líder criético debe buscar la máxima credibilidad en sus afirmaciones y, de este modo, motivar al equipo. Además, esto ayudará a defender su punto de vista a la hora de tomar ciertas decisiones.

En cualquier comité de dirección en una organización, el análisis crítico es un aspecto muy valorado porque supone exponer las cosas tal y como son, no como nos llegan ni como todo el mundo dice que son. Si esto es así, no tiene sentido contar con un elevado número de colaboradores. Si no hay discrepancia y, sobre todo, si nadie se atreve a decirle al rey que está desnudo, como en el cuento, ¿qué valor tenemos? El hecho de que todos manifiesten la misma opinión sobre un mismo aspecto puede deberse a cualquiera de las siguientes causas:

- La información a la que se ha accedido es la misma.
- El proceso de análisis de una determinada información nos lleva a las mismas conclusiones.
- No hay seguridad a la hora de manifestar una opinión distinta a la del grupo.
- Existe algún interés más allá del visible.

El líder criético no debe guiarse por lo que piensan los demás. Si fruto de un análisis aséptico, no arbitrario y exento de pasión y filias o fobias se llega a la misma conclusión que los demás miembros del grupo, perfecto. Si no, hay que plantearse si la fuente de la información o su análisis es certero. Además, una persona que tiene seguridad en sí misma, debe exponer, con respeto y educación, la discrepancia y distinta opinión respecto a un determinado tema. Esto no está reñido (bien al contrario) con el hecho de que, una vez conocidos todos los puntos de vista y tomada la decisión, se cierren filas en torno a esta. Que se defienda como propia y que no se abra ninguna fisura en cuanto a lo debatido internamente. Esto, además, enlaza con el aspecto de los valores, donde todos deben jugar como un equipo y las discrepancias y disensiones tienen un determinado tiempo y espacio, pero no son elementos de confrontación.

Un ejemplo de esto son las opiniones generalmente aceptadas. Parece que hoy en día no se puede discutir ni plantear ninguna discrepancia frente a las corrientes de opinión que nos llevan a pensar de una manera determinada y que hacen que, de discrepar, quien lo hace parezca fuera del sistema. Si se habla de apertura, respeto, libertad de opinión y similares, el líder criético debe saber que esto aplica a todo y que no se va a dejar condicionar por lo que algunos pueden pretender hacer, como imponer una determinada ideología. No compartir sus puntos de vista, disfrazados de integración, aceptación, tolerancia, etc., puede ser peligroso para quien discrepe, pero el líder criético no solo mantiene criterio y es capaz de defender, con sus argumentos, sus puntos de vista, sino que, además, se muestra orgulloso de no coincidir con estos planteamientos dictatoriales en la ideología (bien disfrazados, eso sí) y hace gala de ello.

El líder criético no solo aplica este rigor en sus propios planteamientos, sino que los hace extensivos a sus colaboradores. Al líder criético no le gusta que le den la razón o sigan sus recomendaciones por el hecho de que él lo sugiera. Recomienda, e incluso exige, que su equipo lleve a cabo análisis críticos de la situación. Que no se dejen manipular y que, además, expongan sus ideas de un modo abierto y constructivo. Incluso fomenta el hecho de que no se esté de acuerdo con él si esta opinión está bien sustentada.

Esta es la base del desarrollo. Se trata de favorecer un entorno abierto a opiniones y puntos de vista, donde se expongan con respeto, pero sin miedo. ¿Qué sentido tiene contar con personal cualificado y no poder aprovechar su talento o su conocimiento? El líder criético piensa que esto no le va a hacer perder autoridad. No lo sabe todo (y, además, no tienen por qué saberlo). Consciente de esto, hace que su equipo exponga sus ideas y que se contrasten desde una óptica constructiva.

El líder criético es consciente de que todo este proceso es complejo y que, en función del tipo de decisión pondrá en marcha los recursos adecuados buscando la mayor eficiencia. En ocasiones se puede llegar a la parálisis por el análisis.

Hay que analizar si las decisiones que tomar son más o menos repetitivas y si tienen un alto, medio o bajo impacto en la organización. En el caso de que se trate de decisiones de carácter repetitivo, el líder criético establecerá un procedimiento que le permita tomar ciertas decisiones de manera más automática, sin la necesidad de llevar a cabo todos estos pasos, consciente de que el tiempo empleado previamente puede ayudarle en la determinación de una cierta solución. Si, además, el impacto en la organización no es alto, este aspecto se refuerza. Si, por el contrario, el impacto es alto, se deberán poner en marcha más mecanismos para asegurar que la solución no adolece de una visión crítica.

Uno de los aspectos que deterioran un pensamiento de calidad son los sesgos cognitivos, que vamos a analizar a continuación.

2.4 Sesgos cognitivos

El concepto sesgo cognitivo fue introducido por los psicólogos israelíes Kahneman y Tversky en 1972, y se refiere a una interpretación errónea de la información que influye en el modo de procesar los pensamientos, emitir juicios y tomar decisiones. De alguna manera, los sesgos cognitivos influyen en cómo observamos la realidad y, a partir de ella, cómo analizamos la información y tomamos decisiones. Si el punto de partida es equivocado, el resultado del proceso también lo será, especialmente si somos coherentes en todo el proceso. Los sesgos cognitivos vienen determinados por razones familiares, históricas, motivaciones emocionales, distorsiones en aspectos de memoria e influencia social, entre otras.

Son muchos los sesgos cognitivos que condicionan nuestra manera de pensar y nos conducen a cometer errores en la toma de decisiones. Como actividad esencial del líder, la toma de decisiones debe estar basada en información lo más adecuada posible y, en la generación de esta, huir de estos sesgos. Los principales sesgos a los que tenemos que prestar atención, como líder criético, son los siguientes:

- **Sesgo de confirmación:** es la tendencia a buscar o interpretar información que confirma algo que ya hemos decidido previamente. Básicamente, consiste en buscar argumentos que favorezcan lo que yo ya pensaba. Es por eso por lo que muchas personas escuchan una determinada emisora de radio o leen un periódico con una línea editorial determinada. Para confirmar aquello que estaba ya decidido o que, en general, apoye mi opinión.

  El líder criético sabe que, si quiere tener información adecuada para la toma de decisiones o de posiciones, no puede acudir exclusivamente a aquellas fuentes que confirmen lo que ya sabe o lo que quiere creer. Deberá acudir a distintas fuentes de información, incluso a diferentes personas para contrastar la información que, posteriormente, le permitan tomar la posición que desee. El líder criético no tiene por qué tener una posición distinta a la que inicialmente tenía, sino que debe contrastar la información con los distintos medios y, más tarde, adoptar la postura que considere más adecuada. Si se acude a medios como La Sexta, seguramente el enfoque sea distinto al que se obtiene a través de Trece TV. El sesgo de confirmación supone únicamente nutrirnos de aquellas fuentes que confirmen mis creencias.

- **Sesgo de anclaje:** tiene que ver con la primera información que se recibe. Un ejemplo de esto es lo que sucede en las rebajas, cuando se tacha el precio original para que el comprador sea consciente de cuánto se va a ahorrar. En el mundo empresarial y de la negociación, es también muy frecuente, ya que se aporta para condicionar al oponente a la hora de fijar posiciones. Es frecuente en las negociaciones colectivas o de revisión salarial. Por las dos partes, se menciona un dato y ya es el de partida para fijar las posiciones. Esto condiciona el resto de la negociación.

  El líder criético debe asegurarse de contrastar la información que le llega antes de tomar cualquier tipo de decisión. Incluso cuando esta información le llega de sus superiores jerárquicos, su obligación es analizarla adecuadamente. Una de las razones tiene que ver con las medidas que se le proponen. Por ejemplo, llevar a cabo un plan de restructuración. Aquí, se le puede haber transmitido un determinado número de personas que despedir. Del mismo modo, el líder criético debe tener en cuenta este aspecto antes de fundamentar cualquier decisión en una información que es la primera que llega a sus oídos. En otras palabras: se trata de un señuelo que, en ocasiones nos ponen para condicionarnos. Nuestro líder tiene esto muy en cuenta.

- **Efecto halo:** supone que nos dejamos influir por un elemento que hayamos percibido y que hace que el resto de los aspectos se analicen con una intención similar. Sucede con frecuencia en los procesos de evaluación del rendimiento. Cuando se evalúa a Juan o a Mari Puri, si algunos aspectos (por ejemplo, capacidad deductiva, compromiso, etc.) son positivos, ya se tiende a evaluar todo como positivo. Esto es muy frecuente y debemos asegurarnos de que no suceda. Tal vez haya algunos hechos o elementos muy positivos, pero quizá otros negativos. Es importante mantener la imparcialidad en cada uno de ellos. Ni alguien es tan bueno en todo ni tan negativo en otro caso. Si por cualquier razón pensamos que es buen profesional, vamos a valorarlo bien en todos sus aspectos; de igual modo si nuestra opinión es negativa.

El líder criético no va a caer en esta trampa ni en un sentido ni en otro. Habrá algunos elementos de alguien con una consideración general negativa que sean positivos, al igual que en el sentido inverso.

- **Sobrevaloración de capacidades:** supone tener una excesiva confianza en nuestras capacidades y no haber llevado a cabo un análisis adecuado. Esto puede suceder en el campo individual y en el corporativo, militar o cualquier otro. Las consecuencias de no medir o conocer adecuadamente nuestras capacidades nos puede llevar al desastre al abordar proyectos muy lejos de nuestro alcance. En el ámbito estratégico, esto cobra especial importancia. Es esencial llevar a cabo un buen análisis del entorno y de nuestros competidores, para también compararlos con nuestras capacidades.

  El líder criético lleva a cabo un análisis lo más realista y equilibrado posible. Solo desde el conocimiento de las capacidades reales se pueden abordar cuestiones empresariales o de cualquier otra índole con una cierta garantía. Si se comete el error de pensar que se es mejor que lo que se es en la realidad, las consecuencias pueden ser catastróficas.

  A nivel individual, puede tener que ver con pensar que somos más fuertes de lo que somos. Esto sucede, a veces, cuando el líder se enfrenta a otro, por un ego mal entendido, y descubre que su capacidad, contactos son superiores a los que tiene el individuo o la propia empresa y, por tanto, somos negativamente afectados. Esto ocurre cuando pensamos que nuestro nivel de relaciones es inferior a lo que pensamos. Y sucede en los niveles más altos de la organización. Cuando hablamos de niveles más básicos, la sobrevaloración de las capacidades tiene, fundamentalmente, un componente técnico.

- **Sesgo de autoridad:** tiene que ver con la tendencia a alinear nuestra opinión o comportamiento con aquel a quien consideramos una autoridad y referente en una determinada materia. Si alguien a quien consideramos autoridad en algo afirma cualquier cosa, tendemos a seguirlo. Esto sucede, incluso aunque sea una barbaridad, como demuestra el estudio de Stanley Millgram. Este demostró a través de sus experimentos que muchas personas estaban dispuestos a obedecer las órdenes de una autoridad aunque estas estuvieran en contra de su conciencia. Y todo ello, comenzando en 1961 tras los crímenes contra la humanidad por los que fueron sentenciados varios dirigentes nazis. Si esto sucede en casos extremos; ¿cómo no va a suceder en aspectos mucho menos relevantes?

Aquellos a quienes les atribuimos autoridad están en disposición de hacernos creer cualquier cosa, del mismo modo que condicionarnos a la hora de comportarnos por el simple hecho de que determinada persona nos lo diga. El líder criético está siempre alerta para no caer en consideraciones de este tipo con ninguna persona. Lleva a cabo un análisis de lo que se le está pidiendo, con independencia de quien se lo pida. Además, el líder criético sabe que no todos son autoridades en todas las materias y que aquellos a quienes atribuimos una capacidad superior podrían tenerla, pero solo en algunas materias. Incluso así, el líder criético filtra esta información.

- **Aprobación social:** tiene que ver con la tendencia a copiar el comportamiento de otras personas para ser aceptado por el grupo. Especialmente se observa cuando existe incertidumbre, ambigüedad o miedo. De este modo, no me destaco y soy aceptado por el grupo. Supone un modo de integrarme y no ser castigado o excluido. No es muy sencillo mostrar una opinión contraria a la de los demás si, además, la tengo que justificar. Parece que estoy en contra de todos y mi comportamiento es antisocial y antigrupo. Esto lo vemos todos los días y, además, cada vez con más fuerza.

El líder criético tiene criterio y opiniones propios y, aunque no actúa de modo sincericida, es capaz de manifestar su opinión independientemente de lo que opine la masa. Hay que señalar que el hecho de que muchos (o, incluso, la mayoría) piensen de una manera determinada no quiere decir que estén en lo cierto. De hecho, cada vez vemos sociedades más manipuladas y con menos criterio. Poco nos preocupamos de hacer que el grupo esté formado y con opinión sustentada. Seguramente, así es más fácil la manipulación. El líder criético no dice estar de acuerdo con determinadas posturas socialmente en aumento. Y, además, hace que su equipo piense con criterio. Que, sea la opinión que sea la que tengan, lo hagan desde el análisis.

- **Sesgo de escasez:** se refiere a la tendencia que se tiene a consumir o demandar aquello que es escaso, ya que existe la posibilidad de extinguirse y nos quedaremos sin ello. El mundo de la publicidad conoce este sesgo en profundidad y lo utiliza cuando afirma que solo restan X unidades a la venta o que el plazo finaliza el próximo Y. De este modo, urgidos y ante la posibilidad de no poder tener ese producto o servicio tendemos a adquirirlo. Para los procesos de negociación esto es muy utilizado. Tanto en la relación entre empresa y clientes (Internet es especialmente evidente en este aspecto) como entre proveedores y empresa o cualquier otro. Cuanto más escaso, mayor propensión a la demanda. El líder criético debe manejar este aspecto adecuadamente.
- **Sesgo del falso consenso:** supone pensar que hay más personas que están de acuerdo con nosotros que las que realmente lo están. Esto supone un peligro.

  Cuando alguien ocupa una posición de relevancia en la organización, a veces, por miedo, los que lo rodean no dicen lo que de verdad piensan, con lo que se da la sensación falsa de que la gente está de acuerdo con sus planteamientos. A veces, esto supone un importante error de cálculo cuando se entablan batallas internas por el poder, ya que pensamos que tenemos más aliados que lo que demuestra la realidad. Esto puede deberse a dos factores: por un lado, porque ni siquiera se contrasta. Damos por supuesto que, al ocupar cierta posición, nos van a apoyar. En segundo lugar, porque directamente nos manifiestan su adhesión aunque posteriormente no vaya a ser así. Aquí, la inteligencia tiene que ver con medir bien quién, en el momento oportuno, te va a apoyar.
- **Sesgo de correspondencia:** supone juzgar a los demás por su personalidad, pero a nosotros mismos por la coyuntura de una situación. Esto supone una clara falta de coherencia. Por ejemplo, «Mari Puri es muy mala en su trabajo, pero yo lo he hecho mal porque se me han juntado muchas cosas. He tenido mala suerte, porque con esta coyuntura...». No se mide con la misma vara. El líder criético debe saber que este sesgo es relevante a la hora de evaluar el rendimiento de los demás, ya que, de ello, se derivan muchas

consecuencias. Si me pregunto cómo me afectaría a mi mismo este planteamiento, seguramente ayude.

- **Favoritismo del endogrupo:** implica favorecer a las personas que forman parte de nuestro grupo en lugar de las que están fuera de este. Esto puede deberse a un grupo formal o informal (comunidad política, religiosa, club de deporte, etc.) y supone una falta de objetividad, ya que proyectamos aspectos positivos en aquellos con quienes compartimos entidad.

  La sociedad, prácticamente en cualquier ámbito, está orientada a los grupos. Hay muchos de distintos tipos. Los de una determinada universidad, los de un equipo de amigos, los de una asociación religiosa, los de cualquier club civil (de hecho, esto está en la base de su creación) o cualquier otro. La pertenencia a uno de ellos supone que es más fácil favorecer a los que pertenecen a mi mismo grupo o a juzgarlos más positivamente.

- **Sesgo de inmediatez:** supone el hecho de preferir hacer las cosas ahora o en el muy corto plazo que posponer ese deseo. Un experimento muy famoso es el que se llevó a cabo por Walter Mischel et al. (1989), que consistía en dar a un grupo de niños una nube de azúcar ofreciéndoles que, en caso de no comérsela, al cabo de unos minutos les darían una segunda. Solo la tercera parte de los niños fue capaz de superar la tentación. La mayor parte optó por tomársela de manera inmediata. Posteriores estudios, al cabo de los años, identificaron que aquellos que habían sido capaces de sacrificar el disfrute inmediato en favor de mayor recompensa en el futuro habían tenido una vida más feliz (me parecería muy osado afirmar más exitosa, por ser este un concepto complejo e individual).

  En el mundo de los adultos sucede algo parecido. Tenemos tendencia a preferir algo de manera inmediata que esperar a un mayor beneficio pasado un tiempo. Esto también condiciona nuestras decisiones. El efecto del tipo de interés del dinero tiene la misma base y mide el riesgo y hasta qué punto estamos dispuestos a demorar nuestra satisfacción por algo en el futuro. Del mismo modo que a los niños hay que educarles en esto, el líder criético no solo lo aplica a sí mismo, sino que trabaja para que el grupo comprenda este aspecto.

- **Sesgo de afinidad:** es la tendencia que tenemos a valorar de manera positiva a aquellos que son afines a nosotros. Lo pueden ser por ideología política, afinidad deportiva, manera de ser, etc. Este sesgo puede conducir al riesgo de crear una subcultura entre algunos componentes de la empresa. Con frecuencia procuramos sobrevalorar a aquellos que, de alguna manera, se parecen a nosotros o con quienes compartimos ciertos aspectos. Esto hace que si esa persona se comporta de un modo, justifiquemos ese comportamiento cuando, en las mismas circunstancias, para otra persona lo criticaríamos. Incluso lo que sucede es que los que rodean al líder tratan de hacerle ver alguna afinidad en cuanto a aficiones, equipo deportivo u otros con los que se sientan más próximo a la persona de referencia. Esto, sin darnos cuenta, influye en el modo de valorar a los que nos rodean.

  El líder criético no se deja condicionar por esto. Con la actual coyuntura que estamos viviendo en la política, tanto a nivel nacional, en España, como internacional, esto se hace patente. Muchas personas se identifican con aquellos que defienden posturas que son con las que nos sentimos vinculados. De este modo, incluso, algunos analistas, periodistas, políticos o profesionales de cualquier otro ámbito ganan relevancia cuando se habla de cualquiera de los temas de actualidad.
- **Sesgo de disponibilidad:** se asocia con aquel atajo mental que supone que algunas cosas se recuerden con mayor facilidad. Es lo que sucede cuando un informativo se abre o se cierra con una determinada noticia. Estos aspectos hacen que valoremos más un determinado hecho que otros simplemente por su disponibilidad. En los procesos empresariales, también se utiliza la repetición y la finalización con el mensaje que se quiera subrayar. El líder criético lo debe manejar si quiere impactar, al mismo tiempo que estar muy alerta ante este tema. A veces, las noticias recibidas tienen la misma importancia, pero nos quedamos con aquella que pretenden los que la emiten.

Estos no son todos los sesgos, pero sí los más representativos. Obviamente, las circunstancias pueden llevar a la aparición de otros o a la mayor influencia de unos sobre otros.

El conocer los sesgos cognitivos es muy importante, pues cuanto más conscientes seamos de los peligros que representan, más alerta contra ellos podemos estar. Pero hay que señalar que, del mismo modo, un adecuado conocimiento de estos puede hacer que jueguen a nuestro favor a la hora de negociar o posicionar un determinado mensaje. Básicamente supone estar muy atento a ellos y tomarlos como aliados cuando sea necesario.

Nuestro líder criético los debe tener muy presentes en todo momento. En ciertos ámbitos, como el del marketing, se pueden utilizar para llamar la atención de los consumidores y, así, hacer más atractivo nuestro producto. De igual modo, el líder criético, si maneja bien estos aspectos, a la hora de expresar una opinión, posición o poner en valor una opinión, los puede manejar adecuadamente.

2.5 La palabra y el pensamiento crítico

El líder criético sabe que, para que su decisión sea la mejor posible, debe manejar la información que le llega y no dejarse condicionar por el modo de decir las cosas. Esto supone un modo de tratar de condicionar por distintas vías, y el líder criético tiene como medio para una adecuada acción descodificar lo que se quiere decir, para quitarle todo rastro de enmascaramiento. Una vez hecho esto, podrá tomar la decisión que considere, pero con la información limpia de aspectos accesorios y distorsionadores.

Algunos modos de condicionar a través del lenguaje, y donde el líder criético está muy atento son los siguientes:

- Utilización de eufemismos.
  El eufemismo es una figura retórica que consiste en sustituir una palabra o expresión desagradable por otra de connotaciones menos negativas.

  El líder criético no se quiere dejar condicionar por el uso del lenguaje y trata de verificar lo que, de verdad, quiere decir la otra persona o lo que está ocultando. A veces se utilizan expresiones para no mostrar la realidad y, de este modo, parecer más suave.

  El líder criético está muy atento a no dejarse influir por una dialéctica que está ocultando lo que realmente se está diciendo. Algunas personas son especialmente hábiles para no mostrar sus intenciones y dulcificar el modo de presentarlas para que así sean más aceptadas. Si nos dicen que nos van a «invitar a triunfar en otro sitio» o a «hacer carrera externa», es evidente que nos están despidiendo. Esto es muy claro y no admite mucha interpretación, pero es muy representativo de una costumbre muy extendida por no tener la valentía de asumir ciertas decisiones o no ponerse en evidencia. «Tengo un reto para ti» es, en muchos casos, anticipatorio de que nos van a dar una tarea penosa, difícil, aburrida o, en el peor de los casos, que la persona no la quiere hacer y lo pone bonito para que nos sintamos motivados y la aceptemos. En resumen, lo que coloquialmente diríamos un marrón. Pero como lo ha dicho así, parece que no se le supone mala intención.

El líder criético no se deja condicionar y lo traduce para afrontar la cuestión con gallardía. Incluso hace que la otra persona se retrate. «No he mentido; he cambiado de opinión» está escondiendo el carácter de la persona que lo dijo. Planteado de este modo, parece menos grave e inmoral, cuando la realidad es la que es. «He evolucionado» esconde, cuando no es real (lo que sería positivo), un modo de encubrir la incoherencia. Vamos a llevar a cabo un proceso de reorganización suele (no siempre) anticipar un número de despidos. Esto no siempre sucede, porque hay distintos tipos, pero es muy habitual.

Algunos ejemplos de eufemismos son los siguientes:

- Crecimiento negativo. Esto significa decrecimiento o crisis. No hay que dejarse condicionar o, directamente, engañar. Desaceleración suele referirse a lo mismo aunque, técnicamente, suponga una disminución en la velocidad de crecimiento.
- Regulación de plantilla: significa despidos. Y se puede plantear de muy diversas maneras y, sobre todo, con una justificación muy adornada. Con esto no quiero decir que no haya que llevar a cabo despidos y que, en determinados (o muchos) casos, no estén justificados. Digo que no hay valentía para exponer las cosas.
- Moderación salarial: lo que nos quieren decir es que no va haber subida de salarios, en el mejor de los casos. Lo normal, incluso, es que haya bajada, pero dicho así ocasiona menos revuelta y oposición.

- o Revisión de precios. Cuando es la compañía quien lo fija respecto a los clientes, suele suponer una subida, pero así, tiene mejor aceptación en la opinión de los clientes.
- o Revisión de las tarifas. A la hora de negociar con un proveedor, suele anticipar una bajada de los importes a pagar por unos servicios.
- o Regularización fiscal supone una amnistía fiscal y el no considerar delitos los correspondientes a los impuestos no pagados.

Estos son algunos de los que corresponden al ámbito empresarial, pero hay muchísimos más en este campo y, por descontado, en cualquier ámbito. Nos podemos referir a las «mesas de diálogo» para evitar decir negociación, normalmente entre iguales, o claudicación; «desafección» para hablar de falta de interés, «inobservancia» para hablar de incumplimiento, etc.

Hay que señalar que, además de estos, con una perspectiva más generalista o amplia, también se utilizan otros de manera más cercana y hay que saber entenderlos y descifrarlos.

Los eufemismos evidencian, por parte de quienes los emiten, una falta de respeto por la capacidad intelectual del interlocutor (eufemismo, este para decir que nos están infravalorando, en el mejor de los casos) y el líder criético tiene el deber de estar siempre alerta y utilizar el diccionario de traducción E-LN, que significa: eufemismo-lenguaje normalizado, para poner las cosas en contexto y no dejarse condicionar por el lenguaje.

- Alabanzas
  Además de los eufemismos, hay otros modos de tratar de condicionar y manipular con el lenguaje. La alabanza es uno de ellos. «Juanito, tú que eres muy bueno con el Excel y te manejas muy bien, eres realmente un gran dominador de esto, ¿podrías hacer esta tarea en Excel?». Con esto, están condicionando, tras una alabanza, a Juanito. Están rompiendo su resistencia a gestionarlo.
- Sándwich informativo
  Otro modo de condicionar es el de la «técnica del sándwich», que también se aplica en otros ámbitos. Consiste en introducir un elemento que intente condicionar la opinión del escuchante rodeado de aspectos que son incuestionables o, al menos, no son cuestio-

nables para quien los recibe. De este modo, el que escucha baja la guardia respecto a lo que se está diciendo. Se ponen una serie de aspectos del agrado o acuerdo de quien escucha para introducir un elemento que, en principio, no sería del mismo grado de acuerdo. Así, la atención de quien escucha tiende a estar más relajada y el emisor introduce la distorsión sin que sea perceptible. Esto se utiliza también para la asignación de tareas. Se trata de mencionar aspectos, casi sin importancia, de una manera muy fluida para que no sea especialmente perceptible y ya quede como dicho e, incluso, como aceptado implícitamente al no mencionar la otra persona nada en contra.

- Lenguaje comúnmente aceptado
  Otro modo de condicionar es a través del lenguaje comúnmente aceptado. Poco a poco se nos va ganando terreno por parte de la opinión pública o de las personas en general para que cuando se cuestione algo ya esté (o parezca) fuera de lugar. Esto sucede mucho en el ámbito político. Se llega a un punto en el que, vistas con perspectiva, algunas cosas son una barbaridad, pero cuestionarlas en este momento podría parecer hasta retrógrado.

  El líder criético no se deja condicionar, y si algo no está bien, lo expone o no participa de esta farsa que supone ir ganando la batalla dialéctica e ideológica en algunos aspectos para, de este modo, establecerlo y ya no poder recuperar el terreno perdido.

  El ámbito político conoce y maneja perfectamente esto. De hecho, lo gestiona muy bien. Así, ya no hay quien plantee una discrepancia (por más que esté justificada) ante un hecho que ya ha ganado la categoría de «verdad universal incontestable».

  En el mundo de la empresa también sucede esto, y hay que prestar mucha atención, ya que, de lo contrario, ya habremos perdido la posibilidad de rebatirlo. El líder criético tiene el recurso de decir que «no recuerdo haber aceptado ese punto», pero es más complejo cuanto más tiempo pase.
- Desviación del interés
  Otro modo de condicionar, muy ligado al anterior, aunque no exactamente igual y al que el líder criético está muy atento, consiste en dar por supuestas ciertas cosas para centrar el debate en lo que es menos relevante y sobre el que, no ganar, no tiene un impacto alto.

De este modo, al no negar la mayor, los elementos se tornan en irrelevantes, ya que no aceptarlos da la sensación de un triunfo cuando, en realidad, se nos ha convencido del principal elemento. Se trata de desviar la atención. «En la reunión de mañana, donde hablaremos del presupuesto, ¿lo vas a preparar tú o quieres que te ayude Mari Puri? Sería bueno incluir la previsión de ventas de Juanito, la habéis tenido en cuenta? Aquí ya se está dando por hecho que se va a hablar del presupuesto, cuando no ha sido todavía convenido o aprobado, pero se pone el foco en elementos accesorios.

- Adornamiento
  Otro modo de condicionar es abundando en las palabras para decir algo simple y darse importancia. «He ido en metro de Sol a Gran Vía», algo simple y sencillo, se puede adornar diciendo que «He procedido a sacar el billete del expendedor automático, tras hacer la cola, me he cerciorado de que la dirección que tomaba era la correcta, ya que hay varias líneas, me he aproximado al vagón. Acto seguido me he incorporado tras la correspondiente apertura de puertas. Allí, al no encontrar una ubicación adecuada que pudiera liberarme del cansancio acumulado (he ido de pie)… Posteriormente he visualizado que me encontraba en la estación de destino, he procedido a descender del vagón, no sin antes asegurarme de que llevaba mis pertenencias junto a mí…». Es decir, se complica mucho el argumento para darle más importancia. El líder criético pregunta: «¿quieres decir que has ido en metro a Gran Vía? Con esto desenmascara a quien se adorna. Pero, además, tiene esto muy presente, sabedor de que hay mucha gente que se hace valer de este modo cuando, en realidad, lo que presenta no es de tal magnitud. Invito al lector a pensar si esto no le ha sucedido en el ámbito empresarial. La sensación que queda es la de «yo he hecho mucho más, pero no lo he sabido vender». Saber poner en valor lo que se hace es importante, pero esto no debe desvirtuar la realidad.
- Manejo de la terminología
  Otro modo es el de utilizar términos que intenten mostrar mucha pericia en el uso del lenguaje y, por tanto, incitar a admirar más a la persona aparentemente culta. «Consecuencia de lo cual» en lugar de «por eso»; «habida cuenta de que», en vez de «ya que».

El uso del lenguaje, a veces, tiene el propósito de transmitir una imagen de dominio de los aspectos sobre los que se debate y un nivel intelectual más alto del que se tiene. Y se hace con el propósito de condicionar en la percepción de quien escucha. Pero el líder criético no se deja impresionar por el adorno vacío. No estoy diciendo que no haya que hablar bien. Todo lo contrario. Es más, esto es una gran cualidad. Lo que afirmo es que, a veces, no hay que darse importancia para buscar la aceptación de los demás.

También está la técnica AGI (adorno gratuito indirecto). Supone mencionar algo distinto, teóricamente, al objetivo para así condicionar y hacer ver a quien escucha que esa persona hace ciertas cosas o tiene ciertas relaciones o determinada información sobre una determinada materia y así hacer ver que su opinión es cualificada. Por ejemplo, «ayer comí con el director general o soy amigo del asistente personal del rey». O «cuando he venido, era tan pronto que no había coches en el parking». De este modo, trata de hacer ver que tiene acceso a una determinada información para que parezca más solvente. Tratando de mostrar nivel de relaciones, piensa el emisor que va a ser más admirado. O, en el segundo caso, que es un gran trabajador porque llega pronto. Con esto trata de ganar una imagen en el otro de que es una persona muy comprometida, y así lograr un mejor posicionamiento en la mente de quien escucha. En otras palabras, darse importancia. Pero el líder criético no se ve condicionado por esta técnica. A veces, incluso, hace preguntas que delatan. «¿Es amigo tuyo o lo has visto de pasada?». Has venido antes porque había menos tráfico, ¿no?». Lo que está queriendo decir es que no lo ha hecho por el motivo que argumentaba, sino por interés personal, aunque ha tratado de sacar ventaja de ello. Al líder criético le gusta que a las cosas se las llame por su nombre.

- Desviar la atención sobre una característica para condicionar
  Supone hacer ver, mediante la información, que los comentarios respecto a alguien lo son con base en una característica en lugar de por el hecho en sí. Así, uno se protege o hace que su propuesta vaya más adelante argumentando que, de otro modo, se rechaza por su condición. Por ejemplo, si se rechaza una propuesta de una persona de raza negra, este puede argumentar que existe racismo aunque la negativa a promover este punto de vista esté basado en aspectos

técnicos. De este modo, se trata de condicionar y predisponer para ganar una posición que no le corresponde según el contenido de dicha propuesta.

Recientemente hemos asistido a un episodio donde una persona llamaba la atención de dos chicas que estaban teniendo un comportamiento poco decoroso (eufemismo) cerca de menores. Lo que ellas argumentaron es que esto era una muestra de homofobia. De este modo, se condicionaba a la opinión pública, ya que llamarles la atención, así, parecería hasta malo, ya que la homofobia es mala. En lugar de hacer ver que el hecho es independiente de la condición de las chicas, se focalizaba en este punto.

El líder criético está muy atento a estas cuestiones y es capaz de argumentar que una determinada cuestión se analiza en sí misma y que nadie debería sacar provecho de su condición porque esto también es un modo de condicionar, del mismo modo que si no me ofrecen un trabajo es porque el empleador es un «calvofóbico». Esto nos parecería una locura o fuera de contexto, pero sí se argumenta, si la persona pertenece a una minoría, que la decisión ha estado basada en este hecho. Al líder criético no se le condiciona tan fácilmente.

- Focalización del interés en el otro
  Supone hacer o proponer algo en interés propio (o de su grupo), pero haciendo ver que se hace en favor de la otra persona. Por ejemplo, si yo prefiero tomarme el mes de julio de vacaciones en lugar de agosto, decirle a mi compañero que le dejo a él el mes de agosto porque sé que es el que desea, el que mejor le viene por la familia o por cualquier otra razón. En el ámbito empresarial esto sucede con facilidad, especialmente entre departamentos con fechas de lanzamiento de productos, políticas comerciales, etc. No se trata de que a la otra parte no le resulte favorable lo que se propone, sino el modo de condicionar, haciendo ver que se hace pensando en el otro, cuando, en realidad, busca su propio interés.

Ahí, el líder criético debe reaccionar y decir que de ese modo los dos se ven beneficiados y que la propuesta parte de un interés del otro. Básicamente, que no le cuente cosas que no son ciertas. Si no, la sensación es que se le debe un favor, cuando lo que pretende es su propio interés.

- Inocencia y victimismo
  La técnica de inocencia consiste en parecer más inocente de lo que se es para, de este modo, lograr sus objetivos. La utilizan aquellos que hacen ver que tienen un perfil bajo para, de un modo sutil y poco perceptible, lograr sus objetivos. Ofrecen una imagen de inocencia para que quien negocie con ellos cualquier aspecto baje la guardia y así posicionarse adecuadamente. Estas personas tienen claro su objetivo, y al lograr que el otro no los considere un peligro real, consiguen sus fines. El líder criético está atento, ya que en su función de lograr los objetivos para el grupo no puede dejar que el lobo con piel de cordero se aproxime ni que ninguno de su grupo utilice esta técnica para posicionarse por encima de los demás.
  En una línea parecida, aunque no igual, se sitúan aquellos que se hacen la víctima y pretenden dar lástima. Casi todas las personas tienen empatía por aquellos que han tenido mala suerte o a quienes no les va bien. Conscientes de ello, algunas personas lo aprovechan para ganar una determinada posición. Con intención de ayudar, las personas nos volcamos en ellos y estas personas lo tienen claro. Además, sirve para justificar unos resultados no acordes a lo esperado, esperando que las acciones que se tomen no sean severas, atendiendo a la mala suerte o a aspectos similares. El líder criético diferencia la empatía por las personas de la utilización de estas técnicas, no dejándose condicionar.
- Tono y sobrevocalización
  Esta es una técnica que manejan muy bien los políticos. Cuando están buscando el aplauso y la aprobación de sus correligionarios, suben el tono y gesticulan con un final de la frase rotundo. Previamente, han elevado la voz y finalizan en el tono alto. Así, la gente jalea de modo inconsciente al líder, sin pensar que lo que está haciendo es condicionarlos y buscar ese aplauso, además de, a ser posible, aparecer en los informativos. Igual sucede cuando dicen una palabra remarcando sus sílabas. Así, parecen más «con-tun-den-tes», que es lo que la gente quiere. Esto lo conocen muy bien y así condicionan a la gente. Los que son libres a la hora de pensar no se dejan condicionar por estas técnicas.

Estas son algunas de las técnicas, pero no son todas. Es importante que el líder criético las conozca y que esté muy atento al modo de condicionar que cada uno tiene, ya que puede perseguir objetivos que, inicialmente, no sean evidentes, pero que pueden influir en el modo de pensar de nuestro líder.

Básicamente, en este terreno, el líder criético tiene que estar muy pendiente de los titulillos. Podríamos definir *titulillo* como una excusa infundada de carácter cómico. Y el asunto es que se nos intenta convencer con titulillos, que no son más que excusas y que esconden (o pretenden esconder) la verdad.

Cuando mi hija me dice que quiere un ordenador de una determinada marca, porque así se ven mejor los gráficos o razonamientos similares, no es más que un titulillo. Lo que quiere es una determinada marca de ordenador porque le da más prestigio, porque le gusta más o por lo que sea, pero no porque vea mejor los gráficos y sin él no pueda estudiar. Si me pretenden cobrar por una bolsa en un establecimiento con argumentos fuera de lugar, pero no diciéndome la realidad, que tiene que ver con obtener unos ingresos extras (lo cual es muy legítimo), es un titulillo. El líder criético está muy atento a los titulillos, para que no le condicionen.

3

LIDERAZGO Y ÉTICA

3 LIDERAZGO Y ÉTICA

3.1 Introducción

La ética es un aspecto fundamental en la vida. Nos encontramos en una sociedad donde impera el relativismo y donde parece que la falta de valores es uno en sí mismo. El tango *Cambalache*, aunque hace referencia al siglo XX ya relata esta falta de principios cuando afirma que «todo es igual; nada es mejor…». Además, parece que sostener unos valores está anticuado y supone una falta de adaptación.

El líder criético está en contra de esto. Los valores y principios son esenciales en cualquier ámbito de la vida. Además, tampoco es cierto que todos los valores son válidos. Esto es un titulillo. Si bien es verdad que la perspectiva juega un papel importante y que en función del punto de vista o modo de haber sido educado (esto también incluye el país, la religión, etc.) se pueden sostener una serie de principios, hay algunos que no se deben cuestionar. El respeto a la vida, a nuestros mayores y tantos otros ejemplos no deberían cuestionarse. Y si empezamos con titulillos, no llegaremos a ningún sitio.

Como señala Sánchez-Bayón (2016), la ética debe hacer referencia al ser humano y tiene una base moral que se basa en los intercambios de la tradición. La ética parte de una apreciación individual.

Quien no es ético a nivel individual no puede contribuir a que su organización sea ética. Este es el punto de partida de cualquier aspecto de esta índole. Además, hacer lo correcto es lo que hay que hacer aunque nadie más lo haga. Como decía San Agustín, «lo correcto es lo correcto aunque nadie lo haga. Lo incorrecto es incorrecto incluso si todos lo hacen». Aquí, el líder criético tiene que ser inmune a las críticas. Se hace bien y punto. Si no es aceptado por los demás, que se lo replanteen o que se vayan, pero yo no voy a dejar de hacer las cosas bien por el hecho de que nadie más lo haga o porque no esté de moda.

Más allá de cualquier aspecto relacionado con el deber, el ser ético permite mirar a tus hijos a la cara y sostener su mirada; permite acostarse cada noche con la tranquilidad de haberte comportado de la mejor manera posible. Y permite tener la seguridad de que, básicamente, estás haciendo las cosas lo mejor que sabes desde el punto de vista humano.

Además de aspectos técnicos, la ética y la moral deben estar presentes en cada actuación. Si alguien es buen técnico, pero no es moral, no llegará a ser nada en comparación con quien se rige por principios éticos, al margen de su capacitación técnica.

A nivel empresarial, se podría decir que la ética está ganando importancia. Y lo está haciendo, últimamente, debido a los numerosos escándalos que han salpicado el panorama internacional. Aunque aquí nos referiremos, fundamentalmente, al ámbito económico, esto afecta a todas las parcelas de la sociedad. Ahora bien, esta relevancia de la ética lo ha sido más a nivel de titulares y pensando en el impacto que puede tener en cualquiera de los grupos de interés que en un verdadero interés por hacer las cosas conforme a determinados valores.

En el año 2001 estalló el escándalo Enron, cuando los analistas cuestionaron las cuentas presentadas por la empresa y avaladas por alguna consultora de primer nivel. Se descubrió que la compañía ocultaba muchos millones de dólares en pasivos y que escondía pérdidas también millonarias que no habían salido a la luz. Esto hizo que el precio de la acción cayera de 90,5$ a menos de 1$, lo que supuso una bancarrota sin precedentes. Muchos trabajadores perdieron su empleo.

Otros escándalos, como el de las emisiones de Volkswagen, en 2015, donde se descubrió que la compañía hacía trampa en las pruebas de emisiones, tuvo un gran impacto, con una pérdida de su valor en bolsa en 15 días.

Lehman Brothers ha sido otro de los escándalos de mayor impacto empresarial y social. Las irregularidades en las que incurrió la compañía, a través de sus directivos, hizo que en el primer semestre de 2008 se perdiera más del 70% del valor de la compañía, lo que desembocó en la quiebra del gigante estadounidense. A modo de piezas de dominó, esto supuso también la quiebra de otras muchas compañías de modo indirecto. Esto tiene consecuencias directas en muchas personas. No solo son aspectos que afecten a las empresas.

Detrás de cada uno de estos casos, son muchos los que sufren consecuencias muy negativas: pérdida de empleos, quiebras de autónomos y empresas grandes y pequeñas, quiebras de proveedores, gente que pierde sus propiedades, incluso su casa, como aspecto más directo… Son muchas las consecuencias. La ética empresarial incide muy directamente en las personas y resto de los grupos relacionados: accionistas, proveedores, clientes, sistema financiero u otros.

Todos los que están involucrados en la gestión empresarial, de cualquier modo, tienen que ser muy conscientes de la importancia de este aspecto.

Más allá del aprovechamiento de una cuestión coyuntural y de moda, debería ser una exigencia. Como individuos y como sociedad, no todo vale a cualquier precio. Y especialmente cuando vivimos en comunidad y las acciones repercuten en nuestros semejantes. Este convencimiento debe nacer del interior.

Los aspectos que tienen que ver con actividades poco éticas en el mundo ejecutivo son de los que mayor impacto negativo tienen en el mundo empresarial. De modo no exclusivo, aunque sí ilustrativo, pueden contemplar algunas acciones como corrupción, apropiación indebida, sobornos, nepotismo, favoritismo, lavado de dinero, uso de información privilegiada, conflicto de intereses, fraude, contabilidad indebida, discriminación, acoso (laboral y sexual), falta de seguridad en el puesto de trabajo o en el diseño o lanzamiento de productos y contaminación. Son, en este sentido, muchos los dilemas a los que cualquier trabajador (en general, cualquier persona) debe enfrentarse cada día. De modo especial, el líder, ya que es el referente, como hemos dicho, para un importante grupo de personas y cuyo comportamiento inspira a los demás, produciéndose una especie de amplificador de sus actuaciones.

En contextos como el actual, donde las exigencias son mayores desde un punto de vista empresarial y donde la retribución al accionista se erige en referente a la hora de desarrollarla, estos dilemas y formas de actuar son más complejos, ya que supone tener que elegir entre distintas acciones con mayor o menor, pero siempre significativo, impacto en la carrera de cualquier ejecutivo. Ello, no obstante, no justifica una actividad no ética.

La ética parte del principio del respeto a los demás. Y ese respeto es tanto para los de arriba como para los compañeros del mismo nivel y, especialmente, para los de abajo. Es crítico tratar bien a todo el mundo. Nadie tiene ni más ni menos derecho a ser tratado de un modo u otro en función de su posición. Y el líder criético tiene esto claro. Tan claro, que no solo lo aplica a rajatabla, sino que, además, lo fomenta entre su grupo. Hasta, incluso, hacer de ello un lema de su modo de comportarse. Si, además, ve que alguien no trata con respeto a la gente (de cualquier nivel), deberá tomar las medidas pertinentes.

3.2 Tipos de ética

La primera pregunta que nos tenemos que hacer es qué significa ética. Y aquí existen distintas respuestas, en función del tipo de ética al que nos refiramos. En la actualidad, hay cuatro tipos de ética fundamentales:

- **Ética de la obediencia:** consiste en el cumplimiento de las normas. No es relevante si son correctas o no; si están bien o mal. Básicamente se trata de cumplir lo establecido. Y esto puede ser establecido por escrito o no. Así, las normas sociales o modos de comportamiento en una organización se llevan a cabo porque siempre se ha hecho así. De alguna manera, consiste en obedecer lo que está dispuesto. Nuestro líder criético, aunque lo cumpla, se pregunta, en primer lugar, si es bueno y, en segundo, si responde a un pensamiento crítico.
- **Ética de la empatía:** considera que hay que ponerse en lugar de los demás antes de tomar una decisión y ver cómo impacta. Si algo no es bueno para mí, no lo será para los demás.

  El líder criético hace un esfuerzo en este punto, ya que para ponerse en el lugar del otro también lo tiene que hacer en sus circunstancias. Y, conforme a ello, determinar qué decisión tomar. Se trata de buscar el bien, pero pensando en las circunstancias de cada uno. Todo ello, evitando justificar ciertas acciones que, por provenir de alguien que se comporta de modo no ético, lo justifica en sus circunstancias. Personas con circunstancias muy difíciles se comportan de modo ético, lo que no justifica ciertas acciones; del mismo modo que, por excesiva avaricia, algunos recurren a extremos carentes de valores y esto no admite disculpa.

- **Ética de la utilidad:** implica que hacer lo correcto es hacer lo que beneficia a la mayoría. También se conoce como filosofía del utilitarismo. Lo mejor, según esta teoría, es hacer lo que beneficia al mayor número de personas o perjudica al menor.

  Esta concepción tiene el riesgo de excluir a las minorías. Además, el líder criético es consciente de que el hecho de que la mayoría piense algo no quiere decir que esté en lo cierto. El pensamiento crítico ayuda a discernir este aspecto. Cuántos casos existen donde la mayoría no tiene la razón… Por otra parte, el líder criético debe defender los valores aunque estos solo sean apoyados por unos pocos. La justicia también consiste en eso. Y todo ello tras un análisis crítico riguroso.
- **Ética del deber:** con Kant como principal exponente, tiene que ver con hacer lo correcto. Se basa en valores como la sabiduría o el autocontrol y está vinculada a la moral. Además, se asocia, en consecuencia, a aquello que incide positivamente en el bien de todos los ciudadanos desde una perspectiva general: vida, seguridad, libertad, respeto. El líder criético lo tiene muy presente, pero, además, contextualizando las situaciones en las que estos valores son meros referentes o aspectos intrínsecos a los que no se puede renunciar.

Adela Cortina, en su libro *Ética de la empresa: hacia un nuevo orden global* (2005), afirma que «desde la ética empresarial no pensamos solo en el contrato legal, sino que vamos hacia el contrato moral y el reconocimiento recíproco. Por supuesto, el acostumbrarse a cumplir los contratos morales no tiene que ver con certificaciones, cálculos y medidas. Claro que pueden hacerse, pero es algo que va más al fondo y que consiste en forjarse un carácter. La ética de la empresa trataría, pues, de la adquisición del carácter necesario para responder a las expectativas legítimas de los afectados por ella de manera excelente». Se observa, por tanto, que este aspecto legal es lo mínimo exigible, pero que la ética busca la excelencia para todos los grupos de interés.

3.3 Niveles de ética

Además de los tipos de ética, es evidente que pueden existir diferentes niveles de ética. En este sentido, distinguiremos:

- **Ética individual.** Se refiere a los principios de un individuo, su modo de proceder. Tiene que ver con su modo de actuar: correcto o incorrecto. Y sus consecuencias se aplican a él mismo, es decir, no afectan a los demás. Hay que tener en cuenta que lo que es bueno para una persona tal vez no lo sea en la misma medida para otros. Aquí habría que preguntarse cómo actuaríamos si tuviéramos la certeza de que nadie nos observa. La ética tiene que ver con eso, con hacer las cosas bien porque sí, por nada más, porque es lo correcto. No pensando en las consecuencias positivas que tiene el hecho de publicitar que he hecho algo.
- **Ética de la organización.** Se refiere a los valores que tiene la organización y que suponen la referencia a la hora de comportarse. Determinados comportamientos normales en una organización,pueden no serlo tanto en otras. Y tiene que ver con cómo se comportan los miembros de una organización en el día a día. Aquí, el papel del líder es esencial. De alguna manera es el referente y ejemplo en el que se van a ver los demás, por lo que su modo de actuar debe estar a la altura.
- **Ética social.** Según Capella (2008), la ética social trata de las acciones de un ser humano cuyas consecuencias recaen sobre la propiedad ajena. Tiene que ver con las normas de comportamiento en convivencia frente a los demás. En este sentido, huye de las consecuencias negativas para cualquiera de las partes. Afirma que solo en una acción voluntaria todos los participantes resultan beneficiados. El líder criético es consciente de que en la sociedad intervienen muchos individuos y hay que tener el comportamiento adecuado para que todas las personas se vean beneficiadas o, al menos, ninguno perjudicado.

Algunos autores contemplan también la ética internacional. Para mí, no es tanto un nivel de ética, ya que hoy en día se puede ser internacional sin salir de tu país a través de los proveedores, clientes o de otros grupos de interés. Lo cierto es que la ética debe contemplar las particularidades que cada uno de nosotros tenga y, aquí, los aspectos diferenciales que presentan distintas nacionalidades y culturas deben ser tenidos en cuenta.

El líder criético sabe que, para que una organización se comporte de manera ética, el primer principio es que cada uno de los miembros de la organización sea ético. En segundo lugar, que esta ética o modo de entender la realidad y, por tanto, los comportamientos estén alineados con los del resto de la organización para, de este modo, tener un sentimiento de equipo que ayude a impulsar a la sociedad.

3.4 ¿Por qué es importante la ética en el liderazgo?

Un aspecto básico en cualquiera que quiera ser considerado líder tiene que ver con la ética. La ética es algo que debe subyacer a cualquier tipo de decisión y en cualquier ámbito o sector. No todo vale a cualquier precio.

Los acontecimientos vividos a raíz de escándalos como el de Enron o muchos otros de los que somos testigos, a través de los medios de comunicación, no son más que la punta del iceberg de problemas surgidos por la falta de ética y escrúpulos de sus dirigentes. En el ámbito político, las noticias en este sentido son abundantes.

Algunos otros asuntos, como el sucedido con Cambridge Analytics, son también buen ejemplo de la importancia de la ética en cualquier ámbito. Si este es el empresarial, una gestión inadecuada puede llevarse por delante una organización.

El líder criético ve más allá y analiza la repercusión de este hecho en todos los grupos relacionados. De modo particular, los trabajadores. Un escándalo, si impacta gravemente en una compañía, puede suponer el despido de muchos trabajadores. Unos, de manera directa. Otros, de forma indirecta a través de proveedores o de otros grupos relacionados. También los líderes tienen una responsabilidad en la sociedad y el respeto a cada uno de los individuos y familia son parte esencial.

Si bien hemos señalado anteriormente que liderazgo y gestión no son lo mismo, lo cierto es que, como también se ha indicado antes, no deberían estar disociados. De haberse gestionado las organizaciones con criterios éticos, muchos de los problemas que estamos viviendo no se habrían producido. Es por ello por lo que la ética representa ese faro que debe servir de guía en la toma de decisiones.

La economía, bien gestionada, no es un juego de suma cero y, si se es capaz de organizar adecuadamente y con ciertos principios, la riqueza generada puede ser el resultado del que muchos agentes se pueden beneficiar; es más, esta riqueza será superior, contribuyendo al legítimo objetivo de mejora que todos tenemos. De hecho, el objetivo de crear un mayor valor para la sociedad debe estar presente en cada acción y decisión, haciéndolo compatible con el incremento de valor de los accionistas, que son quienes ponen en riesgo su dinero.

Hoy en día se habla de la ética de valor compartido o creación de valor compartido, como señala Freeman, que se refiere al positivo impacto que debe tener en todos los *stakeholders* cualquier decisión que se tome en un determinado sentido. Básicamente consiste en ser parte de un cambio para dar solución a un problema global.

La importancia de la ética en el mundo empresarial es objeto de numerosos estudios en los últimos años. Los propios estudiantes de programas de posgrado se manifiestan en este sentido al afirmar que es uno de los aspectos a los que más importancia le atribuyen.

En el estudio que llevé a cabo para la elaboración de mi tesis doctoral, donde realicé entrevistas a estudiantes de escuelas de negocios en España de distintas nacionalidades, más del 85% manifestaron que estarían dispuestos a renunciar a parte de su salario por trabajar en organizaciones que contasen con la ética como uno de sus referentes. Esta respuesta se proyectaba a las de otros países. Especial sensibilidad en este campo se daba en los estudiantes de escuelas estadounidenses. Si estos son los dirigentes del futuro, pienso que es un dato que tener en cuenta a la hora de determinar las organizaciones que existirán en unos años.

La relevancia de la ética en el liderazgo se pone de manifiesto en el creciente interés que quienes tienen que formar a los líderes del futuro ponen en ello. Me refiero a las escuelas de negocio y universidades. Ambos tipos de instituciones tienen una responsabilidad de la que tienen que hacerse cargo a la hora de inculcar valores en sus graduados respecto a ética y valores. Y ello se puede llevar a cabo de muchas maneras.

Thomas, H. y Thomas, L. (2011) señalan que el debate crítico, la comunicación y la persuasión son aspectos esenciales que tienen que tratar las escuelas de negocios para preparar a los futuros líderes.

Bajo este mismo enfoque, Bozal (2011) lleva a cabo una crítica de la excesiva mercantilización que ha caracterizado el mundo de los negocios los últimos años, lo que muchas organizaciones han tratado de compensar con la incorporación de la responsabilidad social corporativa. Adicionalmente, afirma que la ética empresarial adquiere mayor relevancia en los procesos de cambio y aumenta el interés por la responsabilidad social, esto hace que las escuelas de negocio lo tengan más presente en la formación de los directivos a partir de los 90. Finalmente, Bozal sostiene que las escuelas de negocio son responsables de los valores que transmiten a los directivos empresariales y en este sentido se hace eco de que muchos de los responsables de la crisis se formaron en dichas escuelas.

Sims, R. y Sims, S. (1991) señalan que la formación estaría orientada a lo siguiente:

- Ayudar a los estudiantes en la formación de sus propios valores e ideas morales.
- Servir de introducción en el amplio abanico de problemas morales que afectan a su sociedad.
- Ponerles en contacto con teorías sobre ética y moral.
- Darles la oportunidad de afrontar los problemas de la ética en los negocios.

Estos análisis realizados y recogidos en *Una revisión crítica sobre el enfoque de las escuelas de negocio españolas* (Sastre, 2016) están de actualidad y los estudios que, algunos de modo informal, he llevado a cabo los últimos años con directivos y estudiantes de escuelas de negocio confirman esta visión.

El líder criético, dentro de su ámbito de actuación, debería llevar a cabo las siguientes acciones:

- Preparar a los participantes para afrontar los conflictos morales a los que tendrán que enfrentarse en el ejercicio de sus tareas.
- Formar e insistir a su equipo en la relación entre su trabajo y los valores y necesidades de la sociedad, así como los aspectos fundamentales de sus áreas funcionales.

Desde la óptica de la sostenibilidad, Bozal (2011) plantea esta como un valor global que integra todos los aspectos económicos, medioambientales y sociales en base a los que hay que gestionar las empresas. Como hemos señalado, la sostenibilidad se erige en un elemento muy a tener en cuenta de cara al futuro. Giselle Weybrecht (2010) señala que las escuelas de negocio juegan un papel clave en que las nuevas generaciones hagan de la sostenibilidad la norma.

La formación en ética abarca toda la escala formativa. Desde luego, finaliza en la universidad o escuela de negocios, pero, pasando por la etapa de bachillerato o formación profesional y colegio, debería empezar en las propias familias. Son la institución básica en casi todos los aspectos (aunque no esté de moda llevar a cabo esta afirmación; tal vez por ello me permito hacerlo con la seguridad de que así es) y la instauración de determinados valores como la ética, respeto y colaboración son esenciales en este ámbito.

3.5 ¿Qué significa ética en cuanto al liderazgo?

La ética puede y debe estar presente en cualquiera de los ámbitos empresariales, como se ha apuntado anteriormente: desde el campo de las operaciones hasta las ventas, pasando por los recursos humanos o el marketing, entre otros. En cualquieras de ellos, se pueden aplicar criterios éticos. En cualquier área pueden existir líderes y, en todo caso, existen posiciones de jerarquía que tienen que tomar decisiones.

Algunos de estos aspectos donde la ética tiene un papel relevante se recogen a continuación, aunque no son todos los que se pueden abordar:

- Operaciones:
  En la fabricación de cualquier producto, la calidad de cada componente y, por ende, del producto final debe ser la acordada, no procurando ahorrar unos euros con el riesgo de incumplir la legalidad, los compromisos, o poner en peligro la salud de cualquier trabajador, proveedor o cliente.

  La legítima intención de ahorrar costes no puede ser a costa de sacrificar la salud o integridad de cualquiera de los miembros implicados en dicho proceso. El líder criético debe asegurarse de que en todo el proceso de operaciones y con cualquier proveedor se cumplen los criterios de respeto a todos los implicados; que no existe explotación ni trabajo infantil en ninguno de los proveedores. Y, si es posible, en ninguno de los proveedores de los míos. Que el proceso de transporte sea lo más respetuoso posible con el medioambiente; y esto sin que nos convirtamos en fanáticos de algo que vaya contra el sentido común.

Por descontado, la legalidad es una línea que nunca se ha de traspasar, pero llega más lejos. De hecho, cuanto más respetuoso se sea con los proveedores, más fuertes serán los vínculos que se establecen con ellos y, en caso de turbulencias, más seguro será el aprovisionamiento tanto en plazos como en calidad.

- Marketing:
  El marketing va mucho más allá que la publicidad. Son varios los aspectos que hay que tener en cuenta cuando se habla de ética y marketing. Evitar prácticas comerciales ilegales, que incluyen cárteles o acuerdos sobre precios, falsas promociones, etc. Estos son aspectos que influyen, además, muy negativamente en una marca. El diseño de los productos, respetuosos con las normas de seguridad, con especificaciones propias y acordes a cada producto es otro aspecto.

  La obsolescencia programada es una práctica poco ética que algunas compañías llevan a cabo y que incide muy negativamente en la marca.

  Hay que evitar publicidad engañosa que cree unas expectativas poco realistas sobre los artículos.

  Respeto a todos en la publicidad, no discriminando a nadie es otro de los aspectos que considerar. Recordemos aquí que el marketing no solo es publicidad. Las teorías clásicas hablan de las 4 P (producto, precio, punto de venta, promoción). En todos ellos, la ética debe ser aplicada. La tendencia a hablar de la publicidad no puede enmascarar aspectos como el diseño del producto, los precios no manipulados artificialmente, gestión poco ética en alguno de los canales, etc.
- Finanzas:
  Los estados financieros deben reflejar la realidad de la organización. Este es el primero de los aspectos que, desde un punto de vista ético, el área de finanzas debe tener en cuenta en una organización. Si esto no fuera así, muchos de los grupos de interés se verían perjudicados. Empezando por los accionistas, ya que no sabrían si la rentabilidad de sus inversiones son las que se dicen y conforme a la información que han basado sus decisiones.

El Estado (y, por tanto, todos nosotros) se vería también impactado, ya que los impuestos se pagan conforme a los beneficios declarados. Una gestión poco ética de dicho beneficio también afectaría a todos, por tanto.

Las fuentes de financiación a las que acudir en momentos de necesidad deberían también cumplir ciertos estándares éticos, al igual que en el momento de la decisión de dónde invertir los beneficios obtenidos. No es lo mismo hacerlo con una aproximación ética y de respeto que no tomando este aspecto como referencia. Por supuesto, la confidencialidad y el no hacer uso de información privilegiada en finanzas cobra una relevancia significativa aunque este punto pueda extenderse a otros en la organización. Determinadas operaciones de compra, venta o fusiones de toda o alguna parte de mi organización o de otra en la que nos podamos ver implicados requieren mucha sensibilidad a la hora de gestionarlas.

- Recursos humanos:

  El área de recursos humanos tiene un papel muy relevante a la hora de aplicar la ética en una organización y son varios los aspectos que entran en juego en este ámbito. Uno de ellos, de inicio, tiene que ver con el hecho de no aprovecharse de las circunstancias negativas personales de un candidato a la hora de fijar unas condiciones de contratación. El salario, de entrada, se fija en función del puesto.

  El líder criético sabe que no se puede aprovechar del mal momento de un candidato para rebajar su salario de incorporación. Esto sería contraproducente en el medio plazo.

  El trato justo en todos los procesos que lleve a cabo la organización es otro aspecto. El respeto a las singularidades de todos y elegancia en el trato es una condición indispensable que deben tener en cuenta los miembros del departamento de RR. HH.

  El líder criético aplica esta no discriminación de tal modo que tampoco lo hace favoreciendo positivamente a quien no reúne cualidades objetivas para ocupar un puesto o ser merecedor de una promoción.

  La no explotación de modo gratuito es otro elemento que considerar. El líder criético es consciente de que esto nada tiene que ver con el hecho de ser exigente y buscar la máxima eficacia en la empresa. Respeto a la diversidad y el establecimiento de protocolos para evitar el acoso son otros aspectos que deben ser tenidos en cuenta durante la estancia de los trabajadores. En el momento de abandonar la organización, sea de modo voluntario o como consecuencia de una decisión empresarial, puede ser otro buen ejemplo. El máximo respeto a todos. Esto se puede hacer de manera menos dolorosa y respetando la dignidad de quien tenga que abandonar la organización.

Además de los directamente implicados en esta área, el departamento de RR. HH., en muchos casos, es quien debe asegurarse o al menos impulsar una cultura ética en la organización. Aunque no sea su responsabilidad directa, debe ser el bastión en el que apoyarse para tener una visión ética de la organización. De ahí su, en ocasiones, doble responsabilidad.

Y estos son solo algunos ejemplos de ética aplicada a diferentes campos de la empresa. Lo cierto es que estos aspectos morales de la ética están muy incorporados en la cultura empresarial, que sería el modo de comportarse de los miembros de una organización. Y, a la cabeza, debe encontrarse el líder. Solo si cultura y filosofía empresarial (en este caso con el líder como referente) se identifican, la organización puede tener éxito.

El líder criético debe fomentar la ética y los valores positivos en todos los miembros de la organización y hacerlo de una manera decidida, firme y constante; aprovechando cualquier momento para reforzar esta cultura.

La importancia del aspecto ético en los líderes se puede llevar cabo con una aproximación directa o, incluso, por eliminación. Un líder poco ético lleva a sus seguidores a través del desánimo y la desafección, ya que se ocupa de poner en relieve sus logros, pero achacando a los seguidores las acciones o decisiones que no hayan tenido un resultado negativo. Esto desemboca en una desmotivación que hace que los colaboradores no estén dispuestos más que a hacer seguidismo, sin ningún espíritu crítico y, por tanto, sin ningún valor añadido a lo aportado por el líder. Se convierten, entonces, en amedrentados esbirros del primero, pero con mínima o nula capacidad para complementar, mejorar o, incluso, transmitir lo que el primero indica. El egoísmo, la hipocresía y la cobardía empiezan a campar por los despachos o el terreno de juego de la organización y no se logra más que mediocridad y temor entre todos los agentes implicados. Bajo esta perspectiva, las organizaciones se estancan y no logran aquello para lo que fueron creadas y que les da razón de ser.

Ética y moralidad son conceptos con frecuencia muy vinculados. Por ellos entendemos una manera de hacer las cosas con el máximo respeto (en sus distintas acepciones) para la mayor parte de los agentes afectados por la decisión. Actualmente se habla de *stakeholders*. Ese respeto implica dos aspectos:

- Proceso de toma de decisión: a la hora de tomar una decisión, el respeto a todos los puntos de vista. El líder criético respeta los distintos puntos de vista sobre una determinada cuestión por varias razones. En primer lugar, por responsabilidad. Cualquier persona tiene derecho a ser escuchada. Esto lo sabe el líder criético y, además, es consciente de que genera una actitud que hace que los miembros del grupo se adhieran más a él, al sentirse escuchados y valorados. Además, distintas personas aportan opiniones basadas en diferentes puntos de vista, lo que enriquece el debate, y la decisión está más fundamentada en distintos tipos de razonamientos y ópticas.
- Implementación: la implementación es la hora de la verdad en el proceso de una acción. Se puede haber pensado y planificado mucho, pero si no se ejecuta adecuadamente, no sirve de nada. Aquí, el ver cómo las decisiones afectan a los demás es esencial. No digo con esto que no haya que ser exigente en el ámbito empresarial. Bien al contrario, solo desde esa exigencia y empeño en conseguir los objetivos se prospera. Pero es importante tener claro que no todo vale y no a cualquier precio. Por descontado, hay que respetar las normas, pero, incluso, más allá, hay que respetar a las personas. No se debe jugar con ellas, y ver el impacto que tiene en cada uno las decisiones que se hayan tomado es importante.

Cuando se habla de ética en un líder hay que contemplar distintas perspectivas de una misma realidad. Se trata de un aspecto poliédrico en el que hay que considerar varias caras:

- **Ética en las relaciones.** Consiste en gestionar las relaciones con un componente ético que esté presente en todos los ámbitos de las relaciones que mantenga el líder. Así, a la hora de relacionarse con sus colaboradores debe hacerlo desde el respeto. Un respeto real y alejado de postureos para quedar bien y mostrar que tiene un talante abierto. Se trata de considerar el valor de las personas independientemente del puesto que ocupen.

  El líder criético escucha a todos sin importar cuál es su posición en el organigrama. Y, además, lo hace convencido de que todos tienen cosas que aportar. Y que, aunque no fuera así o sus aportaciones no tuvieran la suficiente entidad como para aplicarlas, se merecen el máximo respeto. Además, a la hora de tomar una medida que afecte a distintas personas, hay que considerar el impacto en ellas. No digo que no haya que tomar medidas severas en ocasiones, sino que, al hacerlo, tratemos de minimizar el impacto negativo de quienes no han tenido un problema de actitud. Distinto es el caso en que se trata de un tema de actitud. Ahí hay que ser inflexible. Se puede tolerar la falta de capacidad, pero no el compromiso y, mucho menos, la lealtad. Hay que ser, en este punto, muy severo, ya que se han traicionado los principios fundamentales de la confianza. Además, el mensaje que se envía a los demás es importante.

  Si no se toman medidas ejemplificadoras para quien muestra un problema de actitud, se afirma que todo vale y que la lealtad, el compromiso y la vinculación no son importantes. Este respeto por los aspectos éticos lo hace extensivo a todo su equipo, de modo que no solo el líder, sino que se establezca en el grupo una cultura de talante ético que impregne cualquier ámbito de este.
- **Responsabilidad social.** Cuando se habla de responsabilidad social corporativa, con frecuencia nos referimos al impacto en la sociedad de nuestras decisiones, pero muy habitualmente lo orientamos hacia fuera de la organización. Antes de llegar a ese necesario punto, debemos plantearnos cómo afecta cualquier decisión que tomemos a nuestros grupos de interés (*stakeholders*) internos: trabajadores, directivos, accionistas. Lo que vamos a hacer, ¿es coherente con la misión y visión que nuestros accionistas han depositado en nosotros? Y todo esto va mucho más allá

que el hecho de incorporar acciones en una web más destinada a la galería que a la realidad de las acciones de impacto. Tan es así, que gran parte de las acciones consideradas como de responsabilidad social tiene por objeto lavar la imagen de la compañía o hacerse visible para, de este modo, lograr mayores ventas. Y esto, después, en áreas que no son percibidas por el mercado, no se trata del mismo modo. Se trata de una flagrante falta de coherencia. El compromiso con diferentes causas sociales no es un factor desencadenante de la ética empresarial, sino una vinculación con dichas causas.

El líder criético debe atender las necesidades de los distintos grupos de interés, identificando cuáles son los elementos más relevantes para cada uno de ellos a medio y largo plazo. Tras un adecuado análisis, el líder ha de ser capaz de identificar lo más beneficioso para la mayor parte de los agentes, pensando no solo en el corto plazo, sino a medio y largo. De este modo, ha de considerar aspectos como el impacto de dejar de fabricar algo en determinados lugares donde, cumpliendo la legislación vigente, los salarios son más bajos que los de los países de destino. Un análisis erróneo puede llevar a la precipitación y dejar de hacerlo, con el impacto en determinadas sociedades. Todo ello, desde luego, cumpliendo con los aspectos éticos y legales pertinentes. Ojo con los gestos de cara a la galería, porque pueden tener consecuencias empresariales impactantes, como pasar a fabricar en una economía muy desarrollada y con precio de mano de obra muy alta. Puede suponer el fin de la marca, con el consiguiente impacto en los empleados, accionistas, proveedores o cualquier otro.

- **Ética del medioambiente y sostenibilidad:** estos dos conceptos están muy unidos, ya que el respeto por el medioambiente hoy en día es una obligación. Y lo es por dos motivos: en primer lugar, por el necesario compromiso que debemos tener todos a la hora de cuidar nuestros recursos. Recursos que son limitados y que, como portadores de un mundo que debemos dejar a nuestros herederos, debemos preservar. En segundo lugar, porque, cada vez más, todos los agentes están muy pendientes de estos aspectos y aquella organización que sepa desenvolverse y llevar la iniciativa en este campo va a gozar de una ventaja competitiva considerable.

Actualmente se habla de ESG (*environmental, social and governance*). Se trata de aspectos importantes para los inversores a la hora de invertir sus recursos. Cada vez se presta más atención a este concepto. El primer término tiene que ver con el efecto de las empresas en la naturaleza. Más allá de no perjudicar el medioambiente, se propone generar un impacto positivo, por ejemplo, reduciendo la contaminación, gestionando los residuos y otros similares.

El segundo término tiene que ver con las relaciones con las comunidades y se evalúan aspectos como la igualdad o la diversidad y hasta qué punto se están considerando en la actividad de las empresas.

El último hace referencia a todo lo que tiene que ver con el gobierno corporativo de la empresa: su cultura, propósito, etc. Y aquí se evalúa si hay código ético, de buenas prácticas, o similares.

El líder criético, sin embargo, no se vuelve loco y atribuye todo al medioambiente. Es capaz de, con argumentos, defender si de verdad, y hasta qué punto, el medioambiente se ve perjudicado cuándo y cómo. Es también capaz de ver el coste que supone una defensa a ultranza de este aspecto, frente al nivel y calidad de vida, ponderando adecuadamente ambos aspectos. Del mismo modo, el coste que supone implementar determinadas políticas que pueden proteger el medioambiente en el corto plazo, pero perjudicarlo en el largo o viceversa.

En definitiva, lleva a cabo un análisis adecuado para investigar hasta qué punto suben o bajan las temperaturas y dónde, el coste real de las baterías eléctricas, el coste de no contar con ciertos recursos o desmantelar ciertas industrias, etc. Criterio, por tanto, a la hora de defender postulados para que la mayoría de la población vea mejorar su modo de vida. El líder criético sabe que no se sostiene defender el medioambiente de cara a los demás y, en la parte de atrás, contaminar de manera inmensa para llegar al punto donde se hacen determinadas soflamas. Esto es falta de coherencia, cuando no engaño. El respeto al medioambiente debe venir de la conciencia y desde la consciencia; nunca desde la coerción.

Schwartz (1992) señala que para que una organización sea capaz de mantener y desarrollar una cultura ética deben contemplarse, fundamentalmente, tres elementos:

- Existencia de una serie de valores éticos incorporados en las políticas, procesos y prácticas de la organización.

- Establecimiento de programas de ética formalmente constituidos. Esto incluye formación en ética, responsable de ética y soporte para resolver dilemas éticos.
- La continua presencia del liderazgo ético. Este liderazgo ético es el que constituye la base de nuestro ensayo.

Las ventajas de contar con un líder criético, al ser este el referente en la organización y ser capaz de mover a todos los seguidores en la misma dirección, son numerosas:

- En primer lugar, como imagen de marca. Esto tiene dos derivadas, a su vez:
    - La primera tiene que ver con el valor de dicha marca como empleador. Cuando una organización se rige por principios éticos, son más los empleados que desean formar parte de dicha organización. Esto tiene claras ventajas, ya que, en primer lugar, se hace más fácil para la compañía poder contar con el mejor talento. El talento es lo que marca la diferencia y recurso estratégico por excelencia. Por otra parte, se es capaz de atraer el talento a un coste menor, ya que los trabajadores están orgullosos de formar parte de este equipo y organización y lo consideran como parte de la compensación total que perciben.
    - En otro orden de cosas, también es más fácil retener el talento. Los mejores empleados son más inelásticos a la hora de abandonar la organización por unos euros de incremento en otras compañías. Esto hace que proponga el término seducir el talento, en lugar de retener el talento. La seducción se hace mucho más atractiva y no tiene que ver con la coerción, que está más sujeta a inestabilidades.
- Por otra parte, esta imagen positiva hace que el cliente lo perciba de este modo, con el consiguiente impacto en las ventas y repercusión financiera. Los consumidores son muy sensibles a estos aspectos y esto incide en que se muestre una preferencia por la compra de esta determinada marca.

  En tiempos como los actuales, los aspectos relacionados con la sostenibilidad y el medioambiente tienen un alto impacto en la decisión a la hora de consumir de una marca u otra. Con alguna estrategia clara de segmentación, algunas marcas han identificado una preferencia clara y están tratando de explotar este filón con la mayor de las intensidades.

3.6 Claves para establecer una cultura ética

El líder criético parte de algo esencial. Esto esencial es un conjunto de valores positivos que lo definen como persona. Elementos como la integridad, respeto, colaboración o el foco en ayuda a los demás forman parte consustancial de su propia personalidad. Pero el líder criético tiene muchas más obligaciones. Una de ellas es instaurar una cultura ética en su organización. El entorno determinará el cómo hacerlo y si son muchas o pocas las fuerzas a las que tendrá que enfrentarse, pero hay una serie de herramientas en las que apoyarse para crear esa cultura ética. Estos elementos que pueden ayudar a definir una cultura ética son los siguientes:

- **Definir un código de valores.** Supone que se establezcan los principios en los que se basarán los comportamientos de los miembros del grupo. Hay tres niveles cuando nos referimos a valores: los individuales, los grupales y los organizacionales. En cuanto a los individuales y grupales, cuanta mayor cohesión exista entre los valores de los distintos miembros, más sencillo será. El proceso de selección y de acogida por parte de los distintos departamentos y apoyo del de RR. HH. juegan un papel importante. En una misma organización no deberían existir grupos con distintos sistemas de valores. Además, hay que distinguir entre la cultura organizacional y la filosofía organizacional. La primera tiene que ver con el modo habitual de comportamiento, conforme a ciertos principios de los miembros de una organización. La segunda hace referencia a los ideales como principios fijados por los propietarios o altos directivos de la organización. Es esencial que haya coherencia entre los dos. De no ser así, la organización está destinada al fracaso. Aquí, el proceso de transmisión de estos valores entre las distintas generaciones, al igual que sucede en una familia, es importante. Incluso, nos podemos ayudar de elementos visuales. Algunos iconos que refuercen estos valores.

- **Definir un código ético.** El código ético recoge los valores antes indicados, pero además establece cuál es el sistema de evaluación, recompensas y sanciones que se establecen. Aquí cabe señalar que no es lo mismo ética que legalidad aunque esta segunda sea un muro infranqueable.

  El código ético, además, deberá definir los distintos niveles de gravedad de una transgresión, así como los períodos de revisión de este, ya que los problemas a los que nos enfrentábamos hace unos años no son los mismos que los actuales. Adicionalmente, las correspondientes consecuencias que conlleva.
- **Definir un comité de ética.** El comité de ética es el encargado de garantizar el cumplimiento de los aspectos que se contemplan en el código ético, pero, además, el responsable de canalizar las denuncias que se puedan producir y evaluar su idoneidad o no.

  El comité de ética, para que sea eficiente, debe estar constituido por distintos miembros, lo más diversos posible, de diferentes departamentos y distintos niveles, para que no se trate de un segundo comité de dirección. A ellos les llegará la denuncia de cualquier sospecha de transgresión del código ético y evaluarán la sanción para la aplicación del código ético. Para que sea efectivo es importante que, si todos tienen el mismo poder de voto, cuente con un numero impar de miembros (sin abstenciones) o que haya un voto de calidad. En definitiva, de no hacerlo inoperativo por no asumir las responsabilidades.
- **Liderar con el ejemplo.** El líder debe transmitir que es el primero que cumple con los valores éticos que predica. Que los cumple sin ninguna fisura. Nada es más efectivo que el liderar con el ejemplo. Nuestro líder criético sabe que son muchas las miradas que están puestas en él para comprobar hasta qué punto es coherente con lo que predica. Por lo tanto, el líder criético debe ser extremadamente respetuoso con los valores que afirma defender. Y, además, no solo los cumple él, sino que incita a su cumplimiento. Trata de explicar por qué son los valores adecuados (algunos son universales) para esa organización y ese contexto.

  Adicionalmente, lo comunica de un modo que hace que los demás se vean atraídos por estos valores. Y procura que se hable de ellos. Que esos valores estén en el centro de muchas conversaciones. Junto con la misión y la visión de la organización, es el faro que dirige las acciones de un grupo. Y puede servir para integrar o expulsar a algún miembro de este.

- **Establecimiento de un sistema de recompensas.** El cumplimiento de aspectos éticos puede ser incentivado con un sistema de recompensas en función de la acción llevada a cabo. Un comportamiento ético, de por sí, no debe llevar a una recompensa, pero cuando esto se lleva a cabo en circunstancias excepcionales, bien por el contexto, bien por el impacto, una adecuada recompensa ayuda en la extensión de este sistema de valores.

  El modo de recompensarlo puede ser desde algo mínimo hasta algo de más calado, pero la clave es que sea público; que se comunique, que el cumplimiento de determinados aspectos tiene repercusión. Esta repercusión también puede ser negativa en caso de incumplimiento. Y habría que establecer un sistema de castigo en caso de desviarse de los valores determinados.

El código ético se hace eco de los valores que la organización debe contemplar. Y estos están en función de los aspectos a los que tiene que hacer frente. En este sentido, el código ético de las organizaciones ha evolucionado, pasando de unos temas a contemplar un espectro más amplio que da relevancia a elementos que, en el pasado no, eran fundamentales, pero que en la actualidad están cobrando importancia. Así, en el pasado, se consideraban los siguientes elementos:

- sobornos,
- corrupción,
- regalos,
- conflicto de interés,
- donativos políticos y *lobby*,
- responsabilidad del producto,
- pago a directivos.

En la actualidad, además de esos, hay otros que también conviene contemplar en el código ético y que el líder criético debe regular y gestionar. Son los siguientes:

- cuidado medioambiental;
- gestión de la cadena de suministro y trato responsable de y con los proveedores;
- protección de datos;
- ciberseguridad;
- conciliación de la vida profesional y personal;
- diversidad;
- derechos humanos.

La realidad en la que nos encontramos inmersos hace que, sin descuidar los anteriores, la atención también haya que ponerla en aspectos más de actualidad. Por poner un ejemplo, la gestión de los datos, su confidencialidad y correcto uso es materia de regulación, como el resto de los indicados en un momento en que la digitalización y múltiples intermediarios juegan un papel importante en las organizaciones.

A continuación, se indican algunos elementos que debería contemplar un código ético según los distintos grupos de interés:

- Empleados:
  - seguridad y salud del empleado;
  - gestión de la marca y propiedad intelectual;
  - protección de datos;
  - conflictos de interés;
  - diversidad e inclusión;
  - gestión de la comunicación (interna y externa);
  - selección de personal;
  - derecho a la información y a la asociación;
  - acoso;
  - denuncias internas.
- Clientes:
  - protección de datos;
  - información a los consumidores;
  - seguridad y calidad del producto (especialmente para los más pequeños);
  - gestión del producto e información según el público al que va dirigido;
  - sostenibilidad del proceso productivo.

- Proveedores
  - o relación ente proveedores y organización;
  - o transferencia de empleados entre ambas partes;
  - o gestión y confidencialidad de la información;
  - o regalos (directos e indirectos);
  - o gestión de los métodos de pago;
  - o requerimientos a los proveedores (legalidad, respeto medioambiental).
- Accionistas
  - o información aportada (real, relevante, no distorsionada);
  - o gestión de riesgos y cumplimiento legal;
  - o selección de auditores y consultores externos;
  - o nombramiento de los distintos comités, cuando proceda (retribuciones, nombramientos);
  - o gestión de la información privilegiada.
- Competidores
  - o observancia de las leyes de la competencia en los distintos territorios;
  - o información aportada acerca de la competencia;
  - o análisis de entornos de colaboración o de accionistas compartidos.
- Sociedad
  - o derechos humanos;
  - o grupos de interés;
  - o respeto al medioambiente,
  - o relación con asociaciones y partidos políticos;
  - o relación con las Administraciones central, autonómica, municipal.

3.7 Ética y cultura empresarial

Según señala Schein (2010), la cultura organizacional puede ser entendida como un conjunto de valores compartidos y supuestos, asumidos por los miembros de una organización sobre la mejor manera de actuar ante determinadas situaciones y que son el resultado del aprendizaje ante diferentes procesos de adaptación al entorno y de integración interna. Por ello, se incluyen todas las variables individuales o colectivas que afectan al comportamiento y aprendizaje humano.

Los profesores Díaz de la Cruz y Fernández Fernández (2016) explican la relación que existe entre los conceptos de ética, responsabilidad social y cultura, además de la estrategia (Figura 3.1), que sirve de guía para el establecimiento de las distintas políticas de empresa que se determinen en la búsqueda de maximizar el valor para todos los grupos de interés.

Figura 3.1 Relación ética, responsabilidad social, cultura y estrategia.

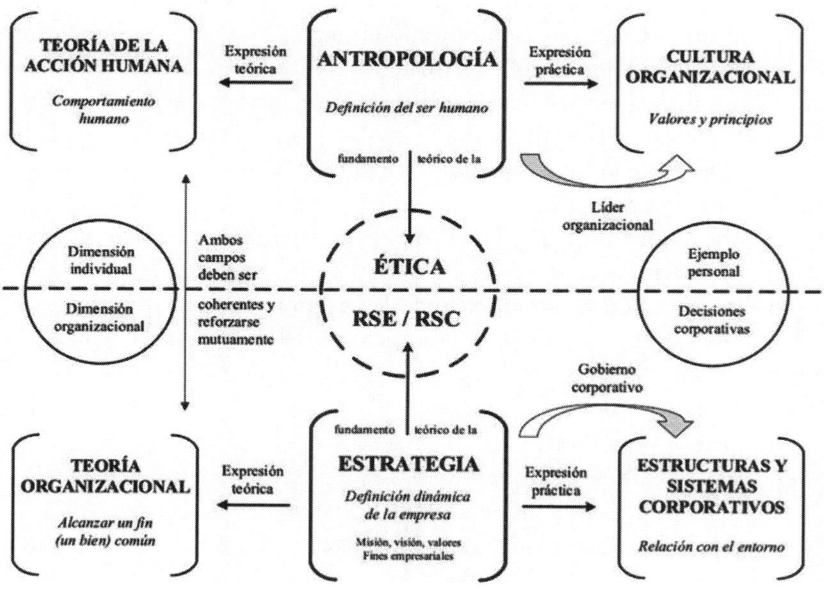

Fuente: *Díaz de la Cruz y Fernández Fernández (2016)*

Según los autores, aunque todos los conceptos están relacionados (con las importantes consecuencias que ello implica), uno de los que hay que señalar es el que tiene que ver con la ética de la empresa y el comportamiento del líder. Así, si el comportamiento del líder incide en la ética y la cultura de empresa y esta afecta a la estrategia y de ella se derivan las distintas políticas que se establecen, se puede deducir que el comportamiento y la ética del líder inciden directamente en la estrategia y el modo de comportarse la organización en su relación con el entorno. Apuntan, asimismo, que en los procesos de internacionalización, tan frecuentes hoy en día, la figura del líder en la configuración de la cultura y una cultura ética ganan protagonismo.

A modo de conclusión, podemos afirmar que la ética es esencial. Y lo es desde un punto de vista humano. Una persona que no se comporta de manera ética no merece ninguna consideración. Además, esta ética que cada uno tiene debe promoverla en la organización, haciendo que el comportamiento a través de valores sea una constante. Esta ética, además, impacta positivamente en la organización, que se ve beneficiada por este modo de gestionar todos sus asuntos. A través de ella, la sociedad en su conjunto. No somos seres aislados, por lo que cuanto más respaldada por valores esté nuestra sociedad, más positivamente nos impactará en un círculo virtuoso sin fin.

4

OBSTÁCULOS DE LIDERAZGO

4 OBSTÁCULOS DEL LIDERAZGO

4.1 Introducción

El liderazgo no es sencillo. Cualquier líder debe superar una serie de obstáculos que no son fáciles de gestionar. Algunos de los más frecuentes con los que se encuentra son los siguientes:

- **Resistencia al cambio.** Con frecuencia, el líder debe llevar a cabo cambios. En unos casos son iniciativa propia y en otros, los debe implementar. Casi siempre hay resistencia al cambio y no siempre se manifiesta de la misma manera. En ocasiones se hace de una manera explícita y evidente, mientras que en otras es más sutil. El líder debe encontrar el modo de motivar al equipo para afrontar el cambio. Todo ello, naturalmente, tras convencerse él mismo de que hay que llevarlo a cabo.
- **Falta de recursos.** Muchas veces, los líderes no pueden contar con los recursos que desearían. Esto incide de manera directa en su modo de actuar en la búsqueda de un objetivo. Estos recursos pueden ser humanos o de cualquier otro tipo. Casi siempre se tienen en mente los recursos económicos. Evidentemente, estos son muy importantes, pero no los únicos. En ocasiones se trata de recursos humanos que imposibilitan acometer un determinado proyecto. Cuando esto sucede, la creatividad tiene que ganar protagonismo, y dejar al grupo que se manifieste y lleve a cabo aportaciones.
- **Dificultades de comunicación.** Y esto puede implicar la que se tiene desde las altas capas de las organizaciones, en cuyo caso el líder debe ser capaz de interpretar lo que se pretende. También

puede deberse a que los colaboradores no interpreten bien o comprendan adecuadamente lo que el líder pretende. Por eso es importante asegurarse de que se han entendido los mensajes, no dando por supuesto esta comprensión.

- **Falta de motivación.** Este es uno de los elementos que más directamente pueden influir. Se puede tratar de una falta de motivación individual, por cualquier circunstancia o grupal. En ocasiones, incluso, los miembros de un equipo no están lo suficientemente dispuestos a trabajar conjuntamente aunque individualmente sí estén motivados.
- **Falta de confianza.** Esta falta de confianza puede ser respecto al líder, lo que estaría más asociado a una posición de gestión, ya que, como hemos apuntado, el liderazgo lo otorga el grupo y, de no haberlo, no se daría ese liderazgo. Pero también puede ser una falta de confianza entre los propios miembros del grupo.
- **Soledad.** Con frecuencia, el líder no tiene quien lo acompañe en un proceso complejo, donde la toma de decisiones conlleva consecuencias que afectan de manera muy relevante a la organización y a las personas. Ese directivo de cuya decisión depende la vida de muchas familias y que por la naturaleza de su trabajo no puede compartir con otros (bien por confidencialidad o por preservar al equipo de aspectos duros de afrontar) vive, con frecuencia, momentos de soledad. Igualmente, el general que, en el campo de batalla tiene que decidir la mejor estrategia donde hasta su más directo equipo se va a ver implicado y donde las vidas están en juego, afronta una soledad en cuanto a tomar la última decisión. O el entrenador de un equipo de fútbol que tiene que decidir quién finalmente va a lanzar la ronda de penaltis definitiva en la final de un campeonato. Si bien se puede apoyar en parte del equipo, la última decisión es suya, acarreando con la máxima responsabilidad.

Hay que señalar que el líder parte de la esperanza, no del optimismo. Un líder optimista puede serlo en la medida en que, con dicho optimismo, insufle esperanza al equipo, pero nunca en el análisis, donde la mesura y el espíritu crítico deben imperar.

Esta soledad hace que el líder, con frecuencia, sea incomprendido, ya que no puede explicar las razones que le llevan a tomar una u otra decisión. Esta es una de las fases donde uno está más cerca de arrojar la toalla. Esta soledad, que en muchos casos no tiene que ver con dicha confidencialidad o está destinada a evitar conflictos de intereses, no debe confundirse con aislacionismo, es decir, se puede ser a la vez prudente y comunicativo y abierto a la confianza del grupo.

Como hemos señalado, el liderazgo no tiene que ver con la jerarquía en la empresa, por lo que el líder, en este caso, puede abrirse a sus pares en un proceso que ayude a compartir la situación, lo que facilitará que no se enclaustre en su situación. Del mismo modo, en la medida en que no afecte a la toma de decisiones, el equipo puede ser también una buena fuente a la hora de liberar tensiones. La búsqueda de ayuda externa, en forma de *coach*, puede ser también una buena alternativa. A fin de cuentas, todos necesitamos alguien en quien confiar.

En todo caso, poner el foco de los obstáculos al liderazgo fuera de la persona solo nos aportaría una visión parcial de dicho problema. En muchas ocasiones, el propio líder es quien termina poniendo piedras en su sendero de liderazgo. George (2010) apunta los cinco tipos de líderes que pierden el norte:

1. Impostores: falta de autoconsciencia y autoestima. Se sienten acosados por dudas sobre su capacidad de liderazgo, así que son incapaces de actuar decisivamente. Sus subordinados más competentes ven que no es posible influir en el líder y deciden ir a pastar a prados más verdes, mientras que el resto de las personas siente que no tiene la autoridad para tomar decisiones.
2. Racionalizadores: traicionan sus valores. Cuando las cosas salen mal, culpan a sus subordinados o a las fuerzas externas.
3. Buscadores de gloria: se sienten motivados cuando el mundo los aclama. Sus objetivos son dinero, fama y poder.
4. Solitarios: no logran establecer estructuras personales de apoyo. La gran mayoría de sus relaciones son superficiales. Consideran que deben hacerlo todo por sí mismos. El resultado de todo esto es que son muy proclives a cometer errores.
5. Estrellas: carecen de una vida integral. Sus vidas se centran por entero en sus carreras. No tienen tiempo para la familia, la amistad, dormir o hacer ejercicio. Nunca aprenden de sus errores ni asumen

las consecuencias de sus decisiones hasta que un día se encuentran en la cima abrumados por los problemas y sin la capacidad para resolverlos.

4.2 Creencias limitantes

Uno de los obstáculos más frecuentes con los que se tiene que enfrentar el líder no provienen del exterior, sino de sí mismo. Y es el que tiene que ver con las creencias limitantes.

¿Qué es una creencia limitante? Una creencia limitante es algo que crees de ti mismo y que, de algún modo, condiciona tu razonamiento y, por tanto, tu comportamiento. El líder tiene que manejar muy bien esto porque, por un lado, le puede afectar directamente a él.

Todos tenemos creencias limitantes y nos influyen más de lo que pensamos. Por otro lado, porque debe identificar dichas creencias en los miembros del equipo para poder trabajarlas y que dichos colaboradores se desarrollen buscando el beneficio del grupo.

Muchas de nuestras creencias limitantes tienen origen en nuestra infancia y condicionan nuestro modo de entender la realidad y, por tanto, de comportarnos. El líder criético debe trabajar en ellas para darse cuenta de lo que, efectivamente representan y ver cómo luchar contra ellas, ya que nos dificultan o nos impiden lograr nuestros objetivos. El líder criético, además, debe manejar estos aspectos porque, como parte de la tarea de desarrollo de su equipo, debe conocerlas y hacer que sus colaboradores no se vean negativamente influenciados por estas. Dejarse vencer por estas creencias se traduce en un líder inseguro y que no es capaz de proteger al grupo en la medida que no es capaz de protegerse a sí mismo.

Si el líder tiene poca confianza en sí mismo, casi con toda seguridad lo va a trasladar a su equipo, quienes no verán en él ese servicio de orientación, organización y protección del que hemos hablado.

Las creencias limitantes pueden ser de tres tipos:

- Posibilidad:
  Son las relacionadas con el hecho de que alguien puede conseguir algo, pero no nosotros. Por ejemplo, «esa persona ha logrado tal puesto, pero a mí me resulta imposible». O «no es posible que a mí

me hagan una oferta de promoción o para otra compañía en estos momentos».

- Capacidad:
  Tienen que ver con observar en otros la capacidad para hacer algo, pero no para nosotros. No nos vemos capaces. «Es imposible que yo pueda memorizar esta lista o que yo pueda abordar un proyecto como el que ha desarrollado otra persona. No soy capaz de hablar en público; me puede la presión».
- Merecimiento:
  Supone el boicot que nos hacemos a nosotros mismos para no lograr algún objetivo. Uno no se considera merecedor de algo; especialmente si no lo logra a base de esfuerzo, sacrificio o penurias. Tiene la sensación de que está engañando o no está siendo coherente. «No merezco este despacho o esta posición. No merezco este reconocimiento laboral».

Son solo algunos ejemplos. El líder criético sabe que la mente puede jugar una mala pasada, y que hay que gestionar muy bien el diálogo interno. El líder criético debe librar una batalla con esta. Y lo primero que tiene que hacer es ser consciente de cuándo está en marcha este mecanismo en el que el enemigo acecha y batalla desde dentro.

Son muchos los excelentes profesionales que son capaces de enfrentarse a batallas externas, pero que claudican ante la más difícil de las contiendas, que es la que tienen que librar contra su mente.

El origen de las creencias limitantes está en la protección del dolor de cara al futuro. Suponen una especie de coraza para que, no sintiéndose capaz de hacer algo, no se desencadene el deseo, la acción y posterior frustración que supone no llegar a conseguir lo que se pretendía.

Aquí, entran en juego tres elementos: las experiencias previas, el síndrome del impostor y el miedo. Las experiencias pasadas pueden haber supuesto un pequeño (o gran) trauma y hacen que, si en el pasado he sufrido por haber hecho algo que no ha salido bien, me proteja en el futuro no intentándolo y, así, no exponiéndome a la posibilidad de que vuelva a salir mal y, de este modo, evitar el dolor que supuso.

El miedo supone que, igualmente, para evitar que algo tenga unas consecuencias no deseadas, no desee afrontar lo que supone pasar por esa experiencia. En este caso, no se debe a algo que ya ha ocurrido en el pasado, pero sí es el temor más fuerte que la inducción al hecho de abordar la cuestión y que pueda salir bien. No confío en lo que puedo hacer.

El síndrome del impostor, básicamente, consiste en que una persona piensa que sus éxitos se deben a la suerte y que, por méritos propios, no debería ocupar una determinada posición. Quienes lo tienen, tienden a minimizar sus logros. Normalmente lo padecen personas que tienen una alta autoexigencia. Las consecuencias son no querer asumir riesgos, se reduce su productividad y se aumenta el estrés y la ansiedad.

Para el equipo, las creencias limitantes son un freno a su creatividad y participación. Si el líder consigue que el equipo se libere de sus creencias limitantes, la innovación y frescura aparecerá en las dinámicas y se trabajará de una manera más efectiva. Los miembros del equipo no tendrán tantos reparos en pensar de un modo alternativo y se encontrarán soluciones a aspectos que antes parecían enquistados.

El líder criético debe trabajar en una doble dirección: la interna y la externa. Internamente, debe estar muy vigilante para que las creencias limitantes no ganen terreno en su mente y consigan el objetivo de poner cerco a la capacidad del líder. Esto lo hace pidiendo opinión a las demás personas cualificadas y de confianza y procurando descansar para que el cansancio no juegue una mala pasada. Cuando estamos agotados, la mente nos juega malas pasadas, y no pensar con frescura fomenta este diálogo interno pernicioso. A veces, es suficiente con cambiar de actividad y buscar una lúdica aunque sea de corto plazo.

Por otra parte, desde la óptica externa, debe establecer dinámicas para que las creencias limitantes no influyan de modo decisivo en los seguidores. Aspectos como la permanente motivación, el cuestionamiento cuando alguien afirme que el equipo no puede lograr un determinado hecho, deben ser analizados con la convicción de que la creencia limitante o los saboteadores están jugando su papel. Y dichos saboteadores no son más que diálogos internos que nos impiden avanzar. Son como unas limitaciones que nos pone la mente y que voy a analizar a continuación.

4.3 Saboteadores

Los saboteadores son elementos que actúan en nuestro cerebro y que nos impiden que se desarrolle todo nuestro potencial interno. Nos limitan y son fruto de nuestros miedos, temores e interpretaciones de determinados hechos. Estas trampas mentales deben ser muy tenidas en cuenta por el líder, ya que se disfrazan muy bien para pasar por otras figuras y que no nos demos cuenta.

En su *bestseller* sobre inteligencia positiva, Chamine (2012) afirma que todo el mundo tiene una mezcla única de los siguientes 10 saboteadores:

1. Evasivos: esta fuerza interna se enfoca solo en las experiencias positivas, evita conflictos y situaciones desagradables, se preocupa por las penas de los demás, quiere ser un pacifista y suprime la rabia, la cual en algún momento se encona y explota.
2. Controlador: este saboteador debe estar a cargo, controlar todas las competencias, trabajos y retos. Sufren gran ansiedad e impaciencia. Empujan para que se realicen las tareas sin importar nada más y ponen nerviosas a las demás personas.
3. Hipertriunfadores: este *workaholic* interno necesita validación constante, es competitivo y orientado hacia los logros, evita las emociones. Cualquier autocomplacencia es temporal.
4. Hiperracional: este experto, en lógica, es frío y analiza los problemas a distancia, desea dominar el conocimiento, desdeña las emociones, puede ser cínico y su flexibilidad es limitada.
5. Hipervigilante: este saboteador ansioso, escéptico e intenso está constantemente vigilando y es sensible al peligro, padece de agotamientos y aleja a todo el mundo.
6. Complaciente: esta fuerza negativa desea ayudar a los demás, pero anhela que lo acepten, necesita que lo estimulen y lo aprecien con frecuencia, se ofende muy fácilmente por la falta de reconocimiento y al final se resiente por la carga de ayudar a los demás. Los complacientes hacen que aquellos a los que ayuda se sientan manipulados o culpables por decir no.
7. Intranquilo: este aspecto saboteador de la personalidad necesita estar ocupado, no puede estar quieto, busca nuevas experiencias, se frustra y cansa cuando las nuevas experiencias se tornan complicadas.
8. Riguroso: el perfeccionista crítico hasta consigo mismo es muy organizado, piensa en términos de blanco y negro, piensa que los otros

son perezosos, critica a todo el mundo y hace que los otros resientan sus estándares imposibles.

9. Víctima: este mártir busca atención con base en sus penosas experiencias y tiene dos tipos de imágenes mentales sobre sí mismo: «pobrecito yo» y «nadie me comprende». Las víctimas nadan dentro de los sentimientos negativos y hacen que los otros se sientan impotentes al no poder aliviar sus penas.
10. Juez: este es el maestro universal del saboteo. Los otros nueve son cómplices que ayudan al juez a mantener a la persona enfocada en los pensamientos negativos.

El líder criético analiza y conoce muy bien estos saboteadores para actuar en consecuencia y no dejar que perturben la paz mental ni las acciones necesarias para desarrollar las actividades que, como líderes, debemos prestar al grupo, además de no permitir que entren en las dinámicas de dicho grupo.

5

MODELO DEL LÍDER CRIÉTICO

5 MODELO DE LÍDER CRIÉTICO

5.1 Introducción

El modelo de líder criético contempla tres aspectos esenciales en cualquier organización actual. En primer lugar, se habla de líder como contraposición a directivo o mánager. El liderazgo tiene que ver con la capacidad para influir a los miembros de un equipo y lograr los objetivos comunes.

El concepto criético, a su vez, incluye dos variables: crítico y ético. De hecho, me gusta referirme al líder críticamente ético. Y esto es así porque, para que un líder sea considerado tal, según están evolucionando las organizaciones y la complejidad del entorno, es esencial que cumpla con ambas características. Es preciso que tenga un pensamiento crítico porque solo desde este planteamiento se pueden llevar a cabo análisis exentos de prejuicios, pasión y arbitrariedad.

Ético, por muchas razones: en primer lugar, porque sin valores positivos una persona deja de serlo y se convierte en un ser simplemente despreciable. Cuando se habla de valores, obviamente, me refiero a valores positivos, que aportan cosas buenas a los demás. Además, porque todos tenemos un cierto deber de gratitud con otros. Estos otros pueden ser más o menos cercanos, pero lo cierto es que nadie logra algo solo en razón de sí mismo. Por mucho que alguien sea autosuficiente y haya trabajado de modo individual por lograr una cierta posición, en algún momento esa persona ha recibido el apoyo de algún otro. Y eso hay que reconocerlo.

No hay mejor modo, en la sociedad, que tener en cuenta estos aspectos y tratar de considerar y actuar con ciertos valores que tengan en cuenta a los demás.

Hay un tercer elemento, para quienes los dos primeros no sean suficientes, y es que la ética es incluso rentable. En una sociedad donde se aprecian ciertos valores, estar alineados con ellos termina siendo rentable, porque produce una cierta adhesión que hace que los distintos grupos de interés colaboren más entre sí para lograr los objetivos. Además, en momentos donde la velocidad de la información es tan alta, cualquier comportamiento es rápidamente extendido y tiene un efecto directo en las organizaciones.

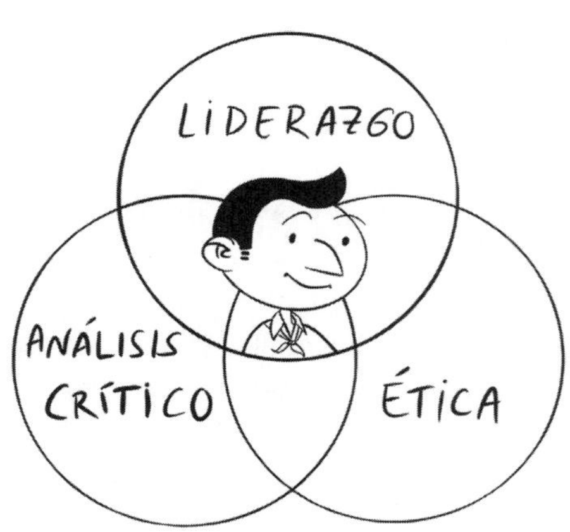

5.2 Diferencia entre jefe y líder

Con frecuencia se confunden los términos líder y mánager (o directivo). Se trata, sin embargo, de conceptos distintos. Hay mucha literatura al respecto, pero, de modo resumido, diremos que el mánager tiene que ver con la posición que le otorga el puesto, es decir, está ligado a la estructura formal; a lo que, en definitiva, marca el organigrama. Un organigrama es la representación formal de la estructura de una organización y, en este sentido, la persona que ocupa la posición de mayor jerarquía ostenta el poder. Este es un concepto distinto al del liderazgo. El poder lo otorga el puesto; la tarjeta referida a la posición que ocupas, mientras que el liderazgo no viene dado por el puesto, sino que es atribuido por el grupo. Es decir, es el grupo quien otorga este liderazgo.

En una ocasión, recuerdo que estaba en mi despacho a las 20 horas, aproximadamente, y me llama mi jefe, el director general, a su despacho. Yo ocupaba la posición de director de RR. HH. y Comunicación. Subí, como solicitaba y, casi de inmediato, me dijo: «Javier, hay que despedir a Manolita (nombre, evidentemente, ficticio)». «¿Por qué?», pregunté yo. Me respondió que había llegado 10 minutos tarde a trabajar. Todos los que me conocen saben mi obsesión por la puntualidad, pero le respondí que no podía ser, porque había llegado tarde ya que había asistido a un curso al que nosotros mismos la habíamos enviado. Además, en su calidad de directiva, no tenía horario fijo, sin mencionar que muchos días hacía 11 y hasta 12 horas de trabajo. Le comenté que no estaba de acuerdo, explicándole las razones. Insistió, a lo que le dije que no veía sus argumentos.

Tras un tira y afloja, y ya que vio que no me convencía, me preguntó si llevaba mi cartera conmigo. Ante mi respuesta afirmativa, me dijo que sacase una tarjeta de visita. Así lo hice y cuando me preguntó qué ponía en la misma, dije: «Director de Recursos Humanos y Comunicación». El me extendió la suya con una pregunta que era toda una declaración. «¿Qué pone en la mía?». «Director General», respondí. «Pues eso», fue su respuesta. Eso es una muestra del poder en una organización. Lo marca el poder de la tarjeta. La historia (aunque eso no es lo relevante) finaliza con la presentación de mi dimisión y con la reconsideración de la decisión a primera hora de la mañana; muy seguramente no por mi dimisión, sino por entrar en razones con la luz de la mañana.

Ahora bien, no conviene contraponer ambos términos. Que no sean lo mismo, como se ha expuesto, no quiere decir que tengan que ser excluyentes. En algunos de los estudios recientes se pone el énfasis en las diferencias; y las hay, pero también se puede dar el hecho de que quien sea mánager o directivo también sea líder. De hecho, esto es lo ideal, porque convergen la estructura de poder formal con la real, es decir, las estructuras formal e informal. Se puede tener liderazgo y no poder, como ocurre en el caso de aquellos que son seguidos por el grupo aunque no tengan una situación de poder organizacional otorgada por el organigrama.

Del mismo modo, se puede tener poder y no liderazgo, como sucede cuando al jefe más se le teme y obedece que se le sigue. Se trata de un acatar decisiones sin convencimiento. Esto lleva a ejecutar instrucciones, entre otras cosas, sin pasión. Y hacer las cosas con pasión es la diferencia entre disfrutarlas y sentirse obligado. Esto se traduce en un ambiente de trabajo donde no se disfruta y se va a pasar las horas, sin hacer ese sobreesfuerzo que no se ve en la medida que no se retribuye.

En el caso de poner pasión, además del gozo que supone llevar a cabo las actividades que constituyen nuestra fuente de retribución y, por consiguiente, medio de vida, disfrutar con ello. Además de ello, esto se traduce en que las cosas salen mejor. Se es más productivo al obtener mayores y mejores resultados.

Cuando, como hemos dicho, el liderazgo y el poder se encuentran, no existen distorsiones ni envidias que dificulten la acción en la búsqueda de un propósito. Así, los malentendidos se diluyen en gran medida y las tareas indicadas por el líder cuentan con el respaldo de la organización.

Existen organizaciones donde la jerarquía está muy marcada. En estos casos, es donde más esencial es lo que se acaba de indicar. El Ejército podría ser un buen ejemplo. Del mismo modo, la situación de las organizaciones en cuanto a sus propósitos y coyuntura determinan el grado de incidencia en los resultados en esta apuntada convergencia entre liderazgo y poder. En el caso de una grave crisis y donde hubiera que tomar decisiones muy operativas para solventarla o disminuirla, posiblemente el poder no deje demasiado margen al intercambio de pareceres y opiniones, dando instrucciones muy concretas y donde el margen de consultar pierda relevancia.

Es importante señalar que el líder no tiene que ver con el puesto, es decir, nos podemos encontrar líderes en cualquier lugar de la organización. Es por eso por lo que cobra mucha importancia, cuando nos incorporamos a cualquier organización, ser capaces de identificar quiénes tienen ese liderazgo. Esto nos permitirá activar dicha organización o, simplemente, un proyecto con la adecuada gestión de estas personas, ya que son capaces de movilizar al resto de sus miembros.

Esta característica es fácilmente observable en los políticos. Cuando acceden a puestos de responsabilidad en sus partidos, identifican a aquellos que tienen más influencia para activar las palancas de interacción con los demás. No se da tanto en estamentos altamente jerarquizados, como puede ser el militar, ya que ahí se gestiona más en función de dicha jerarquía (ojo; este concepto no es necesariamente negativo, como, en ocasiones, se tiende a pensar).

En una organización, si se es capaz de identificar a quienes tienen liderazgo, se puede gestionar cualquier aspecto de una manera más sencilla. En los procesos de cambio esto gana especial relevancia, ya que es imposible que una sola persona movilice a todos y los motive de igual modo. En empresas deslocalizadas o, en general, muy grandes, conviene identificar a estas personas que se convierten en «necesarios colaboradores» para cualquier fin.

No pensemos que, cuando hablamos de mánager nos referimos a uno que establece su modo de dirigir de forma autoritaria. Esto es un prejuicio. Muchos directivos gestionan sus equipos de un modo muy colaborativo e, incluso, democrático. En todo caso, mientras el mánager se orienta a dirigir, el líder, fundamentalmente, orienta y aconseja con una visión estratégica. Hay que recordar que el líder puede ocupar cualquier puesto en la organización. Incluso en un grupo de amigos, donde no existe jerarquía, puede existir un líder. Aquí no hay una relación de poder, pero sí de liderazgo. Si este liderazgo está reforzado por la jerarquía, podrá imponer su modo de hacer. De no ser este el caso, simplemente podrá aconsejar o sugerir, ya que no existe obligación de seguir sus indicaciones por parte de nadie.

Normalmente, el mánager se centra más en establecer procesos que ayuden en la gestión, mientras que el líder está más orientado a las relaciones. De esto modo, cuanto más sólidas sean, más efectividad tendrá su liderazgo. Logrará una mayor lealtad. El mánager, a través del cumplimiento de los procesos, se orienta al logro de los objetivos.

Por lo general, el mánager minimiza los riesgos que asume y está centrado en el corto plazo, llevando a cabo acciones más tácticas, mientras que el líder se orienta más al largo plazo y tiene aspectos estratégicos como orientadores de sus acciones. Los líderes, cuando así lo demandan las circunstancias, asumen riesgos; hacen las cosas de otro modo al tradicional cuando no han logrado los resultados esperados. Están preparados y dispuestos a correr riesgos para que las cosas vayan bien o, si ya es así, mejor que en el pasado. El hecho de asumir estos riesgos tiene que ver con la confianza que tienen en ellos mismos y en el equipo. No solo les gustan los desafíos, sino que se encuentran cómodos cuando son sanamente desafiados. De alguna manera, el hecho de que se cuestione su forma de hacer supone una herramienta de mejora que les aporta mucho en su desarrollo. Y el desarrollo es, precisamente, otro de los aspectos que distingue ambos conceptos.

En el caso del mánager, el desarrollo, como plan de carrera, está sujeto a criterios claros y el líder se limita a seguirlo. El desarrollo de su equipo nace del cumplimiento de determinados elementos y más allá de ellos, el mánager no se centra en dicho desarrollo de su equipo. El líder busca cualquier motivo para apoyar y desarrollar a su equipo. En muchos casos, se apoya en un reto que ofrecerles, lo que es extremadamente motivador. Este desarrollo no necesariamente tiene que ver con un plan de carrera ni supone, obligatoriamente, una promoción. Se entiende este desarrollo como mejora de una serie de competencias o adquisición de unas nuevas. De este modo, el colaborador, mejora aspectos que, en el futuro, le ayudan en su carrera y en su vida. Supone un enfoque más global y completo. Además, como no necesariamente el líder ocupa una posición donde tiene capacidad de promoción a algunos colaboradores (recordemos que, en ocasiones son compañeros del mismo nivel), el líder se encarga, sin envidias, de fomentar la buena actitud y aptitud de sus compañeros.

En la gestión de los conflictos que vayan surgiendo, el mánager los resuelve de un modo diferente. En algunos casos, se resuelve con un «porque yo lo digo». La aproximación del líder ante el conflicto es muy diferente. Para empezar, es consciente de que el conflicto es consustancial a la interacción, por lo que lo gestiona de un modo más natural. En algunos casos, además, cuando este conflicto sirve para promover, desarrollar y fomentar al equipo, está dispuesto a asumirlo. Más adelante veremos el modo de gestionar los conflictos que se proponen.

Si tenemos en cuenta que el líder es independiente de la posición, entonces, convendremos que se pueden encontrar líderes en cualquier lugar de la organización y, por tanto, el líder criético tiene la tarea de identificarlos, para solicitar su colaboración en los proyectos que se aborden.

5.3 Prestación de los servicios del líder

Como he apuntado anteriormente, el liderazgo es otorgado por el grupo. De hecho, lo presta; no lo entrega de modo indefinido. De alguna manera, el líder siempre está a examen por parte del grupo.

Esto hace que si cambia de manera sustancial la composición del grupo o el líder comienza a comportarse de un modo distinto al que desean los colaboradores, estos le retirarán esa confianza y ya no ejercerá como líder. Esta permanente prueba a la que está sometida el líder puede generar mucha tensión y no todos están preparados o dispuestos a asumirla.

El servicio que el líder presta al grupo se subdivide, fundamentalmente, en tres:

a) Otorga dirección

El líder debe indicar la dirección que tiene que tomar el grupo para lograr el objetivo que se haya establecido. En muchas ocasiones, incluso, debe marcar este objetivo. Como mínimo, el líder debe ser capaz de orientar a los miembros de la organización sobre cuál es el camino que se ha de seguir con el objetivo de lograr lo previsto. Además, debe ser capaz de indicar los obstáculos que se van a encontrar en el camino, así como la mejor opción para solventarlos.

En la medida que el líder tenga un mayor conocimiento de la situación y del negocio, más capacitado estará para ello, ya que será capaz de conocer mejor las contingencias que se pueden presentar.

Martin Luther King es un buen ejemplo de líder con una visión clara. Su objetivo final era poner fin a la discriminación racial en Estados Unidos en las décadas de los 50 y 60. En su famoso discurso *I have a dream* expuso claramente el tipo de sociedad que deseaba. Esto llamó a la movilización de muchas personas que veían en él un líder que inspiraba un futuro que deseaban.

En momentos como los actuales, donde las variables que intervienen en cada situación son mayores, una capacidad de mirada transversal y con luces de larga distancia son ciertamente muy útiles. A la hora de abordar los problemas con los que nos vamos a encontrar, el líder deberá llevar a cabo una identificación lo más precisa de cada elemento que va a afectar, así como las consecuencias para cada grupo de interés de estas. De modo particular, para los seguidores y cómo dichas contingencias van a impactar en cada uno. En este sentido, un conocimiento de los elementos motivadores de los seguidores por parte de los líderes se torna en esencial, ya que, de este modo, sabrá cómo motivarlos para solventar cada una de ellas.

La experiencia en un determinado campo o industria, así como en una organización, cobra importancia en este momento, ya que se pueden haber vivido situaciones previas que ayudan a solucionar los contratiempos que van a surgir en el camino. El conocimiento de los colaboradores va a dar medida de cómo y con quién contar en cada momento para solventar qué situación. La naturaleza de la dificultad con que se va a encontrar la organización hace que sea preciso contar con un perfil u otro en función de las necesidades. De ahí el necesario conocimiento que el líder debe tener de su equipo.

La determinación de la dirección que una organización debe seguir corresponde a la alta dirección y está en función de la misión, la visión y los valores de dicha organización. Estos aspectos tienen mucho que ver con los dueños de la empresa si se trata de una organización pequeña y de los mandatos que los altos directivos reciben de los grandes accionistas si las organizaciones son de otro tamaño. Aquí, la capacidad estratégica de anticipar tendencias tanto corporativas como competitivas son esenciales, por lo que un conocimiento del sector es importante.

La misión se refiere a la razón de ser de una organización; las causas para su existencia. Si hace referencia al cliente, se refiere a las necesidades que pretende satisfacer. En ocasiones, se trata de formulaciones muy genéricas. A veces tiene un alto componente de imagen que cuesta materializar, pero el líder debe ser capaz de desbrozar lo accesorio para identificar lo sustancial. Esto es importante porque ayuda a conocer el motor de la organización y saber cuál es su verdadero propósito. Muchas organizaciones hablan de misiones que no se diferencian mucho en lo público. Por eso es esencial trabajar para traducir en aspectos operativos lo que se ha manifestado en ocasiones de modo grandilocuente.

La visión se refiere a dónde aspira la compañía a establecerse. Cómo se ve en el largo plazo. Tiene, por tanto, que ver con el camino que se va a seguir para llegar a ese punto. Por eso mismo, sirve de referente a la hora de tomar decisiones estratégicas. La visión, desde un punto de vista empresarial, puede contener aspectos como:

- En qué ámbito nos vamos a mover. Tanto el sector como el país.
- Cómo aprovecharemos nuestra ventaja competitiva.
- Qué tipo de productos vamos a desarrollar o a vender.
- Cuáles son las razones del cambio.

Algunos ejemplos que presentan algunas compañías son los siguientes:

- *McDonald´s*
  - Misión: proveer un ambiente divertido y seguro donde sus clientes disfruten de buena comida con ingredientes de calidad y a precios asequibles. McDonald´s se mantiene firme en el mercado mediante el cumplimiento de su misión, mostrándose siempre como la mejor opción para sus consumidores.
  - Visión: «Movernos hacia un crecimiento rentable y hacer a McDonald's aún mejor para servir nuestra comida deliciosa a más clientes, cada día y en todo el mundo». McDonald's es una cadena de restaurantes con presencia en casi todo el mundo, sin embargo, siempre busca crecer más.
  - Valores: calidad, responsabilidad, unión y mejora.

- *Adidas*
  - Misión: se enfoca en ser líderes en innovación y diseño ayudando a los atletas de todos los niveles de habilidad a lograr el máximo rendimiento con cada producto que traen al mercado.
  - Visión: a pesar de su fuerte competencia en el mercado, Grupo Adidas tiene una visión muy clara, se esfuerza por ser el líder mundial en la industria de artículos deportivos con marcas basadas en la pasión por el deporte y el estilo de vida deportivo.
  - Valores: seguridad, colaboración y creatividad.

- *Youtube*
  - Misión: «Nuestra misión es brindarles a todas las personas la oportunidad de expresarse y ver el mundo. Creemos que todos tenemos derecho a expresarnos y que el mundo es un lugar mejor cuando nos escuchamos, compartimos y desarrollamos una comunidad mediante nuestras historias».
  - Visión: ofrecer a sus usuarios una plataforma donde pueden expresarse con libertad.
  - Valores: se basan en cuatro libertades esenciales: libertad de expresión, libertad de información, libertad de oportunidades y libertad de elegir dónde pertenecer.

Cuando hablamos de política, normalmente se refiere al modelo de país o de comunidad que se pretende desarrollar. En el ámbito empresarial tiene que ver con qué estrategia seguimos de cara a los clientes, dónde nos establecemos en nuestra estrategia de expansión, con quién llevamos a cabo alianzas, cómo establezco una reestructuración, en quién me apoyo para llevar a cabo mi estrategia corporativa, etc.

Cualquier líder debe tener estos aspectos como referencia en cualquier tipo de organización. La misión y la visión nos aportan seguridad en la interpretación de cómo comportarnos. Esta debería ser una de las cuestiones que, en primer lugar, un líder debe entender. Además, y esta es tarea suya, hacer que todos los miembros del equipo las conozcan. Es una referencia a la que tenemos que tender.

A veces se dice: esta organización va sin rumbo. Básicamente, esto es porque no se tienen claros estos elementos. Si se tuvieran por parte de la dirección en primer lugar a la hora de fijarlos y, posteriormente, por parte de los componentes del equipo, no habría lugar a la duda y muchos comportamientos se regirían por ellos. En cualquier caso, el líder debe trabajar en que se conozcan y se actúe en consecuencia.

Con frecuencia, a la hora de hablar de valores organizativos se confunden filosofía y cultura empresarial. Aunque en un lenguaje popular puedan parecer lo mismo, en realidad no lo son.

Por filosofía se entiende que los valores de los propietarios o directivos de una organización sean compartidos por todos los miembros de esta, mientras que cultura tiene que ver con los que realmente se comparten y que configuran el modo de comportarse por parte de dichos colaboradores. Es algo así como el deber ser y el ser.

En la medida que filosofía y cultura converjan, la empresa puede tener éxito; de no ser así, está destinada al fracaso. Es como una condición necesaria, pero no suficiente, para sobrevivir o triunfar en el mundo de las organizaciones. De mi época de estudiante, recuerdo el especial énfasis que en esta diferencia ponía el Dr. García Echevarría. Ese matiz siempre me ha acompañado por más que, con frecuencia, en un lenguaje común, se confundan ambos términos.

El líder debe saber, también, que, al crecer, la gestión de la cultura es más complicada y que se pueden escapar ciertos aspectos que no son tan próximos. Se debe tender al crecimiento, pero no sacrificando la cultura, porque es el esqueleto de la organización. Si nos olvidamos de ella por haber crecido muy rápidamente, podemos tener el riesgo de que se nos vaya de las manos y no poder tener un control sobre la organización en el futuro. En este caso, sería pan para hoy y hambre para mañana.

Un crecimiento basado en una cultura sólida, con valores positivos y visión a medio y largo plazo, es un crecimiento sano. Por esto, en los procesos corporativos, por ejemplo, en el caso de fusiones o adquisiciones, se ha de poner especial énfasis en este aspecto. Si se diluyen (o, peor, se desvirtúan la cultura y la filosofía, se pierde gran parte del valor de la organización.

En los equipos deportivos, por ejemplo, uno de los primeros temas que tiene que asegurar el entrenador cuando vienen jugadores nuevos es que se impregnen de la cultura del vestuario. Su modo de enfocar los partidos, sus valores, el peso de la camiseta y otros valores.

En el ámbito empresarial, cuando se trata de estrategias más funcionales, como las que corresponden a los departamentos de una empresa (RR. HH., marketing, finanzas y otros), las capacidades de liderazgo no están tan asociadas al establecimiento de una determinada dirección global, como a la interpretación sobre la estrategia funcional que, en coherencia con la fijada desde un punto de vista corporativo y competitivo, haga llevar a buen término a la organización en el área correspondiente. Igual sucede cuando se trata de aspectos más operativos. Aquí, el entendimiento de los resortes organizativos y las relaciones causales otorga gran ventaja a la hora de la fijación de las actividades.

El aterrizaje de las estrategias corporativas y competitivas a cada una de las funciones corresponde al director del departamento. Si es un buen líder, debe saber interpretar qué supone en un ámbito más cercano. Y, además, saber cómo con el cumplimiento de las responsabilidades en cada área contribuye a la implementación de la estrategia definida por la empresa. El líder criético es capaz de vincular ambos aspectos y de tener una capacidad analítica que discrimine qué factores son los más relevantes para el cumplimiento de los objetivos de la organización.

Para tener en mente una visión, hay que hacer un análisis claro de los recursos con los que cuenta una organización. El líder criético debe ser muy objetivo en sus valoraciones, ya que una sobreestimación llevará a una visión y, por tanto, estrategia suicidas. La visión del líder debe ser desafiante. Que suponga una mejora y esfuerzo para todo el grupo, pero que, al mismo tiempo, sea alcanzable. Que a la realidad de la situación se le una el estímulo de un logro relevante. Además, el líder criético fija una visión con el foco claro; no se dispersa ni establece generalidades. Por otra parte, aunque el líder es quien más visión estratégica tiene (esto, en parte, por la información que maneja), sabe que se debe apoyar en los demás y que un grupo bien preparado y adiestrado puede aportar información muy útil a la hora de determinar la orientación de una compañía. En este sentido el preguntar a los demás es muy beneficioso. Además, si estos son rebeldes en inicio, su punto de vista aportará al líder criético un punto de vista sobre los aspectos más débiles en el proceso. Y, por otra parte, logrará hacer que se embarquen en el proceso de transformación, por lo que las ventajas son múltiples. Como señalan Ulrich et al. (2009), se trata de crear una tracción estratégica en la organización. No hay que limitar el pensamiento estratégico al ámbito superior de la compañía. Conseguir esa tracción significa que cada empleado conoce la visión estratégica de la compañía y la siente como propia.

Pero, además de esa visión, es muy importante cómo comunicarla. Y en la comunicación es esencial saber el perfil de los seguidores. En unos casos, nos orientaremos más a aspectos técnicos, pero, en general, a la hora de comunicar la visión es muy útil apelar a las emociones. Hay pocos catalizadores como las emociones y hacer aumentar la adrenalina que supone un reto donde las emociones entren en juego suele ser muy acertado.

En determinados ámbitos, como el político, el aspecto emocional es muy recurrido, ya que se trata de manifestar una visión que es muy movilizadora del grupo. La pasión bien manejada por el líder criético puede ser de gran ayuda a la hora de movilizar a un equipo en la búsqueda de un objetivo deseado.

Esto sucede de una manera muy evidente en el caso de los deportes de equipo. El líder (en ocasiones el entrenador o el capitán del equipo) asume su rol y motiva a los suyos ante un evento de relevancia.

La final de un campeonato es un buen ejemplo. El líder toma el protagonismo y apela al talento y espíritu de todos los miembros del equipo para que den lo máximo, haciéndoles ver la importancia del momento. Además, aquí se hace ver que el equipo es más importante que la individualidad y que si se logra el triunfo se alcanzarán los objetivos por los que tanto se ha luchado. El líder arenga a todos los miembros y aunque, lógicamente, el talento y los aspectos técnicos tienen gran importancia, lo afectivo y la pasión tienen un protagonismo especial. Se trata de un catalizador y multiplicador de gran eficacia, especialmente en momentos complicados.

El líder debe tener en mente y en su plan, siempre, el objetivo y la meta a largo plazo, pero para llegar a ese punto el camino se hace a base de pequeños pasos. Y aquí el líder debe jugar su papel en una doble vertiente. En primer lugar, ser capaz de diseñar con inteligencia el camino para que, cumpliendo cada una de las fases, al final se consiga llegar a la meta. Se trata de «trocear la pieza» para que sea más digerible. Si se establece un objetivo muy lejano, esto disminuye la moral del equipo, ya que se ve muy lejano. Si, por el contrario, se establece cada uno de los pasos que contribuyen a llegar al fin, cada uno de los objetivos parciales se observa más cercano, con el consiguiente esfuerzo e implicación por parte de todos los participantes.

Es importante que se vea (y explique) el vínculo entre cada uno de los pasos y el objetivo final. En segundo lugar, es esencial que cada pequeño objetivo intermedio que se logre cuente con la celebración adecuada. De este modo, se refuerza cada una de las acciones llevadas a cabo. Se trata de un proceso de retroalimentación implícito. Además, el hecho de ver la meta más cercana contribuye con una mayor adhesión por parte del grupo.

Pensemos, por ejemplo, cuando un estudiante comienza sus estudios universitarios. Si piensa que tiene por delante 4 o 5 años por delante, muy posiblemente se desanime y abandone el camino. Si, por el contrario, se enfoca en afrontar cada curso como un objetivo intermedio y cada uno de ellos como una serie de submetas que tiene que trabajar todo será mucho más llevadero.

Del mismo modo, en las organizaciones, cuando se habla de largo plazo, es importante que el líder establezca pasos intermedios y que explique cómo, logrando cada uno de ellos, se contribuye a la consecución del objetivo final.

Como hemos señalado al principio de este libro, además, el líder debería ser capaz de identificar los obstáculos que se va a encontrar el grupo. Así, cuando surjan estos contratiempos (porque en cualquier ámbito lo normal es que surjan), el grupo no se desanima. Forma parte de lo previsto.

En este sentido, los ejercicios de visualización de las dificultades y su gestión suelen ser útiles. Cuanto más claras estén las cosas, mejor para el grupo y para el líder. En tiempos como los actuales, sin embargo, contamos con una gran incertidumbre. Además, con frecuencia intervienen factores externos que no hacen sino dotar de hechos inesperados a los que nos tenemos que enfrentar. Es aquí donde las organizaciones formales y los procesos tienen un papel más importante. Los protocolos y estructuras formales sirven para tener un marco de actuación cuando tenemos frente a nosotros hechos inesperados.

Cuanto más sólida sea la estructura, mejor y más adecuada respuesta puede dar ante estos hechos. Pero el líder debe ser capaz de dotar de contexto y comprensión general a un determinado hecho. Esto otorga una sensación de estabilidad muy importante.

En este apartado de la visión, es muy útil referirse a dos cuestiones claves: por qué y para qué. Con estas dos cuestiones, el líder tiene referencia de cuáles son las razones que le impulsan desear llegar a un punto o a otro. El «porqué» es el motivador que hace que el engranaje empiece a funcionar. Y el «para qué», nos determina qué objetivo se logrará y cómo mejorará la organización y sus miembros logrando el objetivo de llegar al punto indicado por el líder. Además, esto ayuda mucho en la comunicación, ya que incentiva a los seguidores a sentirse parte de un proyecto en el que se tiene un fin en mente y se comprende cuáles son las razones que lo impulsan. Si esto se comunica bien, hace que no se sigan los postulados del líder por el solo hecho de provenir de él, sino que están fundamentados en una razón, lo que hace ganar legitimidad de cara a los seguidores.

Se trata, como apunta Adela Balderas en su libro *Reinventa tu liderazgo*, de comunicar con cabeza y con corazón. Ambos aspectos son muy importantes en esta fase. Cabeza sin corazón suele llevar a que el motor se quede sin combustible cuando hay que hacer un sobreesfuerzo y ponerle un extra de motivación. Corazón sin cabeza lleva a desfondarse y a dirigirse sin rumbo.

Un ejemplo de líder que otorga mucha importancia y que estableció una dirección clara a su organización fue Indra Nooyi. La ex-CEO de Pepsico, de origen indio, impulsó de manera significativa la compañía durante los 12 años que duró su gestión, transformando el porfolio de la organización, para, como menciona la propia directiva, «asegurarnos de responder a las necesidades del consumidor del futuro». Identificó muy acertadamente la tendencia del mercado y otorgó una dirección en la compañía «transformando nuestra forma de ganar dinero, con el objetivo de mejorar el impacto que generábamos en la sociedad». De este modo, se anticipó al creciente interés de las empresas por el medioambiente y el enfoque al consumidor, extendiendo este enfoque en toda la organización.

b) Otorga protección

¿Qué podríamos pensar de una persona que cuando las cosas se tornan difíciles como consecuencia de peligros o amenazas externas no se erige en defensor de su equipo? ¿Confiaríamos en alguien que responsabiliza a los demás de algo de lo que debería hacerse cargo por sí mismo?

Básicamente consiste en que el líder debe ser capaz de defender al equipo ante cualquier agresión o peligro tanto interno como externo en una organización. Por ataques externos nos referimos a elementos ajenos a la organización. Por ejemplo, la competencia, clientes, proveedores, etc.

En el campo interno, consideramos los de la propia organización, aunque posiblemente de otros departamentos. En la actividad diaria de una empresa son frecuentes las diferencias entre distintas áreas. Esto no siempre es incompatible con el alineamiento que debe tener para lograr unos objetivos comunes, pero, a veces, las distintas prioridades o aspectos temporales hacen que se generen fricciones entre ellos. En este caso, el liderazgo se materializa en la defensa de quienes sostienen los criterios fijados por esa área. Especial importancia tiene cuando este ataque deriva de alguien con peso en la organización. Aquí, no es conveniente, sino necesario que el líder se erija en defensor de las actividades del equipo, siempre, lógicamente, que estas se hayan llevado a cabo de manera ética.

Tan perjudicial puede ser la no defensa de la actividad del equipo o de alguno de sus miembros cuando hay amenazas externas como la irreflexiva defensa de quien no lo ha hecho de un modo legal o ético. Si esto se produjera, se enviaría un mensaje de que todo vale y que se apoya la conducta irresponsable. Y eso no genera más que desorientación y deslegitima el liderazgo otorgado por el grupo.

A lo largo de la historia, los líderes eran aquellos que eran los más fuertes, ya que eran capaces de defender a un pueblo o un territorio. Se les confiaba esta tarea para que, si existían amenazas, fueran ellos capaces de darle solución. Hoy la situación ha cambiado. Ya no se batalla con armas como la propia fuerza física. Son otras las armas que se utilizan: la inteligencia, capacidad de argumentar, lectura adecuada de las situaciones, comunicación y otros aspectos son ahora más importantes. El líder debe llevar a cabo, con estas herramientas, la protección.

En el ámbito interno, la protección de los más débiles también debe ser una prioridad para los líderes. Como hemos dicho, estos ataques no solo vienen de clientes, otras empresas o de otros agentes externos, sino también de dentro del grupo. Aquí, el líder debe ser capaz de defenderlos y, más allá, de formarlos para que se puedan defender y desenvolver por sí mismos en el futuro. Supone ir un paso más lejos en la comprensión de esta defensa.

Esta parte de la protección no tiene solo una acepción reactiva, sino que también se trata de aspectos proactivos, es decir, ante cualquier decisión llevada a cabo por cualquiera de los miembros, que el líder anticipe que va a hacer valer la decisión como propia ante cualquier contingencia que pudiera surgir.

Normalmente, esta protección, cuando se hace hacia afuera, aunque compleja, no suele tener un coste en términos de desgaste personal. Especialmente si se trata en defensa de la organización.

Es distinto cuando es con relación a otros departamentos de la empresa. Aquí, el coste personal no siempre es asumido por un líder. Mención aparte supone el caso en el que el líder tiene que lidiar con jerarquías superiores. Asumir ciertas decisiones como propias, cuando algún miembro de la organización las ha tomado, no es fácil en el caso de que el resultado no haya sido el esperado. En este caso, decir a tus superiores que te has equivocado, sea por acción o por omisión, en la revisión o control de una determinada medida es menos frecuente y requiere de importantes actos de valentía. Qué distinto es el discurso que se tiene donde uno es el máximo responsable al que ha de llevar a cabo en asunción de las responsabilidades de algo que no funcionó bien o, en general, si se trata de discrepar de nuestros jefes.

No es infrecuente que, a la hora de la verdad, la valentía mostrada en otros foros se vea sobrepasada por la cautela, cuando no temor o, incluso, negación respecto a las acciones llevadas a cabo por algunos de los miembros del grupo. Si alguien quiere ser líder, debe serlo cuando no se vea y no tenga el premio de la aceptación y admiración del grupo. Valentía, queridos lectores, valentía.

Esta necesidad de protección se establece, incluso, a nivel individual en primer lugar. Nuestro cerebro segrega serotonina y esto sucede cuando nos sentimos relajados y cómodos con las personas que nos rodean. El líder, primeramente, hace que este sentimiento aflore a nivel individual y, posteriormente, se extienda al grupo.

La necesidad de protección nace del origen de los tiempos, cuando los hombres eran cazadores y vivían en cuevas. Encontraban peligros en cualquier rincón, y la búsqueda de protección y seguridad únicamente ha cambiado de forma. Se ha sofisticado, pero en esencia es la misma.

Esta necesidad de protección se establece a dos niveles y con algunas derivadas. En primer lugar, a nivel individual. Los individuos necesitamos sentirnos protegidos. La necesidad de sentir esa protección en cuanto a la supervivencia ya no se establece de manera tan directa por amenazas físicas, aunque lo económico juega un papel importante. Aquí aparecen los miedos. Puede existir miedo a perder el empleo, a no poder pagar la hipoteca o la educación de los hijos.

Cuanto mayor sea el nivel profesional, más diversas y complejas son las causas de ese miedo y, por tanto, de necesidad de protección. De no poder alimentar a la familia pasamos a no poder disfrutar de una casa con mayores comodidades o vacaciones más lujosas. En los niveles más altos, el miedo a la pérdida de poder, influencia o estatus son los más comunes. Todos ellos, sin embargo, tienen una base común. La persona amenazada necesita esa protección y el líder criético se la brinda. Además, pertenecer a un grupo fomenta la defensa de los intereses, no solo grupales, sino individuales. He sido testigo de cómo, cuando se toma la decisión de prescindir de una persona en una organización, el responsable, o (supuestamente) líder, no es capaz de asumir su responsabilidad y, no estando de acuerdo, acata sin ningún tipo de comentario lo dispuesto por instancias superiores.

El líder criético es capaz de, cuando menos, si no está conforme con esa decisión, exponer los motivos. A veces el miedo no le permite asumir esta postura, pero debe hacerlo si quiere ganarse la confianza de su equipo. Un líder no solo está en los momentos buenos. Especialmente, debe estar en los menos agradables y manifestar su posición.

El segundo nivel tiene que ver con la organización. El líder criético se encarga de proteger a la organización para que esta logre sus objetivos y no se vea derrotada por la competencia, en forma de otras organizaciones, o departamentos. Supone la protección general de toda una organización. El líder criético sabe que no es necesario hacer esto con aspavientos o de manera muy notoria, pero sí hay que hacerlo de una manera notable.

En la protección, el líder también debe hacer un ejercicio de proteger de sí mismos a los seguidores que pueden sufrir en un momento determinado el síndrome de *burn out* o estar quemados por distintas circunstancias. En este caso, la protección tiene que ver con los efectos indeseados que uno está causándose a sí mismo. Se concretan en cuidado y atención. El líder criético debe estar muy atento a la evolución de sus seguidores y saber cuándo debe disminuir el grado de exigencia en el equipo para que no se produzca ese desgaste. Esto, en muchas ocasiones, tiene que ver con un alto grado de autoexigencia de alguno de los miembros del equipo. En este caso, a modo de *coach*, el líder debe regular el esfuerzo e implicación de dichos miembros, haciéndoles ver que en muchas ocasiones se trata de una carrera de larga distancia y que lo mejor para ellos mismos y para el equipo es regular las fuerzas para no desfallecer antes de llegar a la meta. En estos casos, apelar a la responsabilidad que tienen con el resto de la organización y el necesario descanso o gestión de una manera diferente, que no suponga tanto desgaste, puede ayudar.

No identifiquemos al líder como la persona que es capaz de quemar y hacer todo a cualquier precio. El fin no siempre justifica los medios. Nuestro líder criético es tan exigente como preocupado por defender a los suyos: externa, internamente y de ellos mismos, en ocasiones.

El ámbito deportivo ofrece algunos ejemplos de este tipo de líderes que defienden al equipo de cualquier injerencia externa: José Mourinho o sir Alex Ferguson son algunos de los más destacados. Sin entrar a valorar otros aspectos, ambos han hecho de la defensa de sus jugadores y entidad un elemento esencial a la hora de actuar. En el caso del mítico entrenador del Manchester United durante más de 25 años, Ferguson, materializó dicha defensa de varias maneras:

- Defensa pública: ante la prensa, incluso cuando sus jugadores hubieran cometido errores, asumiéndolos en primera persona. Esto ayuda a mantener la confianza del equipo en su entrenador (en este caso, líder).
- Protección de aspectos personales y privados: orientados a que los jugadores se preocupasen de entrenar y salir al campo con la única preocupación de hacer un buen partido. De alguna manera, supone atraer el foco sobre uno mismo para que acciones externas no distorsionasen ni distrajesen del principal interés y misión de los jugadores.
- Individual: cuando un jugador cometía un error, hacía ver al equipo que este error era del equipo y que la asunción era colectiva. De este modo, no hacía mella en el jugador y sus consecuencias psicológicas eran menores.

c) Otorga organización

Básicamente consiste en que el líder debe ser capaz de asignar adecuadamente las tareas a cada miembro de la organización. Y estas tareas deben ser conocidas desde todas las perspectivas. En primer lugar, obviamente, deben ser claramente conocidas por quienes las van a llevar a cabo. Si estos no las conocen, difícilmente las pueden ejecutar adecuadamente.

Esta cuestión que parece evidente no lo es tanto. En el mundo empresarial son muchos los casos en que, por falta de comunicación, esto no se ha transmitido. Y si se ha hecho, no se ha entendido. Existen las descripciones de puestos. Sin duda, esto es esencial, pero no es más que el punto de partida. Y ello por dos razones. La primera tiene que ver con la coyuntura. Seguramente, en el momento de la elaboración de dicha descripción había unas circunstancias que pueden existir o no en este momento; en segundo lugar, eso responde al aspecto formal en una relación laboral, pero no olvidemos que también existen otros, no tan formales, que dan forma a las tareas que se esperan de cada uno de nosotros.

No todo se puede escribir o plasmar en una descripción de puestos. Adicionalmente, hay algunos elementos que pueden quedar difusos o en tierra de nadie. Si este es el caso, conviene aclararlos.

Por otra parte, la comunicación es bidireccional, por lo que no es suficiente con entregar un documento con la descripción de puesto, sino que conviene que nos aseguremos de que se entiende adecuadamente. Y esta comprensión desde varias ópticas: qué hay que hacer, cuáles son los límites y cuáles las afectaciones para otras áreas, así como las implicaciones para la organización y para cada uno de los trabajadores del desempeño de estas tareas. Ello tanto en lo negativo como en lo positivo.

Si es importante saber qué se espera de mí, también lo es conocer qué espero yo de los demás. En las organizaciones, gran parte de los problemas tienen que ver con las decepciones que suponen el hecho de no ver cumplidas las expectativas que se tienen sobre los demás. En este sentido, conocer hasta qué punto yo puedo esperar de los otros con relación a su actividad debe ser parte de lo que el líder debe transmitir.

Igualmente, es esencial que los demás tengan claro lo que se espera de mí. Solo así puedo medir mi grado de satisfacción respecto a sus expectativas.

Se trata de un juego de certidumbres: yo sé lo que se espera de mí; sé qué esperar de los otros; los otros saben lo que esperar de mí y yo sé que los otros lo saben. El líder debe asegurarse de que estas cuestiones queden lo más claras posible, buscando, asimismo, mecanismos que actúen en caso de funcionamiento inadecuado por parte de alguno de los eslabones.

Este modelo de organización tiene que ver con una parte que no es la estructura formal, pero necesariamente está referenciada por ella. No se puede establecer un sistema que vaya en contra del modelo organizativo formal. Cuando se habla de estructuras funcionales (la que divide la organización en áreas como marketing, finanzas, recursos humanos, operaciones y otras) o divisionales (por geografía, tipo de cliente o producto), es más sencillo el establecimiento de este sistema, pero en el caso de las matriciales la complejidad se multiplica, ya que hay que atender a distintos intereses que si bien deben estar alineados, la realidad nos indica que no siempre es así. En los dos primeros casos, solo hay una línea de reporte. Esto hace que, para bien o para mal, las cosas estén claras. Solo tengo que tener presente lo que me marque mi jerarquía. En el caso de la matricial, fruto de una estructura funcional y una divisional o dos divisionales, hay dos líneas de reporte. Normalmente, una directa y otra indirecta, pero en ambos casos, jerarquía. Es aquí donde el liderazgo presenta mayor dificultad. Las llamadas habilidades blandas ganan en relevancia, y aspectos como la negociación, la resolución de conflictos y la comunicación se tornan absolutamente relevantes. En estos casos, el conflicto está servido y conviene, para desenredar la madeja, acudir a la misión y la visión de la organización. Suelen ser referentes que nos ayudan a identificar la dirección que debemos tomar.

Yo he vivido esta situación en la que mi jefe directo me pedía una decisión que no era acorde con la que, a nivel corporativo, me indicaban desde las oficinas centrales. No son situaciones agradables, ya que, en cualquier caso, estás contraviniendo las instrucciones de alguno de tus jefes.

Para establecer esta organización del grupo de la manera más efectiva posible hay que conocer en detalle los objetivos de la organización, pero también las competencias de todos y cada uno de los miembros del grupo. Esto permite asignar a cada uno las tareas en las que puede ser más efectivo. Y esto se hace no solo con base en competencias técnicas, sino también habilidades blandas. Muchos de los miembros del grupo van a tener que recurrir a ellas para ser más eficientes, y el líder ha de conocer bien cada uno de ellos.

Por otra parte, el ver cómo interactúan entre ellos y el modelo de relación también ayudan al líder a establecer esta organización, buscando la micro- y macroeficiencia, es decir, tanto a nivel individual como grupal. Además, esta distribución de tareas estará en función del objetivo que se pretenda alcanzar. Del mismo modo que un partido en el que hay que salir al ataque no cuenta con los mismos jugadores que otro en el que hay que defender, donde tendrán mayor protagonismo jugadores más defensivos, la estrategia determina el modo de organizar el grupo y el líder criético deberá tener esto muy presente. Es importante conocer el terreno de juego, la estrategia de los rivales, el entorno, etc.

En términos empresariales, hay que conocer muy bien el entorno (próximo y más lejano), los competidores, los clientes, las capacidades del grupo y, en general, todos los aspectos. Todo esto hay que prepararlo y entrenarse, con distintos escenarios.

El líder criético sabe que tiene que buscar las sinergias entre todos los miembros del grupo para, de este modo, hacer que el resultado del grupo sea mayor que la suma de los resultados individuales. Esto se hace a través del conocimiento de cada uno de ellos y de las relaciones que se establezcan, tratando de optimizarlas en un proceso que busque la mayor eficiencia.

En lo que se refiere a la organización, la identidad de grupo es uno de los elementos de cohesión más importantes. Consiste en hacer ver que el destino de uno es el de todos y todos triunfan o todos fracasan en un determinado proceso. De este modo, en primer lugar, se evitan situaciones personalistas que lleven a un comportamiento egoísta e inadecuado, pensando que él va a salir beneficiado o se salvará de un fracaso seguro.

En segundo lugar, aumenta el espíritu de colaboración entre todos para lograr el objetivo final. La frase de que «ninguno de nosotros es tan bueno como todos nosotros juntos», que reza en algún vestuario de fútbol, es una gran verdad. Y esto se consigue con un mensaje en el que se unan los destinos de todos los miembros del equipo. Para lograrlo, hay que mantener a todo el equipo informado e involucrado en la búsqueda de soluciones. Además, es importante repetir el mensaje y hacerlo de una manera sencilla, comprensible y directa. Esto calará en las mentes y los corazones del equipo.

Para las organizaciones, un aspecto muy negativo es el que tiene que ver con la indefinición. Si las funciones y responsabilidades no son claras, nadie se hace cargo de una determinada decisión y es cuando aparecen los problemas.

Como hemos indicado, para que este tipo de servicio se cubra con la mayor eficacia, es esencial que el líder conozca muy bien a los miembros del grupo. Seguramente no se puede organizar bien un servicio si no se conocen bien las características, potencial y otras características de cada uno de los equipos. Del mismo modo, si se desconoce cómo pueden interactuar entre varios de ellos. Igual sucede con la motivación.

El conocimiento en profundidad de qué incentiva el comportamiento de cada uno es esencial. Y de igual modo referido a distintos ámbitos. Por ello, una de las tareas indispensables del líder es el conocimiento en detalle de los miembros del equipo. Esto se lleva a cabo en un proceso formal que define la organización, como reuniones o evaluación del rendimiento. Pero también el acercamiento informal de cualquier líder al grupo es de gran importancia. Así se pueden conocer, tomando un café en un descanso, aspectos como las motivaciones de cada uno; sus preocupaciones, el modo en que se relacionan con los demás, aspectos personales que, en un momento determinado, pueden motivar un cierto comportamiento y otros elementos relevantes.

Pienso que esta relación informal facilita mucho el conocimiento de los miembros del grupo. Todo ello, facilita saber cuáles son los factores que deben ser activados para lograr el máximo de cada uno de ellos y en su conjunto. Por experiencia, puedo afirmar que un acercamiento informal puede aportar mucha más información que la que se obtiene de modo oficial. Normalmente las personas están más relajadas y muestran más su identidad y preocupaciones.

En lo que a organización se refiere, además, el líder debe ser proactivo. Anticiparse a las situaciones. Del mismo modo que en un equipo de fútbol, hay que pensar en quienes van a sustituir a los jugadores que se puedan retirar por edad o por jugar en otro equipo en próximas temporadas, el líder debe establecer un adecuado plan de sucesión. Y esto considerará además varios elementos:

- Candidato ideal: será quien, potencialmente, reúna las mejores características para ocupar determinadas posiciones en un tiempo determinado. No quiere decir que sea en este momento, pero sí con la formación adecuada. Y habrá de establecerse este plan de formación para que, llegado el momento, lo ocupe con la máxima garantía.
- Candidato de emergencia. Posiblemente no es el mejor candidato en el futuro, pero sí quien, de manera más efectiva, puede sustituir a alguien en una determinada posición. Posiblemente tenga algunas lagunas, pero es el mejor de los que se tienen en un determinado momento.

En los dos casos, conviene recurrir a más de uno. Contar con más de una opción se convierte en una necesidad cuando los tiempos son convulsos. En el terreno deportivo, esto es muy frecuente, ya que puede haber jugadores que, fruto de sanciones o de una lesión, pueden perderse parte de la temporada. En estos casos, el líder debe establecer un plan de formación para que los candidatos estén preparados lo antes posible y de la manera más adecuada. Y esto se logra con un plan de formación, en el campo empresarial, en dos ámbitos:

- Formación técnica: que ayude a resolver las cuestiones de carácter técnico que vayan surgiendo. Y esto hay que hacerlo de una manera personalizada, ya que cada candidato tendrá carencias en distintos campos. Y aquí hay que diseñar una formación tanto genérica como específica. Cuanto más alta sea la responsabilidad, más genérica será la formación a abordar.
- Habilidades blandas: se trata de aspectos más de gestión. Elementos como análisis crítico, gestión de personas, negociación, etc, son especialmente relevantes. De modo especial, cuando hay que referirse a posiciones en las que hay que gestionar equipos.

Además, el líder considera las distintas etapas que está atravesando la compañía porque esto determina el perfil, las funciones y las relaciones que tienen que existir entre los miembros del grupo. Cuando leemos que se ha nombrado un nuevo CEO para Coca-Cola o Nestlé, por poner algún ejemplo, no debemos pensar que estas personas han surgido de la nada. Responde a un plan establecido que cuenta con mayores garantías cuanto más tiempo se haya ejecutado. Normalmente se trata de ejecutivos que han recorrido varios países y funciones para ver cómo se desenvolvían en ellos antes de ofrecerles la posibilidad de dirigir los destinos de la compañía. Esto sucede también a otros niveles inferiores en las organizaciones.

El líder sabe que no todo se reduce a aspectos técnicos, sino que, precisamente, las habilidades blandas deben ser tenidas en cuenta en estos aspectos organizativos.

5.4 Valores

Si tenemos en cuenta lo anterior, es evidente que a lo largo de la historia hay muchos personajes que cumplen con los criterios descritos de dirección, protección y organización y que, por tanto, pueden ser considerados líderes: Jesucristo, Gandhi, Mandela, Teresa de Calcuta, Kennedy, Di Stefano, Martin Luther King y otros. Pero también algunos como Stalin o Hitler. Probablemente, estos últimos nos resulten muy incómodos; sin embargo, parece que cumplían con el servicio que les demandaban sus seguidores. ¿Alguno consideraría como nuestro líder a alguno de estos dos? En la mayoría de los casos, no. Y la razón es que, además de cumplir con este servicio, hay otro elemento esencial y es el hecho de compartir los valores con aquel a quien le prestamos la confianza para convertirse en nuestro líder.

Los valores que encarnan algunas personas no coinciden con los que nosotros tenemos. Es por ello por lo que un líder lo puede ser para algunos y no para otros. En el caso expuesto, es obvio, ya que su desprecio por la vida de otros es evidente, pero en ocasiones no es tan claro y nos planteamos por qué, con unas características similares, a algunos les damos el liderazgo y a otros no.

La razón es esa; según nuestros principios, si coinciden con los que defiende el presunto líder, les podemos otorgar ese privilegio. De no ser así, no lo hacemos, aunque para otros sí sean líderes. Incluso si nuestros valores o principios cambian, también podemos tomar a otros como referencia de liderazgo o, incluso, retirarles nuestra confianza. Por decirlo de alguna manera, los valores y su convergencia con aquel a quien otorgamos liderazgo.

Los valores pueden ser compartidos o no, motivo por el que alguien se hace acreedor de dicho liderazgo. Un ejemplo de líder que encarnó una serie de valores que atrajo a muchos seguidores fue Gandhi. Fue conocido por mantenerse fiel a una serie de principios de manera muy sólida. Entre los que contaba, caben destacar la no violencia, como elemento esencial del cambio político y social que promulgaba; justicia, abogando por la igualdad de derechos con independencia de su origen y la autodisciplina como elemento para el crecimiento personal y la resistencia pacífica.

La segunda parte de este libro aborda este punto, porque no todo vale. Hay que tener valores y alguien que no tiene valores adecuados sólidos no es buena persona.

5.5 Coyuntura

El tipo de servicio que se demanda en mayor medida en cada momento depende de cada individuo y de la coyuntura. En primer lugar, todos tenemos momentos vitales en los que valoramos alguno de ellos más que otros.

En mis años como profesor, cuando he preguntado a mis estudiantes cuál de ellos valoraban más, las respuestas han estado en función de dicho momento vital y de la coyuntura de la economía. Entre los más jóvenes, la respuesta más frecuente tenía que ver con la orientación o dirección que el líder provee. Esto es normal, ya que, en estos momentos, normalmente, no se tienen grandes responsabilidades familiares. Por ello, al no existir una gran carga económica, la seguridad y defensa pasan a un segundo plano. Si se trata de estudiantes de posgrado, especialmente en los más séniores, ya la cuestión varía, y aunque todavía se sigue demandando la orientación como primer servicio, ya existen más personas que solicitan la protección. Esto es especialmente relevante en los que tienen familia.

Del mismo modo, el servicio de organización gana protagonismo en momentos en los que una compañía atraviesa momentos internos complejos. Donde el caos impera (con independencia de las razones que lo hayan originado) el servicio de organización es el más solicitado.

En las organizaciones pequeñas, donde todos hacen de todo, este es uno de los aspectos más demandados, ya que muchos empleados quieren una mayor definición de las tareas que realizar. Esto da seguridad, ya que todos sabemos lo que esperar de todos. Cuando la coyuntura no es favorable y existe riesgo de perder el empleo o, en general, sufrir consecuencias negativas, se demanda, principalmente, protección. En estos casos, la dirección pasa a un segundo lugar. Incluso la organización se puede considerar un elemento de seguridad para analizar en qué se debe uno concentrar y, así, asegurar que se cumple el trabajo con garantías.

Lo anteriormente señalado indica que este servicio que se pretende por parte de los seguidores puede ser diferente para cada uno de ellos, así como a lo largo de su trayectoria vital y profesional. Cuando somos niños, precisamos de nuestros padres algunas cosas que son distintas de aquellas que demandamos cuando entramos en la adolescencia, juventud o madurez. De igual modo ocurre en las empresas. Además, cada uno de nosotros tiene una personalidad distinta. Convergen, por tanto, dos factores que determinan el tipo de servicio más demandado por los seguidores respecto al líder: la persona y la organización. En cuanto a la primera, por sus características o genética y entorno familiar. En cuanto a la segunda, a modo de paralelismo, respecto a la organización, sus capacidades (contando con sus recursos en origen) y valores. Y en ambos casos, el momento o la coyuntura que atraviesan. Es labor del líder saber leer perfectamente ambos.

En el caso de las personas, implica un conocimiento profundo de cada uno de los miembros que componen el grupo, así como las dinámicas que lo mueven. Respecto a lo primero, es conveniente conocer la vertiente no solo profesional, sino también la más personal. Esto nos aportará un conocimiento que permita conocer las palancas de motivación de cada uno de los miembros del equipo. A esto me referiré posteriormente.

Respecto a la organización, es relevante conocer cuáles son los principales aspectos en los que se apoya. El conocimiento de los elementos que configuran su estrategia es esencial para manejar las principales palancas con las que la organización trabaja.

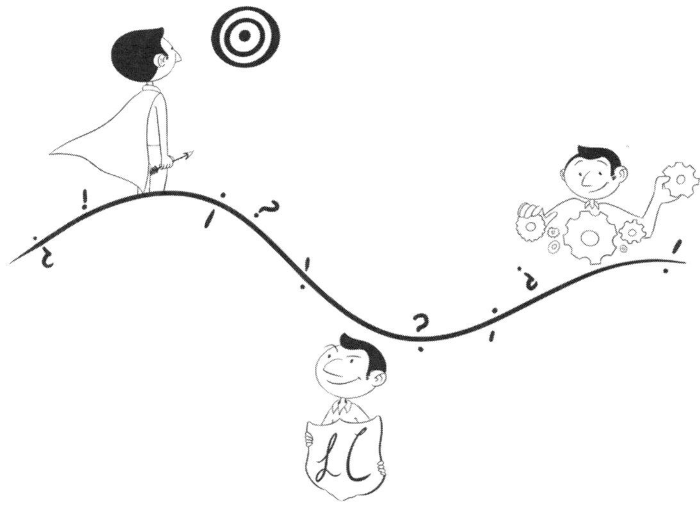

Al margen de lo anterior, como se apuntaba, la coyuntura es esencial. Si la empresa atraviesa momentos de dificultad, seguramente el líder que se precisa no tiene las mismas características que otras de bonanza económica. Y aquí, a su vez, intervienen varios elementos. El externo tiene que ver con cómo el entorno está afectando a un determinado negocio o en un país determinado. Y el interno con la configuración de la posición competitiva que tiene dicha organización. El líder debe, por tanto, leer bien todos los factores que configuran la realidad del momento.

La situación que vive la compañía está muy vinculada al ciclo de vida de la industria. Así una industria en crecimiento, con más demanda de productos que oferta, requiere unos servicios por parte del líder distintos de los que precisa en un momento de nacimiento o de madurez o declive.

Si el líder es capaz de entender bien el momento de cada uno de los miembros que componen la organización y de cómo las fuerzas están afectando a la organización, tiene la mitad del camino recorrido, ya que será consciente de los principales elementos que determinan el servicio que tiene que proveer a los seguidores para que todos se alineen en busca de un objetivo común.

6

LAS ORGANIZACIONES DEL FUTURO

6 LAS ORGANIZACIONES DEL FUTURO

El mundo económico evoluciona a un ritmo altísimo. Además, situaciones como la que hemos vivido con el COVID-19, donde se ha vuelto del revés nuestro modo de entender el mundo y las relaciones profesionales, así como, en general, el mundo organizativo, nos indican claramente que estamos ante un cambio de era en lo empresarial.

Como señala John Kotter, el mayor desafío al que se enfrentan los líderes empresariales es seguir siendo competitivos y crecer de manera rentable en un contexto de turbulencia y disrupción. Según señala el informe BBVA sobre el futuro de las organizaciones, es preciso revisar la estrategia cada muy poco tiempo, tratando de adaptarse a los constantes cambios mediante ajustes operacionales. Hay que tratar de compaginar las actividades diarias con la visión estratégica que implica la identificación temprana de riesgos y oportunidades.

En este sentido, el líder criético sabe que tiene que hacer un esfuerzo por compaginar los aspectos tácticos en la gestión de las organizaciones con una visión estratégica que le permitan ir tomando decisiones orientadas al largo plazo. Y lo debe hacer con agilidad, para que la realidad no se lleve por delante su capacidad. Los análisis deben ser tan certeros como rápidos. De ahí que contar con una visión estratégica y ser capaz de transmitirla a los miembros del equipo sea esencial para el líder criético.

Las organizaciones del futuro deberán manejar la incertidumbre en un contexto absolutamente cambiante con la creatividad, innovación y hacerlo con organización, control y estabilidad.

Algunos de los elementos que van a configurarse como realidades en las nuevas organizaciones son los siguientes:

- **Estructuras organizativas**. Las organizaciones se van a volver cada vez más planas. Esto es debido a dos elementos. En primer lugar, porque los directivos cada vez tratan de estar más cerca de las operaciones. Además de la estrategia, la operativa y el cómo se realicen las cosas van a cobrar más importancia para aportar el mayor valor añadido. Se establecerán constantes diálogos entre los empleados de base y los altos directivos, quienes querrán conocer de primera mano cómo están las cosas.

  En segundo lugar, porque una pirámide organizativa muy densa retrasará las decisiones, lo que disminuirá la capacidad de adaptación de una organización. Los mandos intermedios, por tanto, van a sufrir esta evolución de las organizaciones. Obviamente, esto no quiere decir que no vayan a existir, pero es cierto que se van a minimizar.

  Se va a trabajar más por proyectos. Se tomará un proyecto, con una serie de personas encargadas de llevarlo a cabo, con un jefe de proyecto, y se le pedirá responsabilidades por este. Y en dicho proyecto se contará con la participación de varias personas de distintos departamentos, por lo que el líder criético debe conocer los orígenes y motivaciones de los distintos componentes de dicho proyecto. Además, saber cómo impacta el resultado del proyecto en el área origen de cada uno de los componentes. Los equipos trabajan de una manera descentralizada y autogestionada. Y el líder criético debe saber en qué fase de la creación de valor se encuentran y cómo sacar lo mejor de ellos. La dificultad en gestionar equipos cuando no hay jerarquía directa es máxima. Hay que apelar a «aspectos de gestión blanda». La motivación, cuando no hay relación jerárquica, se hace más compleja y conviene recurrir a los distintos vínculos motivacionales.
- **Innovación como factor diferencial**. La innovación ha tenido muy buena prensa durante mucho tiempo, pero en muchos casos esta innovación era la respuesta que se daba a una situación cambiante y estaba orientada a una adaptación lo más adecuada a una determinada situación.

  La innovación, en el futuro, va a ser un factor con un carácter más proactivo. Servirá a las organizaciones para anticiparse a cualquier cambio. Y lo hará desde varias perspectivas: la de los productos, para lo que el líder criético debe saber leer muy bien las preferencias de los consumidores, hasta los procesos, donde un constante replanteamiento de cómo se están haciendo las cosas se hace imprescindible. Las políticas empresariales deben dejar lugar para la innovación.

El líder criético, además, deberá crear una cultura donde todos estén dispuestos a innovar y a buscar soluciones más imaginativas a las tradicionales formas de relacionarse con cualquiera de los *stakeholders*. Y este es otro punto de interés.

Normalmente, la orientación de la innovación tenía por foco al cliente y al producto. Ahora nos iremos a cualquier tipo de innovación con relación a cualquier tipo de grupo de interés.

Para fomentar innovación, el líder criético debe crear la cultura que la incentive. Supone tener organizaciones más flexibles, donde se fomente la discrepancia y donde el error no es castigado. La discrepancia, cuando se hace con buena intención, debería ser, incluso, recompensada. No es fácil tomar una postura diferente a la corriente imperante y, si se hace, se debe tener en cuenta. Siempre puede aportar puntos de vista que, tal vez, no se habían contemplado.

- **Relaciones**. En la actualidad, tenemos acceso a personas de cualquier parte del mundo y, además, de una manera inmediata. Esto afecta a las relaciones laborales, pero también a los proveedores, clientes, y otros grupos de interés. En el primer caso, las compañías van a ser mucho más líquidas, es decir, no habrá tantas cosas definidas e imperturbables. Además, al contar con personas de distinta nacionalidad, culturas, etc., nos encontraremos con organizaciones con culturas muy diversas, flexibles y abiertas. Y las que no sean así no sobrevivirán.

El líder criético tiene que obtener lo mejor de esa diversidad para encontrar un objetivo común en el que todos se encuentren a gusto, con las particularidades de cada uno, pero con aspectos generales comunes. Seguramente surgirán conflictos y el líder criético debe saber gestionarlos conociendo lo que motiva a cada uno, además de cómo su distinto origen o creencias motivan su postura. Esta motivación parte de una base cultural fundamentada en su origen y religión, pero, tras ella, los aspectos personales deben ser muy tenidos en cuenta. Así, lo que a una comunidad puede motivarla, tal vez no lo haga con otra. En este sentido, las organizaciones del futuro deberán contar con líderes inclusivos y empleados muy sensibilizados y abiertos a todas las cuestiones de diversidad.

- **Orientación al empleado**. Son numerosos los estudios que describen la importancia de contar con empleados satisfechos. Los empleados son más que un recurso, como se les ha venido considerando hasta hace poco. Para que uno de estos empleados sea considerado estratégico debe cumplir el modelo VRIO, es decir, que sea *valioso* (que impacte en la organización de modo claro), *raro* (en el sentido de escaso). No es muy frecuente contar con empleados altamente capacitados. *Inimitable* (que no sea fácilmente replicable). Se puede tratar de formar empleados con las mismas características, pero esto requiere mucho tiempo. Hay que considerar la formación genérica y la específica. Se puede conseguir, pero invirtiendo mucho tiempo, dinero o una combinación de ambas. *Organizados*. Esto significa que un recurso está organizado para aportar valor si está respaldado por la estructura, la cultura y los procesos. Básicamente, si cuenta con el apoyo del resto de la organización. Si un aspecto es considerado VRIO, se puede lograr una ventaja competitiva en la que apoyarse.

  El líder criético conoce estos aspectos y, por tanto, considera a las personas como el elemento estratégico por excelencia. Además, porque no es suficiente contratar a este recurso de otra organización. Se requiere un proceso de adaptación hasta que logre su máxima contribución. Por ello, hace del bienestar de los empleados una prioridad. Un bienestar que no está reñido con la exigencia. De hecho, los más capaces necesitan esta motivación para poder desarrollarse y encontrarse satisfechos.
- **Menor número directo de empleados**. Charles Handy mencionó su famoso trébol en el que afirmaba que las organizaciones del futuro contarían con tres tipos de perfiles:

  - Núcleo profesional, que era el que aportaba valor a la compañía. Se trataría de empleados muy cualificados y que aportarían la ventaja competitiva en las organizaciones.
  - Grupo contractual: se trataría de profesionales autónomos que prestan servicios externalizados y lo hacen, por lo general, en un ámbito especializado.

o Fuerza de trabajo flexible: se trata del personal con el que las organizaciones cuentan de una manera puntual.

El líder criético tiene que identificar cuáles son los empleados clave de la organización. En ellos va a basar su estrategia. Se tendrá que centrar en ellos. Es consciente de que son el verdadero motor de la organización y quienes marcan las diferencias. Para ello, debe conocer muy bien cuál es la estrategia que va a seguir la compañía, porque a partir de ella los perfiles que demandará son distintos.

También se hace preciso conocer muy bien las competencias de los trabajadores clave. Ellos van a ser el sustento de la organización, y el líder criético trabajará en tres líneas: contratación, desarrollo y motivación y seducción. Y utilizo este término porque, si bien siempre se ha hablado de la retención del talento, la retención tiene más que ver con que alguien se quede sin que sea una opción deseada. La seducción se corresponde con el deseo de hacerlo de un modo voluntario e ilusionado. El líder criético debe trabajar en esta línea.

Respecto al segundo grupo, la identificación de aquellos elementos que se pueden llevar a cabo desde fuera de la organización y dotarlos de una flexibilidad importante se constituyen en factor clave que el líder criético conoce muy bien.

Una sobreestimación de las capacidades del propio grupo puede ir en contra de esta flexibilidad. Si no es clave, no tiene por qué formar parte de la organización. Hay que reducir materia grasa y centrarse en el músculo, que es el que marca la diferencia. Además, si se trata de algo muy especializado, tal vez convenga contar con quien tiene experiencia en este campo y así obtener el mejor rendimiento. El tercer grupo lo constituyen empleados con los que se cuenta cuando las circunstancias lo demandan. Tiene que ver con la coyuntura que atraviese la empresa, pero no se hace cargo de costes fijos y le permite maniobrar con mayor facilidad.

- **Gestión de los procesos**. Las organizaciones del futuro gestionan en modo de procesos aquello que es repetitivo o que no genera un valor añadido. En la medida que algo es repetitivo, no se precisa de un modo de toma de decisiones elaborado, sino que, por eficiencia, se recurre a los procesos que ya se han establecido previamente. Esto ahorra tiempo. Su definición supone, inicialmente, una inversión de tiempo porque hay que alinear a todos los implicados, pero el líder criético sabe que si es repetitivo, muy probablemente la solución que adoptar vaya a ser similar, por lo que delega esta en un proceso previamente establecido. Y, en el peor de los casos, el coste de no ser eficiente en alguno de ellos es menor que el que supone su gestión en cada caso de modo individualizado.

Es algo similar a lo que sucede con las compañías aéreas y la venta de billetes en exceso (el famoso *overbooking*). Las potenciales indemnizaciones a las que tienen que hacer frente en el caso de que algún pasajero con billete se quede en tierra es menor que el sobrecoste de fletar un avión con menos pasajeros. Y lo tienen procedimentado. Así ahorran tiempo en la gestión de la incidencia. Se trata, como digo, de un tema de eficiencia.

- **Trabajo híbrido**. La experiencia del COVID-19 ha puesto de manifiesto una realidad. Esta tiene que ver con el hecho de que no es necesario estar presente físicamente para trabajar y ser productivo.

  Cada vez hay más actividades que se llevan a cabo desde lugares distintos de los del propio trabajo físico. Esto, sin duda, supone una ventaja, ya que se puede desarrollar el trabajo con un considerable ahorro de tiempo, energía y, a la vez, menor contaminación por los desplazamientos. También porque, para las organizaciones, el lugar de trabajo que construir o alquilar es menor.

  Los profesionales pueden compatibilizar mejor su vida profesional con la personal. Pero cada vez son más las voces que, tras el inicial impulso para el teletrabajo, se están replanteando esta política. Las razones tienen que ver con su eficacia. Si bien una adecuada política con el propósito de favorecer el equilibrio entre vida personal y profesional es positiva si se lleva a cabo con la mejor intención por parte de todos, la realidad no siempre apunta en esta dirección. Se ha observado que esto requiere disciplina a varios niveles. En primer lugar, individual. Al seguir este modelo, no se establece una finalización y separación clara de la vida profesional frente a la personal, con lo que el trabajador siempre está disponible. Y esto puede generar mucho estrés e, incluso, complicaciones familiares, al estar permanentemente disponible para cualquier cuestión laboral. El líder criético es consciente de que debe respetar las jornadas de sus colaboradores, y no ser intrusivo en su vida personal con cuestiones laborales. Esto, evidentemente, depende de la posición, ya que a mayor responsabilidad, mayor disponibilidad tiene que tener para la organización. Está contemplado en la compensación total que recibe.

Sin embargo, sería ingenuo engañarse (y el líder criético no lo hace) pensar que todos los que trabajan desde casa lo hacen siempre buscando una mayor productividad para la empresa y una orientación a los resultados óptima. Será así en la mayor parte de los casos, pero hay personas que lo hacen para sacar su mejor partido de carácter personal. Para quienes no lo hacen, esto supone una injusticia que el líder debe saber gestionar. Y lo debe hacer frente a unos y a otros. No siempre todos tienen que tener las mismas condiciones, y si se observa que alguno lo está aprovechando de modo indebido, el líder criético lo debe afrontar. Una buena política, con revisiones, ayuda en este sentido.

Por otra parte, el teletrabajo disminuye sustancialmente las relaciones sociales. Estas relaciones son importantes para hacer y fortalecer los equipos. El líder criético debe tener esto en cuenta para gestionarlo adecuadamente. Además, desde un punto de vista individual, la soledad puede llegar a influir negativamente en nosotros. Por ello, un buen equilibrio exige que en determinados momentos se mantenga la presencialidad. Y el líder criético debe conocer los principales aspectos de motivación del equipo y la coyuntura en la que se desarrolla el teletrabajo.

Asimismo, esta posibilidad de trabajar en modo híbrido hace que se pueda contar con distintas personas de cualquier lugar del planeta. Esto hace que las organizaciones no tengan excesivas limitaciones a la hora de contar con talento, pero el líder criético debe gestionar esta diversidad con pericia, además de saber que el hecho de trabajar con distintas zonas horarias no es sencillo, especialmente cuando se trata de dar respuestas a los grupos de interés externo, como pueden ser los clientes.

El compromiso y la responsabilidad es algo que hay que saber gestionar adecuadamente. De lo contrario, lo que puede ser una ventaja se convierte en una fuente de problemas. La gestión de los horarios, las prioridades en cuanto a quién tiene preferencia a la hora de optar por esta alternativa, la revisión de las políticas y de los implicados al cambiar sus circunstancias, entre otros elementos, son aspectos que hay que tener en cuenta.

- **Gestión de los datos y la información. Digitalización**. El tremendo desarrollo de Internet y todas las tecnologías de la información va a condicionar todavía más de lo que ya lo está haciendo el modo en el que la empresa se relaciona con sus grupos de interés.

  Las innovaciones tecnológicas van a permitir a las organizaciones ampliar su negocio, eliminar riesgos y reducir costes. Tener unos usuarios cada vez más informados y capaces de gestionar las ofertas a las que están expuestos. La automatización de las tareas, como se ha expuesto, ayudará a aumentar la productividad. La tarea del líder criético consistirá en la identificación de cuáles son estas tareas para buscar la mayor productividad y eficiencia.

  Del mismo modo, la digitalización ayudará a que los clientes estén más cerca de la marca. El aumento de los canales, además del tiempo de exposición y eficiencia y en la identificación del público objetivo, harán que esto sea beneficioso para las marcas.

  El líder criético, además, consecuencia de dicha digitalización es consciente de que los *stocks* de productos son menores, con lo que no es descartable la redefinición organizativa a la que los líderes tendrán que hacer frente. El oro de la nueva economía es la información. En este sentido, la información que tiene que ver con los clientes (orientaciones de compra, deseos, temporalidad, etc) estará al alcance de los gestores, y los líderes criéticos han de gestionarlo, identificando, además, quiénes van a ser los líderes de opinión para apoyarse en ellos para el logro del objetivo empresarial.

  El líder criético sabe que el aluvión de información con el que cuenta una organización no debe impedir ver el bosque de los que son más relevantes. Detrás del concepto de digitalización hay una tentación a considerar positivo todo tipo de datos. Esto hay que aprovecharlo, en opinión del líder criético de la manera óptima, eligiendo los que son más importantes para cada propósito.

La inteligencia artificial, con sus inmensas posibilidades, ofrece todo un mundo de oferta, gestión e información que el líder criético debe gestionar. Y lo debe hacer discriminando muy bien cuáles de estas aplicaciones de inteligencia artificial pueden ser más adecuadas para su organización. Del mismo modo, tiene que considerar el impacto que supone para todos sus empleados, en cuanto a la formación que tienen que recibir para obtener el máximo provecho de estas y la posible reconsideración del proceso productivo (aunque se trate de un servicio). Posiblemente suponga la desaparición de algunos puestos de trabajo en su organización, lo que tendrá que afrontar si se quiere apoyar en esta tecnología. He observado que últimamente se habla mucho de ella, pero que los análisis adolecen de algo de rigor en algunos casos. Esto no le puede suceder al líder criético. Qué tecnología, cuándo, para quién, con qué fin y un claro análisis del coste-beneficio de la inversión se hace necesario. Y todo ello desde una perspectiva ética. En muchos casos, el tratamiento derivado de la IA requiere una cuidadosa gestión en este sentido. Una mirada críticamente ética, en resumen, se hace esencial respecto a esta maravillosa potencialidad.

- Sostenibilidad

  Aspectos como la sostenibilidad y el respeto al medioambiente son cada vez más relevantes en las organizaciones actuales. Y lo serán más en el futuro. Cada vez hay mayor consciencia de lo que supone el respeto al medioambiente en la sociedad. Por extensión, en las organizaciones que dan respuesta a las demandas de aquella.

  En este sentido se han impulsado, a través de la Agenda 2030 una serie de objetivos que constituyen una manera de hacer las cosas. Los Objetivos de Desarrollo Sostenible son 17 objetivos que pretenden lograr espacios habitables para las personas y animales y que tengan por fin una sostenibilidad de nuestro entorno. El líder criético otorga importancia a la sostenibilidad y el medioambiente, pero también sabe que estos objetivos de la Agenda 2030 son más una declaración de intenciones que un objetivo alcanzable, realista, acotado en el tiempo. Son aspectos ideales y realmente idílicos (fin de la pobreza, hambre cero, etc.), pero se precisaría una sólida alianza entre todos los países e instituciones para llevarlos a buen término. En cualquier caso, supone un aspecto muy positivo, ya que cualquier paso que se dé en la dirección de mejorar nuestro entorno, es una mejora. Hay que comprometerse por un mundo mejor. Y hay que hacerlo desde el realismo y rechazando, por cierto, cualquier tipo de imposición que algunos defensores dogmáticos de ciertos temas tratan de imponer.

Cuidar del medioambiente, terminar con la pobreza, igualdad entre todos y otros indicados se hace desde planteamientos inteligentes y la libertad (lo que se aleja, como digo, mucho de la obligación ideológica que, en muchos casos, se trata de imponer), sabiendo que, además de ser bueno para todos, dicho respeto por el medio natural es bien aceptado por todos los grupos de interés. Hay muchas organizaciones que estratégicamente se apalancan en estos aspectos conscientes del impacto que tienen en la sociedad. Dicho respeto por el medioambiente y la sostenibilidad debe partir del firme convencimiento de cada persona.

La conexión con la naturaleza está ganando fuerza y las organizaciones han de ser conscientes de ello. El pacto mundial ha tratado de materializar desde una perspectiva más empresarial estos objetivos que, en principio, tienen un carácter más institucional y requieren de la participación de muchos países si se pretende ser efectivo.

En el futuro, la empresa tendrá una relación distinta de los negocios gracias a un mejor entendimiento de los recursos que le proporciona el ámbito natural. El respeto a los recursos naturales no está reñido (o no debería estarlo) con su adecuada gestión. Este entendimiento y aprovechamiento de los recursos naturales de un modo sano y sostenible está demandando, porque así lo están haciendo todos los grupos implicados, un nuevo modelo de liderazgo y de gestión de organizaciones.

Aspectos como la transparencia y la responsabilidad van a ganar protagonismo. Los clientes quieren consumir productos de marcas que sean respetuosas con el medioambiente.

El líder criético sabe que esta es una realidad que ha venido para quedarse y la debe saber gestionar. Este tipo de demanda, el respeto por parte de los proveedores o la gestión adecuada de los recursos dentro de las empresas deben ser tenidos en cuenta por parte de los líderes. El líder criético, sin embargo, no debe ser un extremista de estas posiciones y, en la medida que es criético, no se deja influir por las corrientes que llevan en una determinada dirección. Además, no todo lo aborda en clave de sostenibilidad, sino que es un muy importante elemento, pero lo sabe gestionar sin que se vea condicionado por falsos postulados que, amparándose en ello, traten de condicionar un determinado pensamiento o planteamiento.

Sin duda, la sensibilidad del correcto uso de los recursos, así como el impacto positivo que la actividad empresarial debe tener en todos los stakeholders, es algo que considerar de modo especial por los líderes del futuro. Además, porque la reputación de la compañía se va a ver afectada por estos. El líder criético debe manejarlo con la habilidad suficiente como para leer las tendencias que, en este sentido, se vayan a producir.

El liderazgo sostenible sobresale como una característica diferencial de los profesionales responsables de organizaciones de cualquier tamaño y de cualquier sector empresarial.

Según Dos Santos (2010) es necesario salir de un pensamiento único y avanzar hacia la conciencia global. La incorporación de conceptos y prácticas de sostenibilidad en las organizaciones es una necesidad y uno de los grandes desafíos de los gestores. En esta misma línea se expresa De Mello (2015) cuando habla de la importancia del liderazgo sostenible como una estrategia de las organizaciones.

Ahora bien, el líder criético, precisamente porque no se deja condicionar por opiniones que se han convertido en dogmas a fuerza de repetirlos, sabe que el respeto al medioambiente ha de hacerse por convencimiento pleno de que hay que cuidar nuestros campos, ganado, etc.; en definitiva, nuestros recursos. Para muchas personas, ese es su modo de vida. Y está rotundamente en contra de movimientos politizados que hacen de determinadas ideas una dictadura en lo ideológico. Tener opiniones distintas, aunque estén apoyadas por la ciencia, supone una afrenta e, incluso, parece que hay que justificarlas, en lugar de que sean otros quienes tienen que hacerlo. Precisamente, atreverse a pensar de manera independiente forma parte de la esencia del líder. Y no sigue esas consignas apuntadas por el perfil de quienes las sostienen. Cuando toma la decisión de cuidar el entorno, lo hace desde la honestidad y es coherente, a diferencia de quienes hablan de ello desde la comodidad de ciertas posiciones que ocasionan un tremendo impacto en el medioambiente. No se puede acudir a una cumbre sobre el medioambiente en medios ultracontaminantes (descendiendo, eso sí, cuando hay opinión pública que pueda dar fe de ello). Esto no es coherente. «Ojo con las justificaciones», en definitiva, piensa el líder criético. Dicho líder criético es muy consciente de que hay que cuidar la naturaleza y nuestros campos, sustento de tantas y tantas familias.

El bienestar de estas y todas las familias es lo esencial, sabiendo que, de no haber existido la máquina de vapor (con sus consecuencias) no habríamos llegado a un determinado nivel de desarrollo.

Esta sostenibilidad no puede ser un freno para el progreso del bienestar de la sociedad. El líder criético, como digo, pone todo su empeño en respetar el medioambiente desde una idea clara y no condicionada. Por convencimiento y con seguridad; seguridad personal, social y, además, sabiendo que es una tendencia imparable, organizacional.

Fruto de esta sensibilización, están apareciendo nuevos modos de economía:

- Economía del bienestar: busca la mejor manera para promover el desarrollo económico y social. Aplica métodos para determinar la evolución en el bienestar de la población.
- Economía funcional: tiene que ver con el cambio en el uso de los productos. Supone no la posesión de estos, sino su utilización. El alquiler es una materialización de esto. Supone ser usuarios de todo, propietarios de nada. La utilización de vehículos o lugares de vacaciones pueden ser claros ejemplos. El líder criético sabe que este modo de entender el nuevo consumo determina nuevos modos de gestión y de relación con los colaboradores y con los clientes, y trabaja en este sentido para ser lo más eficiente posible.
- Economía circular: es un nuevo modelo de producción y consumo basado en compartir, alquilar, reutilizar y reciclar los materiales y productos existentes tanto como sea posible para crear valor añadido. El ciclo de vida de dichos materiales se extiende, y se reduce, por tanto, el desperdicio al mínimo.
- Economía colaborativa o compartida: en general aplica a las compañías que utilizan plataformas tecnológicas para permitir a los usuarios compartir bienes o servicios. Los de utilización de vehículos para el desplazamiento puede ser un ejemplo, al igual que

Airbnb. La utilización de dichas plataformas tecnológicas es el medio más común. Algunas organizaciones como Uber, Cabify, etc., completan las referencias más habituales. El líder criético sabe que este tipo de empresas están jugando un rol muy importante en los distintos sectores en los que operan, y trabaja para obtener la máxima información para ser lo más competitivo posible y saber gestionar y liderar a las personas de su equipo en la dirección adecuada.

El líder criético, como inductor y gestor del cambio, ha de estar a la vanguardia de este tipo de nuevas realidades económicas porque están ganando cada vez más terreno. Sabe que el entendimiento de los factores desencadenantes de estas le orientan acerca de hacia dónde puede dirigirse el futuro de los sectores. Además, si no se adapta adecuadamente, el equipo tendrá que afrontar situaciones indeseadas y de consecuencias bastante negativas.

7

EL LÍDER DEL FUTURO

7 EL LÍDER DEL FUTURO

Como hemos apuntado, cada vez nos encontramos en un entorno más complejo. En este contexto, cualquier organización, en su esfuerzo por adaptarse y destacar ante tanta competencia, debe hacer lo posible por identificar líderes que sean capaces de gestionar esta complejidad.

Se habla del entorno VUCA (siglas, en inglés, correspondientes a volátil, incierto, complejo y ambiguo) como una realidad que afecta a nuestras organizaciones. Si hablamos del mundo empresarial, con más intensidad.

Además, los nuevos modelos económicos (economía del bien común, bienestar, ecología, sostenibilidad y otros) hacen que el modo de relacionarse las empresas con el entorno (sociedad, clientes, etc.) sea muy diferente, exigiendo perfiles de trabajadores y líderes distintos. De hecho, en sociedades con un alto grado de información y formación, los trabajadores demandan cada vez un mayor «por qué».

En este contexto, el liderazgo requiere unas características que son distintas de las que se precisaban en el pasado. En algunos ámbitos, se trata de mejorar ciertos aspectos o matizarlos; en otros de ganar competencias nuevas.

Algunas de las características que más destacan como identificativas del líder en contextos como los actuales son las siguientes:

- **Pensamiento crítico.** Como hemos visto, cada vez contamos con más información. Esta información proviene de numerosas fuentes, pero hay que señalar que no todas ofrecen la misma credibilidad. Además, hay que dotar de contexto que permita un adecuado análisis.

Por otra parte, el número de los grupos de interés involucrados en cualquier proceso es cada vez mayor, debido a las numerosas interacciones entre todos. Adicionalmente, cada uno, como es lógico, trata de jugar su papel para lograr un mejor posicionamiento. Todo esto genera una amalgama que precisa del pensamiento crítico para poder liderar a cualquier grupo. Ser capaz de tener las ideas claras entre tanta confusión es esencial para liderar y para tomar decisiones los más eficientes posible.

- **Adaptabilidad.** Si algo caracteriza la realidad empresarial que estamos viviendo, es la transformación rápida tanto a nivel interno, en la propia organización (fruto de cambio de pareceres, opiniones y motivaciones), como desde un punto de vista externo.

  El entorno, en sus vertientes política, económica, social, tecnológica (el famoso PEST; o PESTEL si incluimos la ecológica y la legal) afectan de manera muy directa a las empresas. Una adecuada lectura de las tendencias y su impacto en la organización hace que la adaptación sea mejor y, como decía Darwin, esta adaptación es esencial para sobrevivir.

- **Creatividad.** Los pensamientos y planteamientos lineales ya no son válidos ante las situaciones complejas que estamos viviendo. Es por ello por lo que se requieren líderes que sean capaces de pensar de modo alternativo, es decir, que sepan tener un enfoque diferente para solucionar problemas. A veces, para solucionarlos, se dan vueltas desde una misma perspectiva, lo que hace que, aunque se aporten soluciones distintas, al provenir del mismo punto de análisis, dichas soluciones sean inválidas o, en el mejor de los casos, insuficientes.

  El líder, en su nueva versión, debe estar abierto a afrontar cualquier aspecto desde nuevas perspectivas, con diferentes enfoques y, como se dice popularmente, pensando fuera de la caja.

  Con frecuencia se habla de la creatividad y se vincula a la innovación en el mundo empresarial. Aunque ciertamente están vinculados, no se trata del mismo concepto.

  La creatividad tiene que ver con buscar soluciones distintas, alternativas. Y esto pasa por enfocar las cuestiones con otra perspectiva. Esto es especialmente importante en contextos de permanente cambio, como es el que estamos viviendo.

La creatividad ayuda a salir de nuestra zona de confort y permite solventar problemas desde otra perspectiva. El desarrollo de la creatividad parte de la etapa escolar, donde debería ser fomentada por todas las instituciones que se encuentran en este ámbito.

La creatividad también se puede desarrollar y aquellos que quieran ser líderes deben contemplarlo como una labor de aprendizaje, donde probablemente hay que desaprender lo que ya sabíamos. Algunos de los aspectos que pueden contribuir al desarrollo de esta competencia son los siguientes:

- Rodearse de personas creativas. Al juntarnos con personas de este perfil, el entorno en el que vamos a trabajar o, simplemente, vivir favorece este pensamiento alternativo que implica no dar las cosas por sentadas. Esto está muy vinculado al punto anterior en el que se hablaba del espíritu crítico, ya que este espíritu crítico no solo está enfocado al análisis de los problemas, sino, también, a las potenciales soluciones. Además, ellos van a incentivar estos planteamientos de creatividad, fomentando que se formulen alternativas poco exploradas.
- El error no existe. Desde el momento en el que el error es castigado, se coarta la creatividad, ya que existe miedo a llevar a cabo propuestas que pudieran tener consecuencias negativas. Una propuesta puede llevarse a cabo o no. En el primer caso, si las consecuencias no son las deseadas, tras un adecuado análisis, se habrá llevado a cabo un proceso de aprendizaje.

  El mundo está lleno de procesos de prueba y error tanto en el ámbito profesional como en el personal. El propio Edison llevó a cabo más de 1.200 pruebas antes de presentar, en octubre de 1789, la bombilla eléctrica. Igualmente, numerosas son las pruebas que una empresa realiza antes de poner en el mercado un determinado producto. O, incluso, cuando este es comercializado.
- Esto, desde un planteamiento individual, supone que debemos asegurarnos de que no tememos lanzar sugerencias que no sean aceptadas. Desde luego, la confianza en uno mismo favorece la capacidad para formular dichas sugerencias, pero es necesario comentar que el riesgo y estar en el punto de mira también son aspectos consustanciales al liderazgo.

- o Como líderes, cuanto más desarrollemos un entorno de debate y abierto a nuevas ideas, más propuestas de solución a un problema vamos a tener. En este sentido, el fomento por parte de los líderes de un entorno de creatividad se hace indispensable.

  Cuanto más cómodos se encuentren los seguidores a la hora de llevar a cabo propuestas, más se propondrán y, además, llegarán a ser más innovadoras, creativas y alternativas, lo que puede favorecer la visión de una solución adecuada al entorno en el que estamos viviendo.

  El *brainstorming* como herramienta es, con frecuencia, una buena alternativa, pero debe llevarse a cabo con todas las garantías; no existe idea loca o que sea criticada negativamente.

- **Ética** como parte esencial del líder y de las organizaciones. Los valores son un aspecto clave en cualquier ámbito de la vida. Sin valores, nada vale (permítaseme el fácil juego de palabras). Y esto es así tanto desde una óptica individual, desde donde se proyectarán estos principios, como en el ámbito organizativo, donde es necesario fomentarlos y premiarlos. Ya en apartados anteriores he mencionado la importancia de la ética, con lo que simplemente afirmaré que es la piedra angular de cualquier proyecto tanto personal como empresarial. Y no hace falta más que echar un vistazo para ver cómo estamos de necesitados de líderes de este tipo (cuando no están las cámaras delante). Se hace esencial tener un comportamiento ético. Y esto parte del líder.
- **Respeto al individuo.** Nuestro líder criético siente mucho respeto por todos. Este respeto no es ajeno a un alto grado de exigencia. De hecho, el líder humanista piensa que la exigencia es el modo adecuado de respetar a aquellos que trabajan por el bien del grupo. De alguna manera, nuestro líder criético es un líder humanista.

  El liderazgo humanista, como señala Nathanson, pone a la persona en el centro. Y considera que, para que una organización sea sostenible, es preciso que sus distintos grupos de interés participen de los beneficios. En esta línea ya se manifestó Freeman.

  El liderazgo humanista suele interpretarse como la orientación de una serie de principios para desarrollar una experiencia humana con sentido y propósito, basada en valores fundamentales para lograr el bien común (Rodríguez-Lluesma et al., 2014). Nuestro líder criético sitúa a la persona en el centro y lo hace no como contraposición a quien, legítimamente, debe obtener beneficios de sus inversiones (accionistas o cualquier otra forma), sino como alguien que, con el deber de catalizar las acciones para procurar esa rentabilidad, también se beneficie de esta. Y ello desde el apoyo firme a quien colabora en ella. Normalmente no desde un enfoque personalista, sino otorgando crédito a los que han contribuido a generarla. Y con un planteamiento no de conflicto, sino de colaboración.

En la sociedad, el liderazgo humanista está considerado a nivel del individuo, centrado en las personas con relación a la posición y el rol del líder (Freeman, 1994; Pirson & Lawrence, 2010; Kimakowitz et al., 2011; Rodríguez Lluesma et al., 2014).

El líder criético encarna todos esos puntos mencionados y, por tanto, considero que es el líder para hacer frente e, incluso, ser capaz de contribuir a configurar el futuro de las organizaciones.

A continuación, veremos la aplicación de este líder criético a distintos aspectos que son claves para entender el liderazgo.

DIMENSIONES DEL LÍDER CRIÉTICO

8 DIMENSIONES DEL LÍDER CRIÉTICO

8.1 El líder criético y el optimismo

Los grandes líderes, a lo largo de la historia, en distintos ámbitos, han sido personajes optimistas. Ser optimista no significa ser irresponsable. Eso sería una catástrofe. Ser optimista implica que se tiende a ver el vaso medio lleno. Ser optimista, por sí mismo, no significa nada.

Hay que analizar el optimismo a la luz de dos elementos. En primer lugar, al ver más cercana la posibilidad de éxito, hace que se luche y se persiga el objetivo de manera más intensa, con más esfuerzo e implicación, lo que, obviamente, hace que uno se encuentre con más posibilidades de lograrlo. De alguna manera tiene que ver con la profecía autocumplida.

En segundo lugar, el optimismo es contagioso y esto, en un líder, es un aspecto muy relevante, ya que los seguidores ganan confianza en que se logrará el objetivo, poniendo todos los medios a su alcance para que así sea y no desfalleciendo fácilmente.

Un aspecto elemental para poder ser optimista es tener confianza en el equipo. Esta confianza tiene que ver con que las personas tienen la competencia técnica para abordar la tarea que haya que enfrentar. Esto significa que, para que el optimismo sea fundado, hay que conocer bien las características de los miembros del equipo y sus dinámicas para poder obtener lo mejor de dicho equipo. La pregunta que surge siempre respecto al optimismo es si es innato o se puede trabajar. Lo cierto es que, si bien hay ciertas cuestiones que ya nos vienen predeterminadas, el optimismo también se puede practicar. Tiene que ver con hacer un análisis objetivo y riguroso de los elementos y ver las posibilidades de éxito, pero, sobre todo, analizar con qué recursos se cuenta. A veces, pese a la dificultad de la empresa que estemos abordando, al echar un vistazo al equipo con el que contamos, nos daremos cuenta de que tenemos los mimbres para hacer un buen cesto, lo que, empresarialmente, se identifica como abordar con éxito un determinado proyecto.

Otro elemento que ayuda, en este sentido, es discernir qué es fruto de nuestra mente y cuál lo es de las circunstancias reales. El diálogo interno suele jugar malas pasadas, a menos que seamos capaces de entrenarlo. Y para ello hay distintas técnicas: desde la meditación hasta el *mindfulness*, pero lo cierto es que basta con identificar cuándo nuestros pensamientos nos están jugando una mala pasada para romper el círculo vicioso en el que nos vemos inmersos.

Una técnica recomendada por especialistas consiste en tener un pensamiento de referencia para escapar cuando nos aborden pensamientos no deseados y que, por tanto, destruyan nuestro optimismo. Por ejemplo, me veo en la playa tomando el sol o bebiendo un vaso de agua bien frío después de hacer ejercicio o cualquier otro. Esto hace que no nos dejemos vencer por estos pensamientos destructivos del ánimo. Otro de los recursos puede ser la frase fuerza, que es aquella a la que recurrimos cuando queremos romper el hilo negativo y dotar de capacidad a nuestros pensamientos.

El psicólogo Martin Seligman (2000) ha desarrollado lo que denomina «optimismo aprendido» mediante un modelo que, de modo resumido, consiste en:

- Identificación de la adversidad.
- Creencias: cómo se interpreta lo sucedido y cómo actúan los pensamientos respecto a un determinado evento.
- Consecuencias: cómo se siente uno tras tener ese pensamiento.
- Debate: tiene que ver con contrarrestar el pensamiento negativo con evidencias. Esto sucede muchas veces cuando anticipamos catástrofes que, en realidad, casi nunca suceden.
- Energía: consiste en generar los sentimientos adecuados para sobreponerse a las situaciones negativas.

Este es un modelo que, de modo más estructurado y apoyado por investigaciones científicas, viene a señalar que el diálogo interno es muy importante para no dejarse vencer por el pesimismo y que, si damos un paso más, esto nos puede llevar al optimismo. Además, como distintos eslabones de una cadena, este optimismo, hace que, si resulta creíble, se contagie y logre mayor implicación en los miembros del equipo, lo que acercará al objetivo final.

Un ejemplo de líder optimista es Elon Musk, CEO de Tesla y SpaceX. Su confianza en el futuro, en que se materializará un futuro sostenible y más positivo para los intereses que defiende, es bien conocida. Este optimismo lo contagia a todos sus colaboradores. En definitiva, su visión, capacidad para superar obstáculos e inspiración para los demás hace de él un líder optimista que repercute en su equipo, insuflando ilusión en el proyecto que encabeza.

Ahora bien, no confundamos el optimismo con la negación de una realidad poco favorecedora. Esto no haría más que desacreditar al líder, perdiendo así todo efecto motivador. Si el optimismo no está basado en la realidad y el líder está de espaldas a ella, dicha realidad se encargará de desmontar dicho optimismo. El optimismo debe contemplarse a la luz de unos hechos no contradictorios con el discurso del líder, además de la habilidad de este en reforzar las actitudes de superación en situaciones y eventos ya sucedidos de carácter negativo. El optimismo, en definitiva, se puede aprender y es de reconocida relevancia en el contagio de actitudes positivas con el equipo.

8.2 EL LÍDER CRIÉTICO Y LA MOTIVACIÓN

El liderazgo y la motivación van muy de la mano, ya que el líder debe ser capaz de motivar al equipo en la búsqueda de un objetivo determinado. El líder, en su función, habrá definido el objetivo o habrá interpretado un objetivo general en el ámbito que le corresponde.

En un sentido muy simple, como apunta Schaffer (2008), la motivación está asociada al esfuerzo. A un sobreesfuerzo, de cualquier tipo, en búsqueda de un logro. Y ello a cambio de la satisfacción de unas determinadas necesidades, entendidas en clave individual.

De alguna manera, supone el intercambio de un esfuerzo a cambio de una recompensa. Cualquier colaborador recibe a cambio de su trabajo una determinada compensación.

Esta compensación debe ser entendida en sentido amplio. La motivación está relacionada con lo que yo obtengo. Y no de una manera necesariamente monetaria. Algunos autores como Maslow (1943) ya apuntaron en sus escritos la relevancia de cubrir, en primer lugar, las necesidades básicas para ir subiendo en su famosa pirámide hasta la autorrealización.

Bajo mi punto de vista, la motivación tiene que ver con un esfuerzo que se lleva a cabo para lograr un objetivo a cambio de la satisfacción de unas determinadas necesidades. De alguna forma, el colaborador recibe una compensación que puede tener distintas formas y que veremos más adelante.

Los elementos implicados en la motivación son los siguientes:

- **Necesidades:** la motivación surge cuando alguien tiene un deseo que desea satisfacer. La intensidad del deseo y el plazo para lograr satisfacerlo son importantes en este punto. No todos tienen las mismas necesidades, por lo que el conocimiento de la realidad de cada componente del grupo se convierte en esencial para el líder.
- **Metas:** se trata del objetivo que lograr y cuya consecución desencadenará la recompensa. Para que sean motivadoras han de ser específicas, claras y retadoras pero logrables. El líder a veces participa de su definición, pero no siempre. Si es el primer caso, a la hora de establecerlas debe escuchar al equipo para tenerlo en consideración, pero no necesariamente para ponerlas de acuerdo a ellas, ya que se

bajaría el listón de la exigencia. Además, no todos los colaboradores tienen información suficiente como para definirlas. De no ser establecidas por el líder, este debe asegurarse de que todos las conocen bien y que las tienen interiorizadas. Los dos pasos son relevantes. No solo la comunicación, que favorece el conocimiento, sino que el líder criético debe trabajar en la interiorización por parte de todos los componentes de la meta que lograr. Esto favorece un mayor compromiso. La repetición y constante alusión como mantra de las metas favorece este aspecto.

- **Incentivos:** se trata de la recompensa alcanzada por lograr la meta. Abajo explico alguno de los elementos que lo componen, pero es evidente que, para poder lograr el objetivo del incentivo, tiene que ser motivador. No puede haber un pequeño incentivo para un gran logro ni a la inversa. Si se pretende que exista motivación, el incentivo tiene que estar relacionado con la entidad del reto que afrontar.
- **Percepción:** un mismo incentivo no tiene la misma consideración para dos personas distintas, del mismo modo que para la misma en distintos momentos puede significar cosas distintas. El líder criético es consciente de que la motivación es un aspecto individual y que los aspectos generales sirven para tener un marco de referencia que ayude a gestionar las claves, pero que cada individuo tiene unos elementos motivacionales distintos. Y, además, que dependen del momento que se está viviendo.

De alguna manera, lo anteriormente expuesto se puede resumir en el modelo de compensación total (CT). La compensación total está compuesta por los siguientes elementos:

CT= Salario + Salario Variable + Beneficios no salariales + Otros

Siendo:

- Salario variable = Salario variable a corto plazo + salario variable a largo plazo.
- Salario variable CP = Comisiones o bonus.
- Salario variable LP = *Stock options* + Incentivos a LP + RSU (*restricted stock units*).

Esta fórmula, con más o menos desarrollo, compone la base de la compensación total y trata de compensar de un modo integral la contribución de un individuo a una organización. Se trata de un tema apasionante y complejo, ya que en la parte de los salarios variables influyen aspectos de cumplimiento individual y grupal vinculados según ciertos factores.

El salario fijo lo marca el mercado y la posición. El salario variable debe contemplar la contribución diferencial de unos individuos frente a aquellos que no ofrecen un rendimiento similar. Esto supone un primer elemento de motivación. Cuanto mayor sea mi rendimiento, más salario obtendré. De este modo, mi foco para lograr los objetivos será lo más alto posible. Así, si yo contribuyo, seré también partícipe de ese beneficio que obtenga la empresa. De alguna manera, aquí subyace el hecho de un incentivo económico. El económico no es el único, pero, no seamos inocentes, es importante y el líder criético lo tiene en cuenta.

Los beneficios no salariales tienen que ver con los aspectos de compensación no monetarios, pero que sí tienen una cuantificación. Me refiero al vehículo de empresa, seguro médico, plan de pensiones, vales de comida y otros. Aunque no formen parte del salario, sí constituyen un aspecto de motivación por parte del empleado. Ello, de un modo diferencial si se puede acceder a beneficios superiores: mejor vehículo, plan médico exclusivo, etc. Algunos individuos tendrán preferencia por una retribución sustancial en este apartado aunque sea menor en el resto. Tal vez por cuestión de imagen o visión a largo plazo, entre otros.

El apartado «otros» contiene aquellos elementos que recibe un trabajador (con independencia del nivel) y que no se puede cuantificar de modo económico. Y esto constituye un importantísimo elemento de motivación. ¿A qué me refiero? Contiene aspectos como los siguientes:

- Nombre y tipo de empresa: todos nos sentimos atraídos cuando la organización para la que colaboro tiene una determinada imagen pública. En este sentido, el prestigio de esta supone un elemento de motivación que hay que considerar.
- Condiciones ambientales: el hecho de trabajar en un determinado entorno con condiciones adecuadas de luz, temperatura, etc.
- Planes de carrera: una organización o departamento que pueda ofrecer un cierto plan de carrera a sus empleados está, asimismo,

ofreciendo importantes elementos de motivación, ya que el colaborador se esforzará al máximo por lograr un alto rendimiento, ya que permitirá un desarrollo profesional.

- Clima del equipo: cuanto mejor sea el clima del equipo, más fácil será encontrar motivación en él. Aquí, el líder debe asegurarse que ese clima favorezca las opiniones sin temor al castigo, que se fomente la proactividad, entre otros aspectos.
- Reconocimiento: muchas personas valoran más un buen reconocimiento que otros elementos de compensación. Algunas organizaciones trabajan mucho en este punto, para valorar y reconocer el buen trabajo llevado a cabo por sus miembros. Aquí, el hacerlo de un modo público supone un factor diferencial, ya que todos nos sentimos atraídos por una buena imagen entre nuestros compañeros y jerarquía.
- Horarios: la jornada de trabajo puede suponer un elemento de motivación, ya que una que favorezca el cumplimiento de tareas personales es muy bien valorada. En este sentido, la flexibilidad horaria es un aspecto que puede ayudar mucho. Es cierto que las organizaciones marcan una política, pero el líder del equipo, si coincide con que ocupa una posición relevante, puede ser flexible y ayudar a sus colaboradores.
- Varios elementos asociados: vacaciones, flexibilidad de otro tipo, etc.

Hay otros elementos que componen la compensación total que hace que un trabajador se sienta motivado. Lo importante aquí es comprender varios puntos:

- La motivación está asociada a lo que un colaborador lleva a cabo para, fruto de su rendimiento, aportar en la consecución del objetivo de la organización.
- Ese rendimiento tiene un componente global y uno individual, ya que no hay nada más desmotivador que todos reciban lo mismo si no han aportado lo mismo. Esto tiene que ver con la preparación, esfuerzo y, en definitiva, rendimiento. Este es el elemento diferencial. Mayor rendimiento implica mayor compensación (en cualquiera de sus modalidades).
- El pago según el rendimiento es lo más motivador. De alguna manera hace que todos se esfuercen para lograr los objetivos y que, en ese

empeño, se aporte el máximo. Aquí, los mediocres no tienen cabida. No les interesa este juego en el que hay que esforzarse y trabajar. Se trata de un territorio no abonado a los mediocres.
- Todos los elementos contribuyen a esta compensación total y cada uno valora de manera distinta cada uno de ellos. En el caso de los aspectos monetarios, pese a una cuantificación objetiva, dada la situación de cada uno, se puede valorar de modo distinto. Así, un padre de familia, con hijos en edad de estudiar y otras responsabilidades económicas, dará más valor al dinero que a otros aspectos, mientras que quien no tiene esas responsabilidades probablemente esté orientado a otros elementos motivadores.
- Los elementos incluidos en «otros» no son de una cuantificación, con lo que unas personas los valorarán de una manera y otros de un modo distinto. Por ejemplo, para mí puede ser más importante el reconocimiento público que el plan de carrera, pero para mi compañero es a la inversa. Tal vez yo solicite formación, mientras que un compañero busque tener más flexibilidad horaria.
- Los moduladores de la motivación son, por lo indicado anteriormente, individuales. No se pueden establecer generalidades con la confianza de que estos afecten a todos por igual. El hecho de que a muchas personas les motiven las mismas cosas no quiere decir que a todos les motiven las mismas cosas. Además, que todas lo hagan en la misma intensidad.

Hay que tener en cuenta que no siempre funciona todo conforme a lo esperado en una organización y no todos los miembros hacen lo que tienen que hacer. Esto puede deberse a una cuestión de actitud o aptitud. Si se trata de la segunda, seguramente haya que diseñar un plan de formación para acometer la tarea que se asigna a una persona o redefinir el responsable de esta, lo que sería tarea del líder. Si se trata de una cuestión de actitud, seguramente no intervendrá el sistema de incentivos positivos, que son los indicados anteriormente. En este caso, los incentivos negativos entrarían en juego. Se trata de consecuencias desagradables si no se alcanzan ciertas metas. Pueden incluir sanciones, reprimendas o, incluso, despido. Hay que indicar que este sistema no es muy efectivo a largo plazo, pero también que hay que huir del buenismo infundado.

Podemos pensar en un líder solo en modo de motivación positiva, pero si alguien no se comporta como debe, el líder debe también tomar medidas. Ello, fundamentalmente, como se indica arriba, cuando se trata de una cuestión de actitud. Además, el grupo de alguna manera necesita este mensaje porque, de lo contrario, la desmotivación se abre paso. El grupo solicita que si alguien no se compromete en la misma medida que el resto, se lleven a cabo actuaciones. Esto es efectivo, no solo de cara a excluir a la persona que no se involucra como los demás, sino que, de alguna manera, tiene un efecto positivo en el resto, ya que solicitan que todos se comprometan. De no hacerlo así, el líder perdería legitimidad, ya que esa tarea más desagradable también forma parte de sus funciones. Seguramente estas afirmaciones no son muy populares, pero son tan ciertas como efectivas.

Como he indicado, hay que distinguir entre problemas de actitud o de aptitud. La aptitud tiene que ver con la capacidad, mientras que la actitud se refiere a la postura que se tiene frente a algún hecho.

Como señalan los autores Vázquez y Sánchez (2023) en su libro *El triángulo del líder*, los males vinculados a la aptitud son los que tienen que ver con la ignorancia y la incompetencia, mientras que los que se corresponden con la actitud son la estupidez, el egoísmo y la maldad. Estos dos aspectos y su repercusión en el rendimiento deben, en mi opinión, tener un tratamiento distinto. La aptitud requiere de formación y, sobre todo, mucha comprensión. El líder debe hacer lo posible por aportar dicha formación para que se logre el objetivo final. Con la actitud no hay que ser tan comprensivo. Hay que ayudar para cambiar el comportamiento.

El *coaching* y *mentoring* pueden ayudar. Ahora bien, si no se desea el cambio, hay que ser inflexibles y, directamente, excluir a quien no esté dispuesto a aportar el máximo desde una posición de humildad y ganas de contribuir. En numerosas ocasiones, he tenido que prescindir de colaboradores. Esto siempre supone afrontar un momento desagradable. Siempre, antes de llevarlo a cabo, me he preguntado por las consecuencias en el resto de la organización. Lo cierto es que cuando se ha debido a un problema de actitud, esta medida ha sido, incluso, bien percibida (y hasta aplaudida, en ocasiones) por el grupo. Las organizaciones reaccionan positivamente ante medidas que pongan la actitud en el centro.

El líder no puede ser un «todo vale» donde no haya margen para la toma de decisiones drásticas cuando sea necesario. No confundamos los términos y huyamos de algo idílico a la hora de gestionar personas.

La motivación del grupo depende de las motivaciones individuales y lo que denomino «factor de adaptación»:

MOTIVACIÓN DEL GRUPO = Σ(FMI (factores motivacionales individuales) * FA)

La motivación individual tiene que ver con lo que a cada uno de nosotros nos motiva. Y aquí tengo una mala noticia para el lector. En primer lugar, puede haber casi tantas motivaciones como personas.

En segundo término, estas motivaciones cambian a lo largo de nuestras vidas. Esto hace que el sistema de identificación de las motivaciones sea complejo, como lo refleja el hecho de que constituye una importante fuente de literatura.

La teoría de Maslow es de las pioneras y más simples, pero constituye una buena referencia a la hora de entender determinados predictores de comportamiento. Seguramente, el hecho de ir superando escalones en la pirámide, las referencias son distintas, pero lo importante no es solo la identificación, sino la aplicación de esta teoría para motivar a los miembros de una organización.

Algunos autores como Herzberg, ya en 1967, con la distinción entre factores higiénicos y motivacionales o las más recientes de McClelland en 1987 o Deci y Ryan (2017) con la motivación intrínseca y extrínseca ponen de manifiesto, tomadas en perspectiva, esta diversidad de elementos que motivan a cada persona.

De modo global, podemos afirmar que cada uno de nosotros demandamos algo que nos motiva. Y muy probablemente no quiere decir que no nos vemos motivados por otros elementos, sino que no lo hacemos en la misma medida.

Lo anterior, de modo muy resumido, constituye algunos de los elementos que nos motivan. Y el líder debe saber que no todos desean lo mismo. Así, a la hora de pedir un sobreesfuerzo y compensar por ello a algún miembro de la organización, debemos saber que algunos demandarán más salario, en forma de horas extras, otros querrán reconocimiento u otra forma de contraprestación en forma de invitaciones, etc.

Para un líder, conocer cuáles son los elementos que hacen que los colaboradores se muestren más comprometidos es muy importante. Además, a lo largo de la trayectoria profesional y vital una misma persona puede tener distintas motivaciones. En unos casos puede encontrar más importante el aspecto económico mientras que en otros, aspectos como el reconocimiento, formación o promoción pueden ser más relevantes. Aquí en entendimiento de las motivaciones del otro son esenciales.

Por experiencia, puedo afirmar que aquello que yo veía incomprensible como motivador en el pasado he llegado a entender la razón que lo impulsaba. Recuerdo una ocasión en la que surgió una urgencia en mi departamento y mi responsable jerárquico nos pidió a algunos que nos quedásemos a trabajar hasta altas horas de la madrugada. En ese momento, yo estaba estudiando en paralelo y no tenía responsabilidades familiares. Mi respuesta fue positiva, sin esperar ninguna retribución a cambio. Al preguntarle a un compañero, este respondió que «de acuerdo», pero si se le abonaban las horas extraordinarias. Yo pensé que su comportamiento no era demasiado corporativo y que «vaya lo que lo mueve». Lo cierto es que actué con una visión muy restringida. Mientras mi único interés era el reconocimiento y la carrera, el suyo tenía más que ver con lo económico. No fui consciente de que, con una edad próxima a la jubilación y dos hijas en la universidad, era normal que tuviera un interés distinto al mío, sin necesidades económicas. Solo estaba juzgando a la luz de mi realidad. Este error me enseñó a tratar de comprender las motivaciones en función de la realidad de cada uno. Siempre, desde entonces, me ha acompañado.

Las nuevas generaciones se mueven con parámetros que son distintos a los que teníamos en la mía y muy distintos a los de nuestros padres. Si no evolucionamos en este campo, no entenderemos el porqué de ciertos comportamientos, como demandar más tiempo libre, etc. Y no sabremos gestionarlo adecuadamente.

El líder tendrá que apelar a aquello que más consideración tiene entre los colaboradores cuando trate de llevar a cabo una acción.

El factor de adaptación (FA) tiene que ver con la adaptación que cada uno de nosotros debe llevar a cabo cuando relega los intereses (aunque sea parcial o temporalmente) individuales en favor de los generales. Aquí se ve cuándo hay un verdadero jugador de equipo. Si se ponen las metas del grupo por delante de las individuales, al lograr el objetivo, el individuo también logrará las suyas. Si, por el contrario, prioriza las individuales, el FA será menor de uno y, por tanto, la motivación global será menor. Si esto es así, el motor de las acciones que supone la motivación no tendrá suficiente combustible y será menos probable el logro de dichos objetivos. Aquí no se trata de olvidar los intereses que cada uno tiene, sino de entender que no todos se pueden lograr al mismo tiempo o con la misma intensidad. Cuanto más divergentes sean estos intereses particulares, mayor deberá ser el componente FA para lograr la mayor motivación por parte del grupo. Si están relativamente alineados, no se requerirá de tanta participación de dicho factor, porque todos (o la mayor parte de ellos) tendrán la misma dirección. En caso contrario, se contrarrestarán y no será un grupo, sino un conjunto de solistas actuando en beneficio propio. Todos sabemos que esa orquesta no producirá una verdadera armonía, sino un ruido más o menos aceptable. El papel del líder aquí consiste en armonizar las motivaciones de cada uno lo más posible, pero, sobre todo, lograr que, en caso de divergencia, todos estén dispuestos a sacrificarse por el equipo.

Un buen modo para motivar (y así lo entiende el líder criético) parte de la pregunta que el líder hace a los seguidores (según apuntan Ulrich et al., 2009): «qué decisión quieres que tome a partir de esta conversación?». Se hace tras una conversación sobre cómo actuar ante un determinado aspecto. El seguidor se siente escuchado y, por tanto, más motivado. Además, el líder criético tiene una visión de las expectativas que ha generado en dicho colaborador.

El líder debe comprender muy bien este esquema, así como las palancas que activan cada uno de los elementos, para, de este modo, motivar adecuadamente a sus colaboradores. Para que un sistema de compensación sea efectivo, debe, además, contemplar una individualización, es decir, a quien más contribuye (de uno u otro modo), más hay que compensarlo. El líder ha de saber cómo motivar a cada uno para incidir en él a la hora de intentar un sobreesfuerzo.

John F. Kennedy, expresidente de EE. UU., asesinado en 1963, fue un líder motivador. Sus discursos, casi siempre, estaban dirigidos a motivar a un país que estaba viviendo un momento histórico, de grandes desafíos. Algunas de sus frases, como «no te preguntes lo que tu país puede hacer por ti; pregúntate lo que tú puedes hacer por tu país», son una clara muestra de ello. Igualmente, cuando afirmó el propósito de llevar a su país a la Luna, antes del final de la década. De este modo, incentivó a todo un país y sus organizaciones a trabajar conjuntamente para lograr el ambicioso objetivo. Kennedy manejaba muy bien el aspecto emocional. Su visión audaz y su estilo motivador marcaron una época en la historia reciente.

8.3 EL LÍDER CRIÉTICO Y LA INCLUSIÓN

El líder criético es una persona que sabe que la diversidad es fuente de riqueza. Al ser diversos, también son diversos nuestros puntos de vista y más se puede lograr. Pero esto, si se consigue integrar dicha diversidad de un modo adecuado.

El líder criético es un líder inclusivo. El ser un líder inclusivo se refiere a varios aspectos. En primer lugar, como consecuencia de la multiculturalidad que estamos viviendo, los equipos de trabajo son diversos. Y son diversos en varios ámbitos. Muy presente tenemos en mente el aspecto de la igualdad entre hombres y mujeres. Este es un debate muy manido, aunque hoy en día es cada vez (salvo en determinados campos) mayor la igualdad. El hecho de no favorecer a un determinado género sobre otro se hace evidente, más allá de las lógicas características y diferencias naturales que existen entre hombres y mujeres. El que se tengan los mismos derechos es tan obvio que no necesita explicación. Del mismo modo, por coherencia, no se puede pedir igualdad en unos casos y tratos de favor (por ejemplo en forma de discriminación positiva) en otros. Esto solo es fruto del desconocimiento (en el mejor de los casos) o del fanatismo. Precisamente, esta diversidad es la que aporta riqueza, como he apuntado.

En todo caso, la inclusión como elemento natural en las organizaciones hoy se hace imprescindible, ya que casi todas las organizaciones son de carácter internacional. Y lo son cuando cualquier eslabón de la cadena de valor está fuera del territorio nacional. Si esto es así, el respeto, y no solo eso, sino también el apalancamiento en la realidad del origen de cada trabajador, proveedor o de otros, es, asimismo, positivo, pudiendo, incluso, convertirse en una ventaja estratégica. Además, el hecho de sentirse incluido, respetado y valorado hace que los trabajadores sean más productivos al estar más satisfechos, al margen de las ventajas que se pueden derivar del conocimiento de un determinado mercado.

Gran parte de mi vida la he desarrollado en un entorno internacional. Han sido frecuentes los proyectos en los que hemos tenido que establecer grupos de trabajo. De modo no sorprendente, aquellos compuestos por personas con distintos orígenes en cuanto a nacionalidad, religión, sexo y experiencias con frecuencia han sido los más creativos y han ofrecido mejores resultados. Esto se debía, en líneas generales, a aportaciones que no se contemplaban desde una perspectiva única. Todos aportaban desde una óptica conforme a sus características. Desde el respeto, se ponen todas sobre la mesa y se debaten, eligiendo la mejor alternativa. Esta observación la he comentado con colegas. Ellos afirman este mismo pensamiento.

Desde un punto de vista académico, los grupos compuestos por alumnos diversos (aunque no siempre) por lo general llegan a mejores conclusiones. Cierto es que tras un período que suele ser más largo, de discusión, pero finalmente las soluciones son más completas y adecuadas.

Esta inclusión va más allá del género o la nacionalidad. Asociado, aunque no limitado, también nos encontramos al religioso. En un mundo globalizado, el hecho de contar con trabajadores de otras religiones es y va a ser cada vez más frecuente. La inclusión tiene que ver son ser tratado de modo correcto y respetuoso, pero, yendo más allá, sacar ventaja de este aspecto. El entendimiento de clientes, mercados y talento diverso es, por tanto, un aspecto del que el líder tiene que sentirse responsable. Como señalan Juliet Vourke et al. (2020) en *The key to inclusive leadership*, el líder inclusivo presenta las siguientes características:

- Compromiso visible: el líder debe presentar y hacer evidente un auténtico compromiso por la diversidad, cambiar el *statu quo*, hacer responsables a otros diferentes y hacer de la diversidad y la inclusión una prioridad. Este compromiso parte de una verdadera consciencia respecto a la importancia de contar con distintos puntos de vista. Seguramente, la mayoría de nosotros tendemos a pensar que nuestro modo de afrontar las cosas es el más válido, o incluso el único, pero la experiencia nos ha demostrado que esto no es cierto. Y que cuanto más se abra la capacidad de razonamiento a otras realidades, más eficientes somos.
- Humildad: si la humildad es esencial en cualquier aspecto de la vida, más lo es en el caso de un líder. Y particularmente en el de nuestro líder criético. El líder humilde se muestra cercano a la realidad de las necesidades comunes de los colaboradores. La capacidad para reconocer los errores propios y las consecuencias que acarrean es esencial en nuestro modelo de líder. Esto es especialmente significativo en un entorno en el que el liderazgo (especialmente cuando está identificado con la jerarquía) está rodeado de halagos y adulaciones.

  En muchos casos, estos halagos provienen de colaboradores con poco espíritu crítico y solo es merecedor de ser tenido en cuenta cuando quien lo lleva a cabo es alguien con criterio. El líder humilde, además, es capaz de reconocer el trabajo y las propuestas de los colaboradores, incluso siendo mejor que las suyas. Para hacer esto, hace falta ser ciertamente valiente, ya que a todos nos cuesta aceptar sugerencias que superen las nuestras, ya que nos dejan en un lugar de vulnerabilidad. Precisamente en este punto, el análisis crítico cobra importancia, ya que nos permite analizar todas las ideas sin la pasión que sugieren nuestros planteamientos, además de dotar de objetividad (o, cuando menos, falta de arbitrariedad) cualquier análisis. El reconocimiento de nuestros límites o, si se diera, incompetencia ante algunas situaciones forma parte, asimismo, de dicha humildad. Además, se trata de estilos de liderazgo que, normalmente, están alejados de los focos. Se busca trabajar, no lucir.

- Curiosidad y aceptación por los planteamientos de los demás: la curiosidad es el motor del aprendizaje. Un líder curioso que acepte y valore las opiniones de los colaboradores es una persona que, además de mostrarse dispuesto a aprender, es capaz de recopilar una buena cantidad de propuestas que, muy probablemente, van a ayudar a resolver el problema.

  Cuanto más diverso sea el grupo, más soluciones alternativas se van a proponer. Del mismo modo, distintos modos de pensar se han revelado como una excelente fórmula para encontrar soluciones innovadoras a los problemas. Todo ello, sin considerar que, teniendo en cuenta lo global del mundo en el que nos movemos, los receptores de las medidas son igualmente diversos, por lo que esa mirada abierta y exenta de prejuicios solo puede aportar cuestiones positivas.

En las organizaciones, además, cada vez con más frecuencia se van a mezclar trabajadores de distintas generaciones. Esto no es nada nuevo respecto a lo que ha ocurrido en el pasado, ya que forma parte de la evolución de las empresas y sociedades. El matiz está en que esa brecha en la forma de entender el trabajo es cada vez mayor.

En el pasado, distintas generaciones no mostraban tanta diversidad de comportamientos derivados de la educación, percepciones e intereses. Ahora sí sucede así.

El líder criético debe tener inteligencia para, por un lado, adaptar su tipo de gestión y, sobre todo, de comunicación a las distintas generaciones que conforman la realidad empresarial y, por otro, a alinear esas distintas generaciones, con distintos intereses y motivaciones para lograr el fin conjunto de la organización.

La inclusión tiene que ver con la diversidad. Y el líder criético sabe que en dicha diversidad está la riqueza; el verdadero valor. Y también sabe que, precisamente por eso, porque no todos somos iguales, podemos aportar cosas distintas. Y esto no está reñido, obviamente, con que todos tengamos los mismos derechos (y también las mismas obligaciones; no se nos vaya a olvidar), pero si tratamos a todo el mundo igual, se erosiona dicha diversidad que tanta riqueza aporta. Tendríamos que empezar por pedir los mismos baremos en pruebas físicas de acceso a determinados cuerpos a hombres y mujeres; también pasaría por eliminar el uso del velo a las mujeres musulmanas en ciertos ámbitos o no considerar si determinada religión no permite la alimentación de determinados productos, por poner soólo algunos ejemplos.

La diversidad es fantástica y fuente de riqueza y la alineación en pro de unos objetivos comunes, también lo es. Como lo es que todos tengamos los mismos derechos (y obligaciones). La falta de coherencia y la demanda de igualdad para lo que interesa y no para lo que no interesa, no lo es. Esto solo deriva del fanatismo, de lo que el líder criético no participa.

8.4 El líder criético y la inteligencia emocional

La inteligencia emocional tiene que ver con cómo gestionamos nuestras emociones y, así, nos adaptamos a las situaciones de un modo óptimo. La inteligencia emocional nos ayuda a conectar con otras personas, negociar y resolver conflictos de manera más eficiente, fomentar más relaciones y que estas sean más sólidas y expresar nuestros sentimientos más adecuadamente.

Daniel Goleman es el mayor referente de la inteligencia emocional. En sus estudios señala que esta inteligencia emocional se puede desarrollar, lo que es una buena noticia. Para los líderes, la inteligencia emocional representa un aspecto muy importante, ya que, además de ayudarle a adaptarse mejor a las situaciones en las que se va a ver desenvuelto, sus capacidades se verán aumentadas a la hora de comunicarse eficazmente con los demás y sacar su máximo potencial.

La inteligencia emocional, de acuerdo con el autor, consta de dos partes que, a su vez, se subdividen.

- La primera tiene que ver con el ámbito interno y se divide en:
  - Autoconocimiento

    Consiste en el conocimiento de nuestras propias emociones. Y ello es más rico cuánto más nos observemos y los estímulos o las situaciones a las que nos veamos expuestos sean más numerosos. El líder debe hacer un trabajo permanente de análisis de las emociones que lo atraviesan y cómo se comporta en cada caso. Si las circunstancias son siempre las mismas, la muestra que nos permita conocernos no va a ser lo suficientemente representativa y solo conoceremos una parte. Si no es suficiente con nuestra observación, elementos como el *coaching*, *mentoring* o personas de nuestra confianza nos pueden ayudar. El líder criético pide retroalimentación a las personas de su confianza. Y esto no solo se refiere al ámbito profesional, sino también al personal. Seguramente, el grado de exposición ahí es menor y, por tanto, también lo es el riesgo.

    Este conocimiento, además, requiere de una adecuada evaluación. De poco sirve el conocimiento si no somos capaces de graduarlo o evaluarnos lo más objetivamente posible. Seguramente, aquí tendríamos que hablar de menos arbitrario, ya que la subjetividad, en este punto, es inevitable.

    Desde luego supone un ejercicio de valentía por cuanto a nadie nos resulta fácil evidenciar o hacer patentes nuestras vulnerabilidades, problemas o carencias, pero es imprescindible para nuestro proceso de mejora y capacitación como líderes.

    En el autoconocimiento, el líder criético debe estar muy alerta para no caer en la trampa que le ponen diversos saboteadores.
  - Autorregulación

    Tiene que ver con la gestión de las propias emociones y parte del punto anteriormente expuesto. Supone manejar de modo adecuado nuestras emociones y su derivada en forma de comportamientos ante las situaciones. Aquí, aspectos como el autocontrol, transparencia, adaptabilidad, inciativa y «optimismo sereno» son importantes. Me quiero referir a este último punto. Siempre se habla del optimismo como una virtud. Y creo que lo es, siempre que nazca de un análisis adecuado, sin pasión ni prejuicios y que no sea alocado. Esto tiene que ver con el pensamiento crítico. Si se peca de optimismo sin análisis, seguramente nos llevará al precipicio, como tantas ocasiones ha sucedido. Por tanto, este «optimismo sereno», equilibrado y sustentado en el análisis de la situación y las capacidades se torna esencial a la hora de liderar, como hemos mencionado más arriba. De otro modo se convertiría en locura.

El segundo punto que tiene que ver con la autogestión de las emociones se refiere a la automotivación. Siempre esperamos que la motivación nos venga de fuera; que sea algo extrínseco. Esto no siempre es posible, especialmente cuando las perspectivas no sean tan favorables como nos gustaría. Aquí la automotivación, en muchos casos, revestida de esa tan aludida resiliencia, gana enteros. Se trata de buscar aspectos que nos hagan superarnos día a día y ser capaces de encontrar esos elementos que nos hagan levantarnos cada día con ganas de luchar. Y cuando esto no sea posible, seguramente tengamos que apelar a la disciplina. Es decir, si no encontramos la motivación para hacer algo, tal vez sea cuestión de apretar los dientes y hacerlo aun a pesar de que no sea lo que más deseamos. Tenemos un buen ejemplo en las palabras de nuestro campeón Rafa Nadal, quien habla de «conjugar el verbo aguantarse». Esto es, no me apetece, pero lo hago. Y seguramente la motivación encontrará paso entre esa disciplina.

- En cuanto al externo, cabe distinguir:
  - o Conocimiento social

    Tiene que ver con el conocimiento del entorno de nuestras relaciones. Aquí se refiere a elementos como la empatía, conocimiento de la organización y servicio.

    Empatía es un término que se utiliza con mucha frecuencia y menos rigor. Uno de esos que todos, para adornarnos, decimos que utilizamos, pero pocos se preguntan, de verdad, por el verdadero significado y, más allá, por las implicaciones.

La empatía tiene que ver con la capacidad de ponerse en lugar del otro. El problema es que, con asiduidad, lo hacemos desde una perspectiva en la que se juzga y desde nuestro punto de vista nos permitimos racionalmente aconsejar. La empatía, si se profundiza, tiene que ver con sentimientos.

Las decisiones no solo se toman de un modo racional. Si fuera así, con estudiar algunos elementos lógicos, todo quedaría resuelto en cuanto a la toma de decisiones. Aquí habría que referirse a tratar de comprender cómo siente el otro y qué motiva su comportamiento. Y hacerlo sin juzgar, tratando de entender qué hace que vea un determinado elemento de cierto modo. Esto nos ayudará a comprender cómo motivar a la persona. Para este ejercicio, el líder criético trata de comprender el origen de las personas. En muchos casos, determinan nuestras creencias y nuestra manera de ver las cosas. Es fácil juzgar desde nuestra posición de comodidad.

El conocimiento de la organización supone el entendimiento de las relaciones formales e informales que mueven la toma de decisiones. Y ello tiene que ver con el organigrama, pero también con el modo en que se comporta cada persona motivada por la influencia de los demás miembros de la organización. Y la cultura de empresa. Es esencial para entender cuáles son determinadas dinámicas y marcos de referencia que nos ayudan a comportarnos. Desde esos elementos, el líder encuentra el ámbito y modo que permitan prestar servicio al grupo para que lo apoye en ese objetivo común.

- Gestión de las relaciones

  Las relaciones son esenciales en cualquier organización. De hecho, hoy en día más, incluso, que la competencia técnica. En este sentido el líder ha ido evolucionando desde un técnico a un «gestor social». Algunos autores, como Brian Tracy (2014), llegan a afirmar que es lo más importante en una organización. Llevarse bien con todos es muy complicado, por lo que la identificación de quiénes deben quedar satisfechos es importante. Una buena relación con esas personas facilita, si no la promoción, el mantenimiento y crédito en una organización.

Barack Obama, expresidente de Estados Unidos, representa dicho liderazgo a través de la inteligencia emocional. Varios son los momentos y aspectos de ello:

- Empatía mostrada en ciertos discursos tras alguna tragedia nacional, como la masacre en la discoteca Pulse en Orlando. En ellos, mostraba comprensión con las víctimas y sus sentimientos.
- Autocontrol emocional: en momentos de máxima tensión, como los que tienen que ver con la toma de decisiones relevantes y mucha presión, tanto pública como privada.
- Comunicación efectiva, tratando de conectar con la audiencia y mostrando una alta escucha activa.

En definitiva, la inteligencia emocional va más allá de lo profesional y es una excelente herramienta que nos ayuda en la vida. Tengámosla en cuenta y encontraremos, en su desarrollo, un maravilloso elemento de progreso.

8.5 EL LÍDER CRIÉTICO Y EL SENTIDO DEL HUMOR

El sentido del humor se ha convertido en un elemento indispensable de convivencia hoy en día. En una sociedad cada vez más estresada, caótica y tensa en el modo de entender las relaciones, el sentido del humor se configura como un elemento de distensión y facilitador de las relaciones.

El mundo organizativo no es ajeno a esta realidad, y cada vez son más quienes ven en el sentido del humor un elemento que ayuda en la gestión de las personas y supone un importante catalizador a la hora de obtener lo mejor de cada uno de sus miembros y del equipo en su conjunto. Desde luego, constituye un importante elemento para la creación de un buen ambiente laboral. Supone abordar los problemas desde una óptica menos trascendental y, por lo tanto, ayuda en la toma de decisiones, ya que se desdramatizan las consecuencias. Esta es una de las razones por las que, con frecuencia, no se toman muchas de ellas, amparándose en análisis eternos que finalizan con la decisión de no tomar ninguna, con el consiguiente riesgo de inadaptación a una nueva realidad.

Tanta importancia tiene este elemento que algunas instituciones de reconocido prestigio han decidido incorporar el sentido del humor en su modelo de liderazgo. Este es el caso de la Universidad de Stanford, con un programa ejecutivo denominado «Humor: Serious Business».

Durante mucho tiempo se ha tendido a pensar que para dirigir un negocio o, en general, un equipo hay que mostrarse serio o circunspecto. Recientes estudios vienen a demostrar lo contrario. De hecho, un estudio llevado a cabo por la HBR habla de que los líderes con sentido del humor son un 27% más admirados y logran un 15% más de compromiso de sus equipos. Algunos autores están logrando un éxito muy notable con estudios, artículos y libros sobre este tema, como es el caso de Sergio de la Calle, con su libro *Lidera con sentido del humor*. Esto demuestra el creciente éxito que este tema está teniendo.

Seligman y Peterson (2005), padres de la psicología positiva, afirman que el sentido del humor es una de las fortalezas del ser humano. Desde luego, supone un buen antídoto contra la adversidad y ayuda a la innovación. Y lo hace desde el momento en que uno se atreve a proponer elementos que se salen de lo normal sin la losa de un juicio sumarísimo o demasiado riguroso. Desde el momento en que apoya la innovación, ya se trata de un aspecto digno de ser tenido en cuenta.

El sentido del humor es esencial cuando existe algún tipo de discrepancia, ya que el enfoque de divergencia es mucho más saludable y bien aceptado.

Algunos autores, como Manfred Kets de Vries (1994), psicoanalista holandés muy orientado al cambio en las organizaciones, afirman que esta es una de las 4 H con las que debe contar un buen líder: humor, humildad, humanidad y esperanza (*hope*). Cuando los líderes utilizan el sentido del humor, la comunicación entre individuos se optimiza y los colaboradores están más contentos y más dispuestos a llevar a cabo acciones que promuevan la eficacia en la organización.

El sentido del humor hace que la distancia entre los individuos sea menor y se facilita un intercambio de información y retroalimentación que son de gran utilidad en las organizaciones.

En momentos de tensión, el sentido del humor ayuda a distenderla, rompiendo posiciones enconadas y abriendo un espacio para la ilusión en el entramado de complejidad, dificultad y presión.

El sentido del humor nos acerca al resto del equipo. Esta muestra de humanidad influye en la mayor vinculación del grupo con nuestra propuesta. Además, supone un elemento de cohesión del equipo

La materialización del sentido del humor es la risa. La risa, está estudiado, modifica nuestro estado mental y disposición hacia una más optimista y relajada. En consecuencia, más eficiente. Pero, además, la risa es contagiosa, con lo que el beneficio es compartido. Si un equipo se encuentra mejor y con mejor disposición, se muestra dispuesto, además, a ayudar más y hacerlo de una manera proactiva.

Como señala mi amigo Javier Lorente, el sentido del humor ayuda al optimismo, que no al graciosismo. Señala que hay diferencias sustanciales entre contar chistes y tener una visión optimista de la vida y de las situaciones profesionales, lo que cuenta mucho más positivamente que el primer elemento.

El sentido del humor necesario en las organizaciones, el más efectivo y detonante de la diferencia, es el irónico, el sentido del humor fino, el que es capaz de desdramatizar una situación de la manera más sutil y divertida, pero huyendo del simple y basto. Esto lo único que lograría es el rechazo por parte de los miembros del grupo. Además, el sentido del humor parte de algo esencial, que supone reírse de uno mismo; de no tomarse demasiado en serio. Incluso, como aspecto táctico, antes de permitirse afrontar ciertos temas, conviene exponerse uno mismo y que el grupo vea que se parte del ejemplo. Esto, esencial en aspectos de liderazgo, como se ha apuntado, ayuda a que los demás vean este tema de una manera menos ofensiva y que acepten mejor cualquier planteamiento.

Hay que señalar, por otra parte, que el sentido del humor fino y elegante no es fácil de impostar, por lo que es percibido como una muestra de inteligencia por parte del grupo, lo que ayuda en esta tarea de apoyo. El líder criético no está permanentemente haciendo bromas con la intención de hacer reír a los demás. Lleva a cabo un humor fino, sensible, irónico..., inteligente, en definitiva. No debemos caer en la tentación de hacer una broma ante cualquier circunstancia, ya que lo poco agrada y lo mucho cansa. Además, es importante tener confianza suficiente con aquellos de quienes me voy a rodear, ya que, de otro modo, se podría considerar una crítica sarcástica, lo que lograría el efecto contrario.

Richard Branson es un buen ejemplo de líder con sentido del humor. Es el fundador del Grupo Virgin. Son conocidos su talante y capacidad para mantener un ambiente de trabajo divertido y con gran sentido del humor. Esto le ha servido para mantener un alto grado de compromiso entre sus colaboradores. El propio Branson, en ocasiones especiales, aparece disfrazado y, en ocasiones, sanamente provocador. Esta capacidad para reírse de sí mismo y desdramatizar es muy valorada por los miembros de su equipo. Ayuda a facilitar las cosas y hacerlas más divertidas.

8.6 El líder criético y la imperfección

El líder criético sabe que nadie es perfecto. Todos tenemos aspectos positivos y una gran dosis de elementos claramente que mejorar. Y por eso no se muestra a los demás como una persona carente de errores. Se reconoce vulnerable. Y, aunque no hace gala de ello (sería demasiado impostado y manipulador, además de poco inteligente), lo acepta delante de los demás.

El concepto vulnerabilidad para el líder se puede analizar desde dos perspectivas. La primera tiene que ver con la capacidad del líder de identificar las debilidades que el sistema no logra ver u observar. Un líder debe ser capaz de, mediante el adecuado conocimiento de la organización, ver cuáles son los elementos de esta que no funcionan adecuadamente. Esto debe hacerse siempre desde una perspectiva constructiva. Como hemos dicho con anterioridad, la crítica fácil sobre lo que no funciona no es edificante y solo tiene un propósito destructivo. Es importante, por tanto, que se conozcan las razones sobre por qué algo se está haciendo de una determinada manera.

Por experiencia, puedo señalar que algunos modos de hacer las cosas en una empresa no me han parecido bien hasta que he profundizado (o me han explicado) las razones que impulsaban dicho modo de actuar. Esto requiere, a la vez, profundidad y perspectiva. Profundidad para conocer en detalle las implicaciones de una decisión y cuáles fueron las razones de implantar una determinada política. Y perspectiva para ver más allá respecto a quiénes y cómo se ven afectados en un momento determinado.

La consideración de qué es lo que podría pasar si se flexibilizasen determinadas cuestiones y el hecho de tener que tomar soluciones arbitrarias o excesivamente costosas en una organización pueden ayudarnos en el entendimiento de estas políticas o, simplemente, formas de hacer.

Esto no quiere decir que seamos conformistas. Bien al contrario, la obligación del líder debe ser siempre la de buscar puntos de mejora y además ser capaz de proponer soluciones alternativas. La simple crítica de aspectos que no funcionan o simplemente que se podrían mejorar supone solo recorrer medio camino si no viene acompañada de soluciones y propuestas que supongan un impacto positivo para la organización en su conjunto. Aquí es donde la capacidad de comunicación juega un papel importante.

Con frecuencia sabemos lo que queremos decir, pero no sabemos cómo expresarlo. Una comunicación adecuada, tanto en forma como en fondo, son esenciales. Para ello, es importante hablar del porqué algo no está funcionando con datos, y hacerlo de una manera analítica y exenta de pasión. Cuando esta entra en juego se pierde la razón. Además, se entra en una inflación de egos que no son nada edificantes para la solución. Por otra parte, en la comunicación de las áreas de mejora, siempre hay que hacerlo desde una óptica técnica y no personal, es decir, no hay que criticar a quien tomó la medida, sino dicha medida, haciendo ver, por otro lado, que tal vez las circunstancias que motivaron dicha medida eran otras a las actuales y que posiblemente, con la información de que se disponía en ese momento, era la adecuada.

No olvidemos que una medida es correcta si se toma con coherencia respecto a la información de que se dispone en un momento determinado. Es fácil, con el tiempo, decir que la decisión no era la adecuada, pero puede haber habido circunstancias que no existían en el momento que generaron dicha medida. Además, la identificación del destinatario adecuado supone también una habilidad del líder. Cuántas veces habremos oído aquello de «no es mi problema». Esto tiene que ver con que la persona destinataria del mensaje no se ve afectada o no tiene la capacidad de decisión sobre el asunto en cuestión. Conocer las palancas de decisión en una organización es muy importante. Normalmente tiene que ver con la estructura formal, ya que los procedimientos se articulan con base en esta, pero también la estructura informal juega un papel relevante. No todos los miembros en una organización juegan el mismo papel ni en el mismo momento ni para los mismos asuntos. De este modo, conocer las redes de influencia en la organización es esencial para ser lo más eficiente.

Por otra parte, la vulnerabilidad tiene que ver con uno mismo. Mostrarse vulnerable, lejos de alejar a los demás, los acerca y hace que estén más comprometidos. La frase «nadie es perfecto» es muy escuchada, pero poco reflexionada. Muchas veces la mencionamos porque es políticamente correcto, pero, con frecuencia, no nos la creemos cuando nos referimos a nosotros mismos. Y, si esto es así, procuramos que no se haga evidente, ya que manifestar nuestros errores pensamos que nos deslegitima y nos hace perder autoridad, cuando, en realidad, no es así. Un espíritu autocrítico, que no autocastigador, está en el origen.

De modo permanente el líder debe revisar sus actuaciones. Y, posteriormente, valorar en qué se ha equivocado para, de este modo, corregir si es posible y, si no lo es, proceder de modo diferente la próxima ocasión.

Por último, mostrar humildad para transmitirlo constituye una evidencia de humanidad, capacidad y deseo de mejora y cercanía. Ni las circunstancias ni las personas son como se muestran, y detrás de una imagen de seguridad y éxito se esconden muchos temores, inseguridades y casualidades o redes que apoyo que han llevado a este y que, por lo general no se mencionan. Por el contrario, pedir perdón cuándo algo no se ha hecho bien, solicitar ayuda si se necesita o asumir que se está sobrepasado por determinadas circunstancias muestra el lado más humano del líder y hace, además, que crezca la adhesión por parte de los seguidores.

Todo lo anterior no hace que el líder criético vaya haciendo gala de imperfección o mostrando ser un blando. Al contrario, el líder criético, acepta el error y la imperfección, pero hace lo posible por mejorar cada día y autoexigirse mejorar en cada momento, afrontando con coraje las situaciones. A veces confundimos los términos y pensamos que mostrándonos sensibles conseguiremos más aceptación. Esto no es así. Se nos puede ver como débiles.

El líder criético es consciente del balance que tiene que tener entre la aceptación de la vulnerabilidad y la imperfección propia de cualquier ser humano, e ir pregonando debilidad en el falso pensamiento de que eso le acerca a los demás es un error. Se es imperfecto, se trabaja en ello, se pide ayuda y se gestiona con seguridad. Así, sí es bien aceptado: por humano y por espíritu de superación.

La trampa del perfeccionismo

Ser ambicioso es positivo. Solo desde la ambición se puede progresar. Cuando alguien es ambicioso, hace todo lo posible de su parte para lograr hacer las cosas de la mejor manera.

Hacer las cosas bien es, además, imprescindible. Hay que hacer las cosas de la mejor manera posible. Sin embargo, el perfeccionismo, cuando se convierte en obsesión, es negativo. Nos hace que no calibremos adecuadamente el impacto respecto al resultado. Este impacto puede ser tanto en horas como en desgaste.

Cuando exigimos a los demás, fruto de nuestro comportamiento, hacer las cosas perfectamente y siempre, estamos poniendo en ellos una carga y desgaste psicológico que no siempre compensa. No nos referimos a no hacer las cosas bien. Estoy hablando de cuando esta actitud es enfermiza. Se convierte en una obsesión y hace que los demás sufran también esas consecuencias. Esto parte de un autoconocimiento, pero, además, de una adecuada medición de las repercusiones en todos sobre nuestro planteamiento.

Cuando este perfeccionismo se convierte en obsesivo, se da poco margen a la autonomía y hay un efecto indeseado en la confianza. Los colaboradores se sienten observados, monitorizados y permanentemente controlados, ya que el perfeccionista tiene como propósito no solo el resultado, sino también el proceso. Esto genera una alta desafección, ya que ninguno queremos trabajar bajo el yugo permanente del control.

La experiencia nos demuestra que este permanente control genera mucha ansiedad en los trabajadores, con el consiguiente coste que ello supone. Desde un punto de vista personal, problemas de relaciones, enfermedades, etc. Desde un punto de vista laboral, en forma de bajas o, en general, de baja motivación, los resultados se ven mermados de manera importante. Esto hace que las ganas de hacer las cosas bien se vean eclipsadas por el síndrome del perfeccionismo con relevantes repercusiones tanto a nivel individual como colectivo. Es importante saber gestionar este aspecto por parte del líder.

El líder sabe que la perfección nace de la mentira y que nadie ni nada es perfecto. Nuestro líder criético es consciente de que, aunque cuente con el apoyo del grupo, comete muchas imperfecciones.

El origen de estas imperfecciones es muy diverso. Desde el desconocimiento de la realidad hasta una mala evaluación de esta, pasando por una determinada incapacidad para gestionarla. Son aspectos distintos. En un caso supone no ser consciente de lo que pasa y en otro no haber medido bien el impacto de los hechos para configurar un marco global preciso y que nos permita predecir cómo se comportará.

Igualmente, el inadecuado manejo (en algunos casos por desconocimiento y en otros por conflicto de intereses o inadecuada gestión personal) de los miembros del grupo. Estos hechos hacen que el líder cometa errores. Eso no es grave. La gravedad tiene que ver con la gestión posterior del error. El líder criético los asume y aprende de ellos. Es consciente de lo que ha pasado y trata de solucionarlo. Y si, en el camino, ha causado algún perjuicio pide perdón y lo asume con gallardía. Lejos de ser humillante, esto dignifica al líder y le hace ganar en aceptación y humanidad. Se le ve más cercano, que es lo que se pretende de un líder. El líder criético sabe que la soberbia es la enemiga del liderazgo.

La relación que el líder criético debe establecer con la imperfección no solo se refiere a su persona, sino que tiene que ver con la consideración de las acciones de los miembros del grupo. No sería coherente aceptar que uno se puede equivocar y no ser permisivo con los errores de los demás. Aquí es esencial que se muestre cercanía y apoyo a los miembros del equipo, gestionando el tipo de error (los hay más o menos graves) por su impacto, por el procedimiento y por la causa. Y aquí me referiré, de nuevo, a la diferencia entre aptitud y actitud. Si es por la primera, se explica cómo hacerlo mejor; se forma; se apoya. Si es el segundo caso, se trata de reconducir, pero si se persiste en la falta de actitud o se muestra una negativa, se toman medidas. De igual manera, el modo de aceptar el error por parte del colaborador es importante. En la gestión, hay que ayudar una vez se ha aceptado dicho error.

En la andadura profesional, al igual que en la personal, he tenido ocasión de encontrarme con personas que reconociendo sus errores y, a través de ellos, mostrándose más cercanas han demostrado su liderazgo.

Miguel (nombre real), como director de RR. HH., tuvo muchos éxitos en un momento muy importante de transición de la marca automovilística Citroën en España. Pero lo más importante, bajo mi punto de vista, es que no tenía problemas en asumir cuando él o alguien de su equipo cometíamos algún error (que hacía como propio, frente al resto). Reconocía que había habido algunas variables que, tal vez, no se habían tenido en cuenta lo suficiente. De este modo, como él decía, se aprendía la lección y se asumían las consecuencias. Esto le hacía más accesible y ganaba en liderazgo para el resto del equipo.

8.7 El líder criético y la responsabilidad

El concepto *responsabilidad* tiene que ver con la facultad, habilidad o capacidad de un individuo de responder por sus acciones ante los demás. Esto también implica, por tanto, la capacidad para atenerse a sus consecuencias.

Cuando un jugador de fútbol, en una final decidida por penaltis, asume la responsabilidad, lo que está haciendo es asumir las consecuencias de la ejecución de la tarea de lanzar dicho penalti. La presión es máxima, por lo que no siempre es fácil, ya que, si bien a todos nos gusta la gloria, la posibilidad de fallarlo determina una carga mental muy alta.

Del mismo modo sucede en el panorama empresarial. Seguramente de modo menos puntual, pero, incluso, más dramático, por cuanto muchas familias dependen de las decisiones del líder. Por otra parte, entenderíamos responsabilidad como el modo de hacer algo con calidad o seriedad, siendo conscientes de que hay que asumir las consecuencias de estas.

El liderazgo supone también una alta responsabilidad. Esta alta responsabilidad tiene que ver con la autoobligación de velar por el bienestar de los miembros del grupo. Esto es especialmente relevante cuando hay situaciones de inestabilidad o zozobra.

En momentos difíciles es cuando todos necesitamos a alguien que nos ayude en cualquiera de los modos en que esto sea entendido, y el líder es esa persona. Por tanto, la responsabilidad del líder es alta, y más en los tiempos que estamos viviendo. Momentos de cambio exigen líderes determinados, consecuentes y capaces, y estos son momentos en los que el cambio es de las pocas cosas que tenemos claras como necesarias. De no hacerlo, el coste puede ser demasiado alto.

El liderazgo impacta de manera sustancial en el rendimiento, compromiso y bienestar de los trabajadores. Acabamos de vivir una pandemia y ella nos ha puesto de manifiesto algunas cosas. Una de ellas es que detrás de mucha palabrería pocos fueron los capaces de instrumentar soluciones sensatas, de impacto positivo y duraderas.

Otro de los elementos que se han evidenciado es que nos podemos encontrar con líderes en cualquier ámbito: social, sanitario, político, empresarial o cualquier otro.

El tercero tiene que ver con una realidad inquietante y es que, aunque son diversos los ámbitos, los líderes no han sido tantos; no ha habido tantos a los que seguir, apoyar y por quienes nos hubiéramos implicado.

Además, la responsabilidad del líder tiene que ver con el impacto que su producto o servicio tiene en la comunidad, pensando más allá del valor puramente económico. Por ello, el líder criético analiza el impacto de sus decisiones en todos los grupos de interés, tanto internos como externos.

Cuando existe responsabilidad por parte del líder, esto se refleja en la confianza que todos tienen en él. Por poner un ejemplo, el líder criético, al ser consciente de las consecuencias de sus acciones, sabe la capacidad de sus colaboradores y no les va a exigir más de lo que pueden aportar, aunque tampoco menos para, por un lado, obtener el máximo rendimiento de ellos y, por otro, que se desarrollen lo más posible.

La responsabilidad genera confianza y eso es, precisamente, lo que necesitan todos los grupos de interés. La responsabilidad requiere del establecimiento de unos objetivos definidos y unos planes de acción concretos orientados a su consecución, además de solicitar permanente retroalimentación y establecer mecanismos de compensación adecuados.

La tarea del líder no solo es ser responsable, sino establecer esta responsabilidad en todos los miembros del equipo. Cuanta más responsabilidad por parte de todos, mayor eficacia en la consecución de los objetivos desde la confianza que se genera por parte de todos.

La responsabilidad para las grandes acciones se cimenta en aspectos más pequeños. Si una persona es responsable para aspectos cotidianos y de poca relevancia, se va entrenando para la ejecución de grandes responsabilidades. Y el líder criético lo sabe y, a modo de entrenamiento, lo lleva a cabo e instaura entre las tareas de su equipo.

Además de lo puramente técnico desde el punto de vista empresarial, el líder tiene la responsabilidad de desarrollar a su equipo. Hacer que se sientan vinculados y miembros de una comunidad cuyos logros individuales están vinculados a los generales.

La reina Isabel II de Inglaterra ha sido un ejemplo por muchos años, una líder responsable. Durante su largo reinado, Inglaterra ha tenido que hacer frente a situaciones muy complejas. La monarca siempre ha estado a la altura de las circunstancias, poniendo el país en primer lugar. En ocasiones, tuvo la tentación de llevar a cabo acciones que, en lo personal, le habrían supuesto mayor satisfacción, pero, anteponiendo los intereses del país, actuó de manera responsable.

8.8 El líder criético y la comunicación

El liderazgo y la comunicación son dos aspectos que van de la mano. Madalina (2016) señala que el arte de la comunicación es el lenguaje del liderazgo. Si el líder es capaz de influir, es porque sabe comunicar. El buen líder es el que es capaz de comunicar con su equipo y hacerlo de una manera clara, motivadora y convincente. Debe llevar a cabo un lenguaje que sea comprendido por todo el mundo, adaptando su estilo al de la audiencia y contexto en el que se está moviendo. No es lo mismo un grupo de jóvenes que ejecutivos con mucha experiencia. Seguramente, cuando hablamos con nuestros hijos no lo hacemos del mismo modo que con nuestros amigos o que en el ámbito profesional. Y cuando estamos con amigos, en función del tema, tampoco lo abordamos de la misma manera. Del mismo modo, incluso para cualquiera de los grupos, no es igual llevar a cabo una comunicación en un contexto de crecimiento que en uno de crisis.

En definitiva, se trata de analizar el contexto, audiencia y situación en el que llevamos a cabo una comunicación y el tipo de comunicado al que nos referimos. Igualmente, no es lo mismo hacerlo en grupo que individualmente, donde se apela a aspectos más cercanos.

Algunas de las características que debe tener la comunicación en el ámbito del liderazgo para que sea efectiva son las siguientes:

- **Claridad y concisión:** la comunicación debe ser clara, directa y fácil de entender. Aquí, como se apuntaba, es importante conocer muy bien la audiencia para adaptar el lenguaje. Hay que procurar que todo el equipo comprenda el mensaje. Para ello es importante huir de los tecnicismos. Estos son una tentación a la que se recurre, fundamentalmente, en dos tipos de situaciones: cuando uno trata de adornarse para demostrar su nivel o cultura o cuando se quiere no ser lo suficientemente claro por alguna razón. A veces, se recurre a ello, como sucede en ocasiones con políticos, cuando se pretende no comprometerse claramente con algo o alguien y solo aportar vaguedades que permitan, después, tener un cierto margen de actuación sin que se les pueda echar en cara el incumplimiento. Esto sucede con más frecuencia de la que debería.

  El líder, sin embargo, debe ser capaz de transmitir sin ese lenguaje ampuloso, adornado y petulante. Seguramente, el equipo se lo agradecerá, ya que la claridad es el elemento con el que disipar dudas, incertidumbre y miedo. Uno tiene que ser lo suficientemente maduro y humilde como para no buscar el halago fácil basado en un supuesto conocimiento. Además, el mensaje debe ser directo, claro y conciso, no buscando alargar los razonamientos de manera artificial. Los publicistas saben mejor que nadie la importancia de un mensaje claro y directo. Se comprende y procesa mejor, lo que ayuda en la activación de los mecanismos de actuación.

- **Escucha activa:** este es un término que se viene utilizando los últimos años cuando se habla de comunicación y tiene que ver con escuchar, pero hacerlo realmente, desde el intento de comprensión del punto de vista del otro. Cuántas veces no estaremos escuchando (o simulando hacerlo) mientras estamos preparando la respuesta que vamos a dar, casi, con independencia de lo que finalmente aporte. En nuestro ánimo de quedar por encima, lo de menos es lo que el otro diga. Yo ya estoy dispuesto a rebatir con mis argumentos, incluso aquello que no se haya dicho.

  Esta escucha activa implica, por el contrario, escuchar con atención las perspectivas y preocupaciones de los miembros del equipo, intentando una visión lo más completa del punto de vista de los demás.

  Para llevarlo a cabo, algo que brilla por su ausencia es el hecho de no interrumpir a los demás cuando hablan. Si se interrumpe, además de muy mala educación, se está mostrando una falta de respeto que va en contra de los principios elementales del liderazgo.

  En segundo lugar, para comprender totalmente (o la mayor parte) del punto de vista de los otros es importante preguntar. Y que estas preguntas huyan del juicio. Que lo hagan de una manera neutra, con la sola intención de recabar información, intentando, además, discernir lo que es información de sentimientos.

  La información es incuestionable. Y se trata de saber interpretarla, pero también los sentimientos, si se exponen sinceramente, deben ser tenidos en cuenta. Si liderar tienen que ver con motivar y desarrollar, los sentimientos juegan un papel clave.
- **Empatía:** el líder criético debe ser capaz de comprender las motivaciones, intereses y preocupaciones de los miembros del equipo. Consiste en, poniéndose en la posición de los demás, comprender sus perspectivas. Esto implica conocer muy bien los elementos que conforman estos estos sentimientos.

  A veces, afirmamos ser empáticos cuando decimos qué es lo que nosotros haríamos, pero nos falta rodearnos o comprender el contexto de la otra persona.
- **Retroalimentación efectiva:** la retroalimentación es algo que todo líder tiene que realizar permanentemente. Cualquier líder, se-

gún su función, debe comunicar a los miembros del equipo, aquello que está bien o no, conforme a lo que se espera de ellos.

Una retroalimentación adecuada es la que se lleva a cabo de manera objetiva (o, cuando menos, no arbitraria), sincera, oportuna y que busca mejorar el desempeño del o de los miembros del equipo.

Por oportuna entendemos conocer muy bien el contexto sobre cuándo llevarla a cabo. A la hora de felicitar, hagámoslo en público. Esto es muy motivador para quien recibe el halago. Gana visibilidad y es muy efectiva como elemento de desarrollo. Cuando las cosas no se han hecho tan bien, es preferible hacerlo en privado. Además, explicando los motivos por los que un hecho no se ha realizado correctamente y centrándonos en el hecho, no en la persona. Siempre con espíritu constructivo y basándonos en las evidencias. Con un determinado plan de acción a futuro.

El líder criético es consciente de que, sin retroalimentación, no hay mejora y el estancamiento, cuando no error, se instala en las organizaciones. No es fácil, en ocasiones, hacerlo, pero hay que afrontarlo con valor. El establecimiento de períodos para llevarlo a cabo ayuda. La evaluación del rendimiento es una buena ocasión. Mejor si es en períodos inferior al anual. De este modo, hay margen para reconducir los potenciales errores.

- **Comunicación no verbal:** El lenguaje no verbal debe estar en consonancia con el verbal y qué se dice. Para un líder es tan importante lo que se dice como el cómo se dice. La cercanía, incluso, puede ir acompañada de esa misma cercanía en lo físico. No es lo mismo llamar al despacho a alguien para darle una noticia cariñosa que invitándolo a un café en un foro donde no exista esta jerarquía. Del mismo modo, no se trata de banalizar ciertos aspectos, mostrando demasiado compadreo.

  Una adecuada lectura de estos elementos es importante, al igual que la indumentaria o cualquier otro. Hay que saber cómo actuar en cada momento.
- **Transparencia:** cuanto más claro, directo y sin dobleces sea un líder, más logrará sus objetivos. La información que se aporte sobre objetivos, incidencias, retos y expectativas debe ser clara, transparente y comprensible. Esta transparencia no implica tener que com-

partir toda la información, lo que, posiblemente, derivaría en un caos, sino que aquello que pueda ayudar, se exponga.

- **Símbolos:** los líderes, en tanto tienen que ver con la inspiración y refuerzo de los seguidores, tienen que manejar bien el lenguaje de los símbolos. Los símbolos sirven de inspiración, y los líderes deben saber, en primer lugar, identificarlos y, segundo, utilizarlos adecuadamente.

  En la reciente guerra entre Rusia y Ucrania, estamos asistiendo a una guerra de símbolos. En un caso, el presidente ucraniano aparece con ropa muy sencilla y próxima a la de aquellos que están defendiendo su país. Además, ropa de una marca ucraniana visible. Esto sirve para una identificación de los que están luchando por su país, ya que se ven cercanos al presidente. El presidente de Rusia, por otra parte, utiliza una simbología muy asociada a la grandiosidad de la patria rusa. Grandeza y lujo y poderío son símbolos que el presidente utiliza para fomentar la vinculación y compromiso de los rusos.

  En este sentido, la comunicación es un buen foro donde se pueden exponer ciertos símbolos. La comunicación de un líder debe ser clara, alejada de complejidades técnicas y muy honesta. Apelando a las emociones.

  Cuando se recurre al corazón, se llega mejor a todas las personas y se consigue una vinculación con el proyecto cercana a la que, probablemente, quiera el líder. También es importante saber qué discurso pronunciar en cada momento. Cuando la situación es incierta y hay grandes dosis de temor, incertidumbre y miedo, seguramente sea más efectivo recurrir a un lenguaje apoyado en datos, sensato y que tranquilice al grupo. En este caso, no es conveniente llevar a cabo un discurso demasiado divertido. Los símbolos, en muchas ocasiones, son personas admiradas por el grupo. Los políticos y personalidades del mundo de los deportes lo conocen muy bien; especialmente cuando se trata de confeccionar listas. Recurrir a un antiguo jugador, admirado por el público, ayuda a lograr el apoyo de otros.

Si estos son aspectos que deben ser tenidos en cuenta por el líder en su proceso de comunicación, también hay que señalar que esta comunicación debe ser multidireccional y, por tanto, seguida por todos. ¿A qué nos referimos por multidireccional? Simplemente que se lleva a cabo del líder hacia los seguidores; de estos hacia el líder (además de una manera individual o grupal) y entre ellos. En este último caso, algunos elementos son especialmente sensibles, como por ejemplo la retroalimentación. En este caso, al no haber una jerarquía, hay que aludir a la contribución que, con un adecuado desempeño, puede llevar a cabo cada miembro del equipo. Lo recomendable es aludir al compromiso individual y a cómo se incide en los resultados de todo el grupo.

Cuando en mi desempeño profesional he tenido que hacer frente a determinados retos, el liderazgo que ha ejercido, en este caso, mi vicepresidenta de Recursos Humanos ha sido clave. Ante cualquier decisión, la comunicación se ha mostrado fundamental. Con los distintos directores de RR. HH. que la reportábamos, siempre llevó a cabo una política de comunicación que fue clave en el entendimiento de las razones que impulsaban determinadas acciones. Así, con el conocimiento y comprensión, tras los debates abiertos sobre las posibilidades y modos de afrontar los temas, las acciones se hacían más participativas, comprometidas y fluidas. La comunicación en el liderazgo, según mi experiencia, es esencial. Del mismo modo, tengo que reconocer que, cuando he liderado equipos, si en alguna ocasión no he llevado a cabo esta comunicación de un modo adecuado (como ha sucedido en algún momento), las posibilidades de éxito se han reducido considerablemente.

8.9 El líder criético y la gestión de conflictos

El conflicto potencialmente surge cuando hay dos individuos que interactúan. Desde ese momento, por posibles discrepancias en cuanto a objetivo, determinación, plazos, medios, etc., o los medios para lograrlo, puede haber conflicto. Si son varios los que interactúan, esa posibilidad de que existan conflictos crece exponencialmente, porque todos se relacionan con todos de manera más o menos explícita. En este sentido, el conflicto es parte consustancial al grupo y omnipresente en toda actividad vinculada con el liderazgo. Intentar eliminarlo es como querer verter toda el agua de los océanos en un vaso. Lo que cualquier líder tiene que hacer es saber gestionarlos. Y gestionarlos con una alta dosis de realismo, ya que, inmediatamente después de haberlo resuelto, se puede reavivar o surgir otro.

La gestión del conflicto, por tanto, de manera efectiva es una de las tareas a las que el líder va a dedicar más tiempo. En cualquier caso, como apunta Robbins (1978), la gestión del conflicto y la resolución del conflicto no son sinónimos.

La tarea del líder ha de ir en la línea de reforzar los lazos entre el equipo, reforzando, asimismo, el mensaje de que el éxito o fracaso de un proyecto será el de todos y que nadie va a salvarse o a salir fortalecido en un proyecto de equipo por encima de los demás.

El papel del líder respecto a los conflictos es doble. Por un lado, se va a ver sometido a distintos conflictos. La actividad de liderar implica que, con mucha frecuencia, hay que enfrentarse a distintas opiniones a las que uno tiene. Esto no tiene que abordarse como una cuestión dramática, sino como un punto de vista distinto. El líder criético sabe que no hay que dramatizar diferentes perspectivas y, por tanto, normalmente diferentes soluciones ante un problema.

Por otra parte, el líder debe actuar para gestionar los conflictos que van a surgir entre los miembros del equipo. Inevitablemente, el líder criético sabe que los intereses personales o, en el mejor de los casos, el distinto conocimiento de un problema, sus raíces y sus soluciones van a aparecer entre los miembros del equipo. El líder debe hacer ver que el bien del grupo prevalece sobre el interés individual.

Para resolver un conflicto, el líder debe hacer lo posible por que se manifieste. Si no sale a la luz, no se observará y, por tanto, no se podrá afrontar. Un conflicto implícito es peor que uno explícito, al igual que ocurre con la resistencia. Distintos puntos de vista sobre un asunto no suponen necesariamente conflicto.

El conflicto, normalmente, aparece cuando entran en juego visiones y sentimientos personales. Cuando se afrontan las cosas personalmente es cuando el conflicto gana enteros; entre otras cosas porque el proceso pierde racionalidad y no se encauzan los temas desde una perspectiva técnica. Además, estos conflictos están también muy influidos por la coyuntura que esté atravesando el negocio. Cuando las cosas van bien, los conflictos surgen por la necesidad que se tiene de «acceder a una mayor parte del pastel». Si las cosas no van bien, aspectos como la supervivencia o la defensa de mi puesto gana enteros y la lucha puede llegar a ser realmente encarnizada.

El líder debe ser capaz de tomar una posición proactiva en la gestión del conflicto. Esto implica, conociendo a su equipo y la situación, anticipar cómo va a reaccionar cada uno de ellos ante una determinada medida. Además, como unos influyen sobre otros, su opinión puede verse condicionada por la de otros. En caso de que el conflicto se haya creado, una correcta lectura de este y las motivaciones de cada uno son muy importantes para resolverlo de la manera más adecuada.

Para resolver de modo eficaz un conflicto, conviene dejar claro que las diferencias entre los miembros de una organización no hacen más que enriquecerla y que una cultura sólida no está reñida con hacer florecer distintas maneras de comprender y afrontar las cosas. Ahí está el enriquecimiento de un grupo.

Lo primero que hay que hacer a la hora de resolver un conflicto es ser consciente y aceptar que hay un problema en el momento de percibir un hecho o la gestión de una información. El líder criético, como apuntan Covey y Gulledge (1992), a la hora de intervenir en la resolución del conflicto debe reforzar las siguientes actitudes y conductas:

- Yo asumo tu buena fe en la intención de resolver el conflicto. No cuestiono tu sinceridad respecto a lo que planteas. Esto no quiere decir que el líder criético deba ser inocente. Al contrario. Debe acudir sin prejuicios, pero siempre con la guardia alta.
- Me importa nuestra relación y deseo resolver las diferencias. El líder criético sabe que la relación es importante y, en ocasiones, como afirma mi amigo Carlos Nieto, director de Marketing de Vehículos Industriales en Mercedes Benz España, hay que sacrificar una solu-

ción técnica por el mantenimiento de una relación que, a la larga, puede ser más beneficiosa tanto profesional como personalmente.

- Estoy abierto y preparado para cambiar. La resolución de cualquier conflicto implica que estoy dispuesto para buscar la mejor solución, no para mantenerme en mi postura y hacerla prevalecer por el inadecuado ego, limitador de tan buenas soluciones.
- Escucho para comprender. Esto implica que no estoy preparando mi respuesta mientras el otro está hablando. Lo hago para recoger información que me puede ser útil en la búsqueda de la solución. El líder criético sabe que, incluso desde un punto de vista táctico, si tratase de buscar implantar su propia solución, de las palabras del otro puede identificar lagunas o incoherencias. Es decir, incluso haciéndolo desde un punto de vista interesado, es conveniente escuchar con atención.
- Hablo para que me comprendan. No hablo para hacer ver lo bueno que soy o la inteligencia que tengo a la hora de abordar un conflicto. El líder criético habla para ser comprendido en la solución propuesta. Esto es importante, no solo a la hora de la determinación de una solución, sino que, además, en su implantación, si se ha entendido bien, se hace un proceso más sencillo y, sobre todo, eficiente.
- Comienzo desde los puntos de encuentro para, posteriormente, avanzar hacia las discrepancias. Cuando se comienza con un punto de acuerdo, las posturas se relajan y es más sencillo buscar una solución. Por el contrario, si se comienza por las diferencias, las posiciones son más duras y no es tan fácil flexibilizarlas.

La cultura empresarial también puede ayudar en la gestión de conflictos. Como señala Kazan (1997), se describen tres modelos de gestión de conflictos basados en el marco cultural de Glenn (1981). En el modelo de confrontación, los conflictos están constituidos por subtemas, y un sentido de compromiso razonable ayuda a la resolución a pesar de un estilo de confrontación.

En el modelo de armonía, la gestión de conflictos comienza con la minimización de los conflictos en las organizaciones mediante normas que hacen hincapié en la observancia de las obligaciones mutuas y el ordenamiento de los estatus. Los conflictos se definen en su totalidad, y la resolución se ve favorecida por la evitación y un estilo acomodaticio.

De modo general, en la resolución de conflictos se evidencian tres técnicas que pueden llevarnos, en un desdoblamiento, a una cuarta. Los estilos que se identifican son los siguientes:

- Evitativo: consiste en huir de la posible situación de conflicto. En muchos casos se da cuando la personalidad de alguno de los implicados es introvertida o cuando se prevé que, en caso de afrontarlo, las consecuencias pueden ser muy negativas para todos.
- Adaptativo: se da cuando cedemos parte de nuestros intereses en favor de los del otro. Esto puede deberse a que mi posición es más débil que la de oponente.
- Colaborativo: se buscan áreas en las que los intereses de los dos se satisfagan en semejante medida.
- Agresivo: normalmente surge cuando intento que prevalezcan mis intereses sobre los del otro. Y esto sucederá cuando me veo con más fuerza que el oponente. Esto puede deberse a aspectos formales (por ejemplo, organigrama) o informales en la organización.

Hay que señalar que un conflicto resuelto con un vencedor y un vencido es el germen para uno posterior. Por eso, el líder debe procurar que no exista ese sentimiento de derrota en la organización y que, de producirse, se enfoque positivamente como contribución al logro de los objetivos generales.

No debemos confundir la gestión del conflicto y que este no exista con el hecho de que no aparezca. La realidad nos indica que, en ocasiones, tras una sonrisa o cierre en falso de un determinado acuerdo, el conflicto latente puede desembocar en algo con terribles consecuencias.

En la resolución de conflictos, el líder criético sabe que lo óptimo es un acuerdo en el que las dos partes ganen. Y esto va más allá de un mal entendido buenismo, sino que es estratégicamente más eficiente, ya que se desactivan espíritus de revancha y ganas de volver a encontrarse en este u otro conflicto. Esto es muy habitual, por ejemplo, en las negociaciones sindicales, donde, sin duda, cuando se buscan soluciones que satisfagan a ambas partes, la eficacia y el espíritu de colaboración imperan y se crea un caldo de cultivo donde la confianza se abre paso y, a la larga, beneficia a todos los implicados.

Un ejemplo ya expuesto, pero que representa muy adecuadamente este punto en cuanto al liderazgo y la gestión de conflictos es Nelson Mandela. Mandela, en la transición hacia la democracia y finalización del *apartheid*, tuvo un papel protagonista en la finalización de un conflicto muy arraigado. Alguno de los elementos que hay que considerar son los siguientes:

- Reconciliación entre las comunidades blancas y negras en Sudáfrica. En lugar de la venganza, siempre abogó por el perdón y dicha reconciliación, pese a que él mismo sufrió en carnes propias muchos años de prisión.
- Comisión de la Verdad. Permitió a víctimas y causantes del conflicto hablar sobre los crímenes cometidos durante el período. Esto lo enfocó desde una perspectiva constructiva.
- Diversidad e inclusión mediante la incorporación de todas las partes involucradas. En definitiva, un verdadero líder que, en lugar de aprovecharse de su posición y tomar venganza, la utilizó para resolver el conflicto y acercar posturas.

8.10 El líder criético y la creación de líderes

El líder, además de liderar, tiene la obligación y el privilegio de desarrollar personas. Y hacerlo no solo desde una perspectiva individual, sino como miembros de un equipo.

El líder criético, lejos de buscar ser indispensable, tiene el compromiso con los miembros de su equipo de mejorar su desempeño y de que alcancen su máximo potencial. No se trata de desarrollar colaboradores, sino de desarrollar líderes. Personas que, en el futuro, puedan asumir posiciones de responsabilidad.

Paradójicamente, un líder es mejor cuanto menos indispensable se vuelve. Y ahí está su grandeza. Para que, como equipo, se logre el máximo resultado, el líder criético debe identificar cómo mejorar el rendimiento de cada uno de los miembros del equipo y, después, cómo catalizar este rendimiento para que redunde en el del equipo de una manera multiplicada. De alguna manera, supone mejorar el resultado, mejorando cada uno de ellos y su interacción.

El líder puede aumentar el rendimiento de los miembros de su equipo de distintas maneras: desde la formación (general o específica), hasta el *coaching*, por poner algunos ejemplos. En este segundo caso, nuestro líder tiene una tarea muy importante que desarrollar, pero es importante identificar las motivaciones de cada individuo. Además, deberá recurrir al «maestro ejemplo», es decir, que el líder criético haga lo que dice a los otros que hay que hacer. Que les muestre cómo hacerlo. Que sea ejemplo.

Esta tarea del líder tiene una parte no tan agradable, ya que es su obligación la de poner a los demás en situaciones no sencillas donde deban manejarse en entornos complejos, inciertos y bajo presión. Aquí se demandará la ayuda del líder, quien deberá otorgársela, pero no resolviendo los problemas, sino orientando. Tiene que hacer que salgan de su zona de confort. Así lo ve el líder criético. Solo desde la exigencia se progresa.

El verdadero líder es el que es capaz de crear otros líderes. El líder debe saber otorgar el liderazgo y el poder, cuando sea necesario, en los seguidores. De alguna manera, esto tiene un efecto multiplicador que también multiplica los resultados.

Si hemos afirmado que el liderazgo es independiente de la posición, una de las tareas del líder está en identificar quién puede, en el futuro, ser líder del mismo o de otros grupos. Para su identificación hay tres factores que considerar: actitud, aptitud y contexto. La aptitud tiene que ver con la formación de la persona. En primer lugar, para atraer la confianza del grupo es esencial que se tenga capacidad técnica y el actual líder debe identificar si la persona a quien se quiere potenciar tiene conocimientos suficientes como para afrontar la labor que, potencialmente, tendría por delante. Este conocimiento, en una doble vertiente: la técnica y la estratégica. La primera hace referencia al conocimiento de los aspectos sobre los que trata el trabajo o la tarea que desarrollar.

La segunda, para identificar hasta qué punto el líder del futuro traduce los aspectos generales en el día a día de la organización y si comprende la misión y la visión de la organización, haciendo visibles los valores de esta con su comportamiento.

En cuanto a la actitud, para que el grupo le otorgue el privilegio de liderarlos, este futuro líder debe ser una persona accesible, con una adecuada comunicación y que genere confianza. La identificación de la empatía por parte de esta persona es relevante, ya que los demás tendrán que relacionarse adecuadamente con él. El aspecto de cercanía, pero capacidad para tomar decisiones adecuadas en el momento oportuno son importantes en ese punto. Es decir, no se puede tratar de un «líder blando», sino coherente y consecuente.

Respecto al contexto, hay que señalar que no es lo mismo uno de contracción, crisis o resultados inciertos, que uno en el que las cosas vayan bien. Y también existen líderes más propicios para un entorno y para otro. Seguramente los primeros, en su proceso, se centren más en la organización y protección, mientras que los segundos requieran una mayor visión estratégica, y la orientación e inspiración sea lo que predomine.

En este proceso de creación de líderes a través del desarrollo de los miembros del grupo, es esencial llevar a cabo una adecuada retroalimentación. Que se digan las cosas a través de una retroalimentación efectiva. Que sea clara, directa y constructiva, explicando lo que se ha hecho mal, por qué y el impacto que ha tenido, al igual que sucede con lo que se ha hecho bien.

La identificación de futuros líderes es el primer paso, pero no finaliza el proceso con ello. Hay que, además potenciarlos con la adecuada formación tanto en lo técnico como en lo estratégico y relacional, ponerlos a prueba para verificar cómo se desenvuelven ellos y para ver si el grupo los acepta. Se trata de hacerles liderar algún pequeño grupo en algún proyecto con un plazo determinado. Ello nos permitirá contrastar si nuestra elección es adecuada. En este proceso, además, hay que apoyar, sea a través de *coaching* o *mentoring* a los futuros líderes. Este es el proceso que se lleva a cabo en las grandes multinacionales cuando se pretende identificar a los líderes de las distintas áreas de la corporación.

Las primeras teorías sobre el liderazgo tenían como centro al propio líder. En una segunda etapa, la orientación principal e innovadora eran los seguidores; cómo satisfacer sus necesidades, etc. Ya nos encontramos en una etapa posterior y es la de la creación de líderes del futuro y eso pasa por su identificación, formación, prueba y apoyo.

Hay que señalar que el liderazgo se gana día. De cara a lograrlo, es un proceso en el que no existen atajos. Si el liderazgo lo otorga el grupo, es esencial que todo el grupo se sienta en condiciones de otorgarlo. Y esto no se logra de un momento a otro, sino que se va adquiriendo poco a poco; cada día con cada acción. De alguna manera, tenemos una memoria para todas las acciones que nos impactan. De esta manera, aquel que las lleva a cabo, va logrando una aprobación en nosotros que es paulatina y acumulativa.

De igual modo, esto supone un examen permanente. El líder, con sus actividades diarias, va sometiéndose al juicio de sus seguidores, quienes determinarán hasta qué punto sigue siendo acreedor de esa confianza. El día a día no es fácil en un proceso empresarial. Son muchas las vicisitudes a las que hay que enfrentarse, y cada acción que lleva a cabo el líder debe tener la altura como para que todos los seguidores sigan pensando que esa es la persona a la que deben seguir.

8.11 El líder criético y la información

En el proceso de liderazgo, el líder debe involucrar a todas las personas del grupo. Para lograrlo, es importante gestionar adecuadamente la información. Compartir información es muy importante. De este modo, los seguidores se sienten más participes del proyecto y conocen mejor los distintos aspectos que configuran un determinado contexto, lo que ayuda en el conocimiento de la situación y elementos quwe activar. Pero no hay que confundir el hecho de compartir la información adecuada con aportar toda la información. Hay que manejarla con cuidado. En primer lugar, porque, tal vez, algún elemento o aspecto de la información puede ser confidencial. En este caso, obviamente, no se puede compartir. Además, si se entrega toda la información se pueden generar dos respuestas:

- Ansiedad: al tener mucha información, los componentes del grupo pueden sentir ansiedad sobre cómo manejar cada elemento. Las decisiones con muchas variables son más complejas de gestionar. Y esto es lo que sucede cuando existe mucha información. A veces, se puede generar un pequeño caos al intentar atender a todos los elementos, especialmente si hay conexión entre ellos. En este sentido, es conveniente aportar la información adecuada, sin demasiado grado de detalle que distraiga del objetivo final y explicar la relación entre una adecuada gestión de este y el logro del objetivo final.
- Incertidumbre: si la información que se expone no invita al optimismo, se puede crear mucha incertidumbre respecto al futuro. Se pueden anticipar consecuencias negativas. Además, existe una sobrevaloración, especialmente de lo negativo, por lo que el desánimo puede instalarse en el grupo. Es esencial que la información en sus aspectos negativos se dosifique y no se magnifique. Del mismo modo, si es así, conviene exponer los planes que mitigarán las consecuencias negativas.
- De ser positiva la información, hay que transmitirla, pero también desde la cautela. Un ambiente excesivamente optimista puede llevar a relajar el grado de atención, al considerar ya realizado el objetivo. Este exceso de confianza puede llevar al fracaso.

Ni mucho menos estoy afirmando que no haya que ser transparente con la información. Bien al contrario. Lo que sostengo es que, para lograr el máximo beneficio, hay que gestionarla bien. No exponer un aluvión, y hay que clarificarla y contextualizarla.

La gestión de la información, a su vez, tiene que ver con el cómo, cuándo y con quién. En cuanto al cómo, la información debe ser transmitida sin aportar un juicio. Si se aportase ese juicio, ya estaríamos perdiendo un elemento clave como es la interpretación por parte de otros actores. Estos pueden aportar interesantes puntos de vista que sí se ven condicionados por la posición de líder. Respecto al cuándo, hay que buscar la coyuntura; el momento adecuado.

A veces, tendemos a anticipar la información de la que disponemos por la ilusión o por acallar cierta situación desagradable. Es importante no anticiparse. Tal vez no dispongamos de toda la información para dotar de contexto a los hechos. Por otra parte, si lo hacemos demasiado tarde, posiblemente se haya perdido la oportunidad de llevar a cabo una acción de la que sacar partido. En sentido positivo, la oportunidad se puede haber perdido. En el negativo, ya no hay margen para solucionar el problema. De aquí que se hable en ocasiones de la proactividad del líder. Esto también tiene que ver con la gestión de la información.

Esta proactividad no debe ser un «atropello sin pensar». Respecto al «con quién», el líder criético debe manejar muy bien quién es el destinatario de la información que compartimos. Tan importante es que nadie tenga información que no deba como el que todos los que tengan que tenerla dispongan de ella. En el primer caso, un uso inadecuado de la información no genera más que problemas. Si determinada información cae en manos indebidas, su uso puede causar muchos problemas. Y eso puede ser por desconocimiento o por mala intención. Si es por desconocimiento, el riesgo es alto. Si es por mala intención, las consecuencias pueden ser peores. Si alguien debe tomar decisiones o llevar a cabo acciones basadas en la información de que dispone, hay que facilitársela, sabiendo hasta qué punto y conociendo cómo la va a utilizar.

En la transmisión de la información, el contexto también es importante. No es lo mismo hacerlo en uno informal, donde la información puede no ser igualmente rigurosa ni, tal vez, estructurada, como en uno formal, donde debe hacerse de modo formal, organizado y explicando el propósito de dicha información.

Igualmente importante es ser claro en transmitir hasta qué punto la información trasladada puede ser compartida con otros miembros. A veces, este es un eslabón que no trabajamos y, por descuido, se va trasladando cierta información de modo inadecuado, con las consecuencias que conocemos.

Cuando la información se traslade a quien tiene que tenerla, hay que explicar cómo dicha información puede ser útil para el objetivo pretendido. Cuanto más sénior sea la persona con la que compartimos esta información, menos necesario será, ya que lo vinculará más fácilmente.

Nos encontramos en un momento en que, más que nunca, la información es abundante. Como apunta Adela Balderas, con la sobreinformación aparece la falta de precisión, los datos erróneos, e incluso las *fake news*, y admitimos como verdadero todo lo que nos llega. La autora alerta sobre este riesgo, afirmando que esta proliferación de noticias falsas amenaza a todos los ámbitos: político, organizativo, etc.

Disponemos de muchos recursos a nuestro alcance para acceder a todo tipo de datos. Además, la inteligencia artificial facilita los datos de manera exponencial. Numerosas herramientas, pero el objetivo no es la información. El líder criético sabe que la información es un medio para tomar decisiones. En la actualidad, la información se caracteriza por ser:

- **Abundante:** el líder criético se enfrenta a muchísima información. Esta información proviene de numerosas fuentes. Algunas son formales: informes, comunicados de la empresa, medios de comunicación o de otros. Otras son informales: amigos, compañeros, familia, etc. Además, todos los grupos de interés son también una fuente de información. La inteligencia artificial, como elemento independiente, aporta muchísima más información. El líder criético, por tanto, se enfrenta a torrentes de información. Ahora bien, el líder criético tiene que saber discriminar la que realmente es importante. Y es importante en función, obviamente, del propósito y del momento. Información muy útil y valiosa para determinados propósitos, tal vez no lo sea para el que al líder le ocupa en este momento. Si ese es el caso, la inteligencia está en saber dejar de lado lo que no es relevante para centrarnos en lo que nos puede ayudar a lograr nuestro propósito. Y el propósito vendrá determinado por el «para qué». Es decir, esa información sirve de análisis para la toma de decisiones. Este el faro que guía al líder criético.

El contexto o momento al que nos enfrentemos también es un elemento que considerar. Una misma información sobre el mismo tema puede no ser igualmente útil en distintos momentos. Y esto no solo tiene que ver con que esté o no actualizada, sino con los elementos implicados, que pueden ser distintos. El líder criético debe ser capaz de analizarlos con cautela e inteligencia para relacionar los distintos elementos.

- **Ambigua:** según señala la RAE, lo ambiguo es lo que puede entenderse de varios modos o desde distintas interpretaciones. Eso es lo que pasa con determinado tipo de informaciones. A veces, incluso, pueden ser contrapuestas. En todo caso, en muchas ocasiones son complementarias o, simplemente, diversas. Supone que no existe claridad en la información que se recibe. Esto puede deberse a aspectos lingüísticos (polisemia, por ejemplo), modos de comunicación, etc. Lo cierto es que, en ocasiones, con la información con la que contamos solo nos proporciona confusión para la toma de decisiones.

  El líder criético debe conocer muy bien el contexto en que se ha producido y cuál era el propósito a la hora de exponerla y de recogerla. Las situaciones personales y profesionales tanto a nivel individual como corporativo conforman una determinada interpretación.

  El líder criético ha de buscar claridad. En algunos casos, lo hará acudiendo a la fuente para aclarar las dudas. En otros, relacionando sus distintos componentes. Y, por último, guiándose por el fin último que pretende aclarar. Buscar ayuda y otros enfoques también puede ser una buena fuente que, además, reforzará el sentimiento de valoración por parte de los miembros del grupo.
- **Incompleta:** pese a que exista mucha información, paradójicamente, esta no siempre está orientada a aquello que nos interesa y carece de elementos que son clave para la toma de decisiones. Entonces, el líder criético tiene dos caminos. El primero, lógicamente, es completarla con las diversas fuentes más adecuadas.

El segundo tiene que ver con la proyección de la que existe para completarla. Las hipótesis ayudan en este proceso, pero ¡ojo con la arbitrariedad y con el sesgo de confirmación que busque justificar lo que pretendemos defender!

En función del área donde la carencia sea más relevante, más importante es el problema, pero el líder criético debe hacer un esfuerzo por centrarse solo en lo que puede contribuir a los aspectos esenciales. A veces, igualmente, nos podemos apoyar en la estructura informal para completar determinado tipo de información.

- **Arbitraria/interesada:** en muchas ocasiones, la información de la que disponemos está muy sesgada y responde a intereses que van más allá de lo objetivo. De hecho, busca determinados objetivos y trata de condicionarnos en nuestro modo de conocer la realidad para poder interpretarla y actuar en consecuencia.

  En muchos casos, dependiendo de los medios a los que recurramos para obtener determinada información, su orientación determina el enfoque de la noticia que vamos a recibir. Esto sucede tanto en la política como en el deporte o cualquier otro ámbito. De hecho, incluso, cuando acudimos a ciertas personas para obtener una determinada información, es preciso establecer un filtro que nos aleje de los intereses personales de esta persona.

  Un colaborador o compañero (incluso superior jerárquico) puede ofrecer una visión que se corresponda con los intereses de una agenda que él conoce y que no hace visible. Tal vez ganar protagonismo o denigrar a otra persona o, en el más noble caso, defender una postura departamental. En muchas ocasiones se nos ofrece la información que más interesa. El líder criético debe tener esto en cuenta y contrastar la información con otras personas o grupos. Esto le permitirá tener una visión de conjunto y menos arbitraria. Además, porque no siempre se hace de un modo consciente, sino que está basada en lo que se haya oído o interpretado.

El liderazgo tiene que ver con la toma de decisiones. Y estas decisiones tienen que estar basadas en la información. Tras la adquisición de la información, hay que procesarla e interpretarla y, posteriormente, tomar la decisión.

El líder criético debe saber que la información tiene las características señaladas y las considera para tratar de minimizar el impacto de la imperfección en esta, de modo que sea lo más completa, precisa y objetiva posible. Aunque esto no sea fácil llevar a cabo, cuanto más nos acerquemos a este ideal, mayor será la calidad de la decisión del líder criético. Además, lo hará sabiendo que su toma de decisiones adolece de ciertas imperfecciones, lo que le llevará a ser consecuente en su juicio.

En la interpretación es donde hay que ser especialmente riguroso y alejarse de los sesgos. Cuando menos, sabiendo que estos influyen y que la decisión se puede ver determinada por una interpretación errónea de dicha información.

8.12 El líder criético y la confianza

La confianza es la esencia del liderazgo. Si no hay confianza, no se puede seguir a una persona. La confianza tiene que ver con la seguridad de que alguien hará algo conforme lo ha presentado o según corresponde. En definitiva, hará lo que se espera de ella. Supone dotar de certeza un ambiente de incertidumbre o de inseguridad. Los momentos complejos son propicios para evaluar la confianza que se tiene en una persona. La confianza genera un ambiente de trabajo donde el rendimiento de los colaboradores aumenta. Son varias las ventajas de establecer un ambiente de confianza:

- Mayor información por parte de los empleados, ya que todos se sentirán más seguros a la hora de compartir sus opiniones. Lo harán sin temor a ser descalificados. Además, el líder criético podrá tener su punto de vista de una manera más real. Sin los filtros que supone el temor.
- Mayor grado de compromiso. Si los colaboradores confían en el líder, se establece una mayor vinculación con los objetivos del líder, que deben ser los de la organización.
- Disolución de conflictos. Cuando hay un alto grado de confianza, las cuestiones no se abordan como personales, con lo que se eliminan las suspicacias entre los miembros de una organización.
- Se reduce el tiempo en explicar el porqué de algunas decisiones. Al haber confianza, la misión y visión de la empresa ya han sido compartidas y se sabe que quien aporta una idea tiene la orientación de lograr el objetivo definido.
- Claridad. No hay una agenda oculta en las acciones de cada individuo, con lo que cualquier decisión es considerada con el propósito del bien común.

Esta confianza tiene que ver con aspectos técnicos y personales. Desde el punto de vista técnico, las personas deben confiar en que alguien es capaz de resolver las cuestiones de un modo adecuado, es decir, tiene competencia técnica. Esta competencia técnica deriva de dos aspectos, que, además, tienen un efecto multiplicador: por un lado, la formación. Si la persona en cuestión tiene formación sobre la tarea que desarrollar, se le atribuye esa capacidad, al menos desde un punto de vista teórico.

La experiencia también demuestra que ya ha llevado a cabo determinadas acciones en el pasado, lo que contribuye a generar confianza. Cuando ambos aspectos confluyen, el efecto es multiplicador y se tiende a confiar en esa persona que atesora formación y experiencia. Desde una perspectiva personal, esto implica, en primer lugar, que la persona no va a defraudar la lealtad del seguidor.

En segundo lugar, que el líder va a velar por los intereses de cada uno de los miembros del grupo y, en general, por la organización. Pero hay otra derivada, y es que el líder es capaz de comprender los mecanismos de la organización desde los elementos fundamentales y más globales hasta los más tácticos para lograr impactar en los resultados.

La confianza es multidireccional, es decir, los colaboradores tienen confianza en el líder y el líder tiene confianza en ellos. Para que una organización pueda funcionar, los dos sentidos tienen que estar bien engrasados. Pero, además, el líder debe procurar que exista confianza entre los miembros del grupo. Si esto es así, todo es mucho más fácil.

Además, un aspecto que genera confianza es el hecho de reconocer cuándo se cometen errores y pedir disculpas por ello. Es una herramienta que ayuda a aumentar la confianza por parte de los colaboradores, ya que se observa que una persona no es distante ni arrogante.

El líder criético sabe que la confianza se gana también cumpliendo aquello con lo que se ha comprometido. Los políticos son muy conscientes de este tema y, por ello, cuando no lo logran, tratan de buscar mil justificaciones en el porqué no lo han logrado. Esto implica (y el líder criético lo tiene muy presente) que es preciso ser cauto cuando se va a llevar a cabo esta comunicación de las intenciones. Es preferible no ser temerario en las promesas que se llevan a cabo que hacerlo pretendiendo lograr la máxima adhesión y después no lograrlo. Esto supondría quemar las naves. Se ganaría confianza una vez, pero se perdería para siempre.

El líder criético, por otra parte, sabe que el impacto del cumplimiento e incumplimiento está asociado a sus consecuencias. De este modo, no es lo mismo retrasarse unos días en una investigación que lleva varios años en curso y que supone la implicación de varias áreas y, tal vez, países, que hacerlo con el plazo de entrega de un producto que suponga el lanzamiento de algo concreto, determinado y donde se hayan asumido varios compromisos, incluso firmados.

El impacto del incumplimiento y su valor relativo es algo que el líder debe valorar antes de asumir ciertos compromisos. De igual modo, cuando algo depende exclusivamente de una persona no es lo mismo que si hay que contar con la participación de varios grupos de trabajo. Seguramente sea más difícil de gestionar y de cumplir los plazos con la consiguiente consecuencia en la confianza por parte del grupo y resto de los implicados.

También es importante señalar que, del mismo modo que la confianza se gana con el tiempo y a base de tesón en la demostración de esta, su pérdida es rápida y de efectos inmediatos. Se puede tirar por la borda todo lo conseguido con meses o años de esfuerzo.

La confianza se genera, fundamentalmente, a través de la coherencia y la integridad. A continuación, vamos a ver cada uno de ellas.

Una persona que, en gran medida, apoyó su liderazgo en la confianza fue Winston Churchill, primer ministro de Reino Unido durante la Segunda Guerra Mundial. A través de la confianza que generó, logró una gran adhesión entre sus ciudadanos, extendiendo dicho liderazgo a otros países. Algunos de los elementos en los que se apoyó para generar esta confianza fueron los siguientes:

- Gran oratoria. Churchill era un gran orador, con mucho carisma y fluidez verbal, exquisitez en el trato del lenguaje y muy persuasivo. A él se le atribuyen muchas frases míticas y de gran impacto.
- Determinación y firmeza en la lucha de unos ideales. Esta determinación la llevó a cabo por medio de medidas en calidad de primer ministro, al igual que las expresó en sus discursos, aumentando la confianza de los ingleses.
- Gestión de equipos. Se supo rodear de un buen grupo de colaboradores a los que les pidió tanta unión fuera de la sala como franqueza y honestidad en sus discusiones. De este modo, tenían en cuenta las opiniones de los demás, aumentando su liderazgo.

8.13 El líder criético y la coherencia

Una de las características que adornan al líder criético es la coherencia. En este caso, la coherencia tiene que ver con que haya correspondencia entre lo que se dice y lo que se hace, es decir, cómo se comporta. Del mismo modo, que no haga cosas que se contradigan o que busquen resultados distintos. La coherencia es importante para nuestro líder criético porque debe ser un ejemplo. Y el ejemplo coherente entre lo que predica y su modo de comportarse. La coherencia, aunque no es fácil de lograr y requiere esfuerzo (mantener lo que se ha defendido es, en ocasiones, difícil de llevar a la práctica), es muy útil en el liderazgo.

Cuando alguien lidera con el ejemplo, «inspira confianza a todos los miembros de la organización en todo momento», en lugar de ser influyente solo en momentos ocasionales de genialidad (Yeh et al., 2016).

Cuando los líderes son capaces de ofrecer inspiración y motivación de forma constante, se ganan la confianza de sus empleados. Para inspirar confianza a los empleados, los líderes deben ejercer sistemáticamente la coherencia entre todos los tipos de mensajes. La coherencia de los mensajes se refiere a las formas de comunicación verbal, no verbal y digital del líder con la organización. Esto también se aplica a la presencia del individuo en los medios sociales y a las asociaciones públicas en su vida privada (Kuligowski, 2019). Para ser un líder de éxito, «se debe confiar en tu palabra».

Alguna de las ventajas que tiene son las siguientes:

- Genera certidumbre: en los actuales tiempos, llenos de incertidumbre, necesitamos tener las cosas claras. Los miembros del grupo son capaces de trabajar en un entorno más predecible, y esto les libera del estrés y ganan en productividad. Además, aumenta el compromiso. Como señalan Serban y Roberts (2016), si un líder actúa emocional e impredeciblemente, los empleados podrían no querer, o, incluso, tener miedo a acercarse al líder y, por lo tanto, conducir a una menor productividad. En general, en el mundo de las empresas, se busca la certidumbre porque invita al análisis y a la toma de decisiones basada en elementos no volátiles.
- Fomenta la responsabilidad: los trabajadores esperan que el líder ponga su máximo empeño en lograr los objetivos y que hará todo lo po-

sible para ello. Eso supondrá un beneficio para el grupo. Del mismo modo, el líder espera coherencia y responsabilidad en que los miembros del grupo harán todo lo que esté en su mano para lograrlos.

Si se trata de mantener coherencia entre lo que se dice y cómo se comporta una persona, aunque siempre es arriesgado referirse a políticos, la excanciller alemana, Angela Merkel, es un buen ejemplo. Durante su etapa como máxima mandataria alemana, siempre mostró un talante austero y sobrio en lo político, lejos de los aspavientos y excentricidades que tanto caracterizan a otros políticos. Esta misma manera de actuar la aplicaba a lo personal. Su comportamiento e, incluso, su forma de vestir se alejaba de un glamur que pudieran esconder lo relevante, que era su toma de decisiones. Firme defensora de la libertad desde su etapa en la República Democrática de Alemania (Alemania del Este), precisamente por no haberla tenido durante su juventud, se preocupó de extenderla todo lo que pudo en su quehacer como dirigente.

8.14 El líder criético y la integridad

La integridad tiene que ver con la incorporación de valores éticos y principios en su modo de actuar. Por ejemplo, la honestidad y la coherencia entre lo que se dice y lo que se hace. Un líder íntegro es transparente, honesto, responsable y no elude ni las responsabilidades ni las consecuencias de las decisiones.

En situaciones como las actuales, esto no está muy de moda, pero el líder criético cree que es un estilo de vida. La firmeza en los principios éticos que le adornan no está en venta ni es susceptible de cambiarse por el simple hecho de verse presionado. No se puede ver condicionado por las circunstancias en la determinación ni seguimiento de sus principios.

La flexibilidad tiene que ver con la lectura de las situaciones y las decisiones, pero nunca comprometiendo aspectos morales que están en la esencia de su personalidad.

El líder íntegro fomenta confianza y respeto y, además, hace que los colaboradores se vean arropados y protegidos. Incluso empoderados. De alguna manera establecen el estándar ético que debe tener el grupo. Además, el líder criético sabe que la integridad ayuda a la credibilidad. Y esta credibilidad, asimismo, fomenta la persuasión, lo que es esencial en el proceso de liderazgo.

La responsabilidad está muy asociada a la integridad. El líder criético asume su responsabilidad sobre sus decisiones, pero, además, fomenta este espíritu en los demás. Y cuando las cosas no salen bien, el líder criético, como responsable del grupo, lo asume en primera persona. Además, fomenta el hecho de que todos los miembros del grupo se responsabilicen de sus tareas.

La integridad contribuye a la toma de decisiones. Los líderes íntegros toman decisiones éticas y justas. Esto contribuye, además, a la reputación de la organización.

Un líder íntegro, como es nuestro líder criético, muestra empatía y respeto por los demás. Es capaz de reconocer y aceptar sus necesidades, preocupaciones y puntos de vista. Trata al grupo con respeto y se muestra colaborativo con ellos. El líder íntegro, además, muestra compromiso con la mejora continua, consciente de que siempre hay que estar abierto a aprender. El líder íntegro sabe que la lealtad, humildad y generosidad están en el centro de su modo de actuar. Este aprendizaje no solo se refiere a aspectos técnicos, sino también a mejorar permanentemente sus capacidades de liderazgo.

Un aspecto importante del líder criético es el estar abierto a una retroalimentación constructiva y que considera los errores como fuentes de aprendizaje. No toma como personal una crítica, sino que lo convierte en base sobre la que edificar procesos de mejora.

Ser íntegro implica renuncias a las que hay que hacer frente. En ocasiones, el líder criético, como líder íntegro, deberá renunciar a ocupar posiciones de mayor responsabilidad y, por tanto, con mejores condiciones, porque sus principios no están alineados con la nueva posición. Incluso, más frecuentemente, para no tener que llevar a cabo acciones que se desajusten de lo que piensa y tiene como aspectos éticos o morales inamovibles.

El líder criético debe establecer un claro código ético y analizar hasta qué punto está vinculado con este y es coherente en su modo de actuar. Esto tiene que ver con que las acciones sean consecuentes entre sí y con el hecho de que lo que se diga se lleve a cabo. Igualmente, el líder criético debe instaurar la integridad como valor central en el comportamiento del equipo.

Se trata de establecer unos principios que sirvan de guía en los comportamientos de los colaboradores. Seguramente, para que sean efectivos conviene consensuarlos y lograr la máxima aprobación. De no ser así, es fácil desmarcarse de algo a lo que uno no se ha comprometido. El líder criético, como líder íntegro, no solo no engaña a los demás, sino que tampoco se engaña a sí mismo. Supondría renunciar a una ética que está en el centro de sus valores. Esta integridad se manifiesta en una doble dirección: en primer lugar, respecto a uno mismo.

El líder íntegro no se justifica cuando hace algo mal. Lo asume, al igual que sus consecuencias, y busca la manera de subsanar el error y, posteriormente, de aprender para que no se repita. Por otra parte, respecto a los demás, los trata con respeto y trata siempre de darles apoyo. Incluso cuando lo han hecho mal, si esto es consecuencia de capacidad, que no de actitud, les muestra el modo de mejorar. Si se trata del segundo caso, les reprenderá de la manera más severa, sabiendo que hay conductas que, por no ser éticas, son intolerables. Además, con esto se envía un mensaje de solidez y coherencia al grupo.

El líder íntegro predica con el ejemplo. Siempre se comporta conforme a lo que dice que son los estándares. Incluso los supera. Estableciendo altos niveles de ética, incluso se mueve más allá, siendo más estricto que con el resto del grupo. Esto genera mucha confianza. Por descontado, el líder criético se pone límites a sí mismo, establece unos criterios que son especialmente estrictos. De este modo, moviéndose en lo permitido, con un espíritu restrictivo, está seguro de que el grupo ve en él a un referente.

8.15 El líder criético y el logro

El liderazgo tiene que ver con la consecución de unos objetivos en un tiempo determinado y con unos ciertos recursos. Los tres aspectos son importantes, ya que, si los objetivos no se establecen adecuadamente, con una finalidad y propósito que estén alineados con el objetivo final de la empresa, no servirán para nada. Como tampoco serán eficaces aquellos objetivos que se logren sin cumplir los plazos con los que fueron previstos. Igualmente, para ser eficiente, hay que hacerlo con los medios con los que se cuente en un determinado momento.

Los líderes deben cumplir metas conforme a lo establecido. Por ello, el líder criético, como tarea primaria tiene la del entendimiento de qué se espera de él (que estará conforme a la misión y visión de la organización) para trabajar en esta línea. Además, el líder criético pondrá todo su empeño en hacerlo con determinación y coraje, pero huyendo de la temeridad provocada por un análisis mal realizado o, incluso, sin llevarse a cabo.

Una de las principales tareas del líder es la traducción de los objetivos empresariales en los del grupo que lidera. Y explicar cómo, con su cumplimiento, se contribuye al resultado final de la organización.

Una de las habilidades del líder consiste en hacer ver al equipo cómo el logro de los objetivos individuales refuerza el individual de cada miembro del grupo. No solo que mediante la consecución individual, por sumatorio, se pueda conseguir el general, sino cómo este objetivo grupal contribuye al individual. Así, en la fase de establecimiento de los objetivos individuales hay que establecer un proceso de cascada según el cual cada uno tenga que analizar cómo puede contribuir a los objetivos de su jerarquía y este cómo reforzar los individuales. Se establece un diálogo muy constructivo en el entendimiento de las relaciones entre las distintas personas y áreas en la contribución a las metas globales.

Existe una falsa idea de confundir el deber y el logro con un volumen importante de trabajo. Esto es falso. Lo que se pretende de cualquier trabajador no es que trabaje mucho, sino que trabaje bien. Y trabajar bien significa lograr los resultados. En el caso del líder, esto es todavía más relevante. La actividad no significa logro. El logro tiene que ver con la consecución de los resultados. Estos resultados, por lo general, implican mucho trabajo, pero más importante es trabajar con inteligencia. ¿Y qué significa trabajar con inteligencia para nuestro líder? Implica una serie de premisas:

- En primer lugar, hay que priorizar. Ver cuáles son las tareas más importantes que llevar a cabo para impactar en el resultado. No todas tienen la misma prioridad y es fácil caer en la trampa de, presionados por la urgencia, confundir lo urgente con lo importante y, así, verse sobrepasado. Además, la trampa de las sobrecapacidades, aplicada a este caso, deriva en que nos creemos capaces de afrontar todas las tareas por no mostrar vulnerabilidad y, así, finalmente no llegamos a ninguna o, en todo caso, no a las más importantes. Incluso aunque lo lográsemos, el coste energético es tan alto que nos penalizaría a la hora de afrontar cualquier otra tarea que sí requiriera de nuestras capacidades. En otras palabras, hay que gestionar el nivel de energía.
- Impacto en el objetivo. Una buena receta para saber si algo merece nuestra atención y hay que incorporarla como prioridad es la de determinar cómo impacta esa tarea en el resultado final. Cuanto más directa sea esa vinculación, más relevancia tendrá y más alta estará en nuestra escala de prioridades. ¿Cuántos pasos hay desde

la tarea que desarrolla nuestro líder hasta el impacto en el resultado final? Si son pocos, seguramente más relevante será y le tendré que dedicar más atención.

- ¿Está esta tarea entre aquellas por las que se va a medir mi resultado? En la vorágine diaria, hay muchas tareas en las que nos vemos implicados por inercia. A veces hay algo que no se sabe muy bien dónde colocar y, pensando que se nos va a valorar nuestra buena voluntad, nos hacemos cargo de ello. Y finalmente esto no ocurre. Se nos mide por el cumplimiento de nuestros objetivos, no por cómo de voluntariosos somos. Y esto el líder criético lo tiene que tener muy claro. Hay que analizar si lo que hago es objeto de valoración. Si no es así y dispongo de tiempo y energía, entonces lo afronto. Si es de otro modo, tengo que reservar esa energía para cuando se necesite.
- ¿Puedo delegar alguna de las tareas de las que me encargo? Un líder debe saber identificar muy bien si alguno de los trabajos que está desarrollando solo los puede hacer él. Si es así, adelante, pero si no es así, y en caso de no poder afrontar todo, ver si se pueden delegar algunos aspectos. Esto liberará tiempo libre para otras actividades donde su participación sea más necesaria. Además, esto también servirá para analizar si aquellos a quienes delegue esta tarea están preparados para hacerla. Aquí, es importante que nuestro líder conozca muy bien las capacidades de cada miembro del equipo.

Lógicamente, para hacer el seguimiento de esto, es importante que se establezca una medición y análisis de la contribución de cada uno. Y aquí hay que ser especialmente rigurosos y, sobre todo, establecer planes de contingencia por parte del líder que permitan reconducir el camino diseñado.

A la hora de delegar, hay que considerar los siguientes aspectos:

- Preparación: hay que tener muy claro qué es lo que se va a delegar, el tiempo, las razones y analizar el impacto de lo que se está delegando. Hacerlo con tiempo es esencial.
- Asignación: tiene que ver con ser específico sobre qué se va a delegar y a quién, fijando claramente los límites y responsabilidades. En el proceso de asignación hay que ser muy claro sobre qué se espera

de la persona, para cuándo, etc. Además, hay que asegurarse de que lo ha entendido bien. Y que, por otro lado, no se crean unas expectativas irreales. Y esto afecta a quien delega y a la persona sobre la que se delega.

- Formación: es muy importante que quien recibe el encargo esté preparado para llevar a cabo la tarea. Si no es así, hay que formarlo. Aquí, hay que analizar el tiempo de formación en relación con los plazos que se manejan.
- Seguimiento: es esencial que haya un seguimiento de la tarea delegada. Tal vez, la persona en quien se ha delegado piensa que lo está haciendo bien y no sea así, o, al menos, no según la opinión de quien delegó. Cuanto antes se corrijan los caminos, más fácil será. En muchas ocasiones, según mi experiencia, cuando se intenta corregir el rumbo, ya es demasiado tarde. Como parte importante de este seguimiento, está el *feedback* que se da. Tiene que ser un *feedback* constructivo, basado en hechos, en el momento en que se produzcan los hechos y orientado a las tareas, no a la persona. Siempre desde el respeto, para lo bueno y para lo malo, hay que hacerlo con respeto.
- Celebración: cuando la tarea haya concluido con éxito, hay que celebrarlo. Es momento de disfrutar de lo que se ha hecho bien. Y de otorgar el crédito a quien lo ha llevado a cabo; además, si es de una manera pública, más impacto en la motivación de la persona y del grupo.

Un ejemplo de líder con una clara orientación al logro fue Jack Welch, el mítico CEO de General Electric durante muchos años y que fue considerado mejor ejecutivo del siglo XX por la revista *Fortune*. Welch llevó a cabo importantes restructuraciones en los diversos negocios de la compañía, dinamizando la toma de decisiones y eliminando gran parte de la burocracia. Introdujo en la organización el sistema de evaluación por el que se premiaba al 20% de los empleados de mayor rendimiento con suculentos incentivos, mientras que el 10% con peor rendimiento fueron despedidos. Esta práctica, muy utilizada por las consultoras de primer nivel en la actualidad, era solo uno de los elementos de una cultura orientada al logro; poniendo foco en el rendimiento y buscando la mayor rentabilidad de cada uno de los negocios que constituían la actividad de General Electric. Algunos de los elementos que implicaron esta orientación fueron los siguientes:

- Carácter y valentía para tomar decisiones impopulares. A veces, en el mundo empresarial, hay que tomar decisiones que no son bien aceptadas por todos. Prácticamente, ninguna lo es por todos. Pero hay que saber llevarlas a cabo y pensar en el interés general de la organización y sus miembros.
- Humildad en dicha toma de decisiones, consciente de que el puesto no define a la persona. Welch insistía siempre en que el puesto es temporal y en cualquier momento deja de ocuparse.
- Fomento de las relaciones tanto con los superiores jerárquicos como con los colaboradores. Igualmente, entre los pares. Todo esto facilita el entendimiento y la comprensión de determinadas acciones, además de aportar importante información para estas.
- Visión estratégica de las decisiones, ya que cualquier decisión debía siempre tener una razón de ser basada en el beneficio sostenible y posicionamiento estratégico.

8.16 El líder criético y el equipo

En ocasiones, nuestro líder tiene que encargarse de proyectos en los que no todos están de acuerdo o no todos igualmente comprometidos. Es frecuente ver a los líderes intentando convencer a los escépticos de unas determinadas medidas. Y esto hay que hacerlo. Hay que tratar de convencer mediante las correspondientes explicaciones y la información adecuada de por qué se llevan a cabo algunas actuaciones, pero cuando hay un grupo reticente, no es fácil convencerlos, especialmente porque ya tienen fijada una determinada posición. En este caso, es preferible centrarnos en los que sí están alineados en el proyecto.

El líder criético se encargará de inspirarlos para que desarrollen todo su potencial. Desde un punto de vista de gestión de los recursos, es más eficiente. Se va a lograr más, ya que en el caso de los resistentes difícilmente vamos a convencerlos y, por el contrario, si logramos que desarrollen el máximo aquellos que sí están vinculados con el proyecto, posiblemente obtengamos mejores resultados.

Por otra parte, el líder criético debe tratar de identificar a aquellos que tienen capacidad de liderazgo en el grupo, para de este modo apoyarse en ellos y que traten de canalizar a todo el grupo. Se trata de saber cómo actuar y a través de quién para atraer a todos en nuestro proyecto.

La gestión de los disidentes tiene algunas reglas de gestión para nuestro líder criético:

- Identificación de los que muestran resistencia al proyecto o al líder.
- Proactividad para estar cerca de esos individuos.
- Asignación de pequeñas responsabilidades que hagan que se sientan corresponsables del proceso y resultado, pero que, a la vez, no lo compromentan. Se trata de pequeños encargos.
- Tratamiento con respeto a todos ellos.
- Lanzamiento del mensaje de no permisividad ante la falta de conducta adecuada. El error se permite, la falta de actitud, no.

Esto en lo que tiene que ver con las personas, pero el líder criético, además, debe saber canalizar las energías y centrarse en lo que puede cambiar o en aquello donde puede incidir.

A veces, por el propio papel del líder, muchas de las personas acuden a él para solicitarle llevar a cabo alguna acción sobre la que no tiene posibilidades de gestionar. En este caso, es preferible que el líder explique claramente que no está en su ámbito de actuación para, de este modo, no generar expectativas inadecuadas.

El líder criético debe rodearse de los mejores. Si quiere tener buenos resultados, es esencial que se rodee de un buen equipo. Un buen equipo no debe entenderse como la suma individual de los mejores, sino como la mejor suma de todos los componentes. No es tanto los recursos con los que se cuenta, sino cómo se gestionan esos recursos buscando las mejores capacidades como equipo. Sin duda, esto pasa por contar con buenos profesionales en cada puesto. Sin ellos no se puede hacer nada. Si no existe capacitación técnica, no se puede abordar ningún proyecto. Es algo así como una condición necesaria. Ahora bien, lo importante es cómo combino esos recursos para obtener el mejor resultado.

Esto es muy frecuente en el mundo del deporte. En fútbol, por ejemplo, un excelente recurso como pueden ser Messi o Ronaldo, si ocupasen posiciones defensivas, seguramente evidenciarían lagunas. Además, no estaríamos obteniendo su máximo potencial. La motivación es otro aspecto importante. Es esencial que todos los que estén en el proyecto se sientan identificados con él y estén dispuestos a dar el máximo. Por muy buenos que sean cada uno de ellos, si no están motivados, es preferible que queden fuera del grupo, ya que, en el mejor de los casos, no contribuirán; en el peor, tratarán de sabotearlo. Por tanto, hacer equipo sería un elemento indispensable.

A veces surge la duda sobre si es preferible rodearse de personas leales o personas competentes. Si nos rodeamos solo de leales pero incompetentes, la organización fracasará por falta de productividad. Será un grupo bien avenido, pero nada más. Si lo hacemos de personas competentes pero no leales, se destruirá desde dentro, debido a las traiciones. Hemos de contar con los competentes, pero crear un entorno que favorezca su desarrollo. Que sus aportaciones sean tenidas en cuenta y valoradas. De este modo, ganaremos su lealtad. Siendo generosos en el reconocimiento. De alguna manera, cabría afirmar que hay que rodearse de los mejores, pero entendido en un sentido amplio. Los mejores jugadores de equipo y motivados para un propósito determinado.

Un ejemplo de liderazgo basado en el equipo lo constituye Luis de la Fuente, seleccionador nacional español de fútbol. Para él, el equipo es lo importante y es consciente de que la aportación de cada uno es relevante en la medida que contribuya al bien del grupo. Además, que todos los componentes tienen un papel clave y cuya aportación es esencial para que se logren los objetivos comunes. Antepone el éxito del equipo al individual. Algunos de los elementos que han caracterizado dicho liderazgo son los siguientes:

- Liderazgo sereno. En un grupo de jugadores de fútbol de alto nivel y con un alto grado de exigencia por parte del entorno, su liderazgo ha estado caracterizado por la serenidad en la toma de decisiones, gestionando la presión de modo que no afectase a sus jugadores, a quienes ha motivado inspirándolos para sacar lo mejor de sí mismos en favor del equipo.
- Foco en el trabajo en equipo. Esto lo ha llevado a cabo tanto dentro del campo como fuera de él, donde se ha apoyado por su grupo de confianza y con quienes trabaja mano a mano para que el resultado sea el esperado. Desde la exigencia, pero también desde el apoyo. Dentro del campo, siempre ha mostrado su interés por el juego colectivo en lugar de depender siempre solo de un determinado jugador. El equipo, primero; las individualidades, después.
- Desarrollo de habilidades, especialmente entre los jugadores más jóvenes que se han incorporado a la selección. Este desarrollo de habilidades, de las que han sido protagonistas directos algunos jugadores como Lamine Yamal o Bryan Zaragoza, debutando con la selección, ha pasado por lo técnico y lo táctico.
- Flexibilidad para adaptarse a la personalidad, durante años, de muchos jugadores muy diversos, la mayoría de ellos estrellas en sus clubes y que, en representación de España, deben jugar en favor del equipo.

8.17 El líder criético y la exigencia

Sobre la exigencia hay varias posturas encontradas. Existe la sensación que solo a través de la exigencia se pueden lograr los resultados. Y hacerlo de una manera excelente. Pero, por otro lado, no nos gusta ser exigidos. Y esto puede penalizar la relación que se tenga con el líder. Algunos creen que la exigencia es la base para lograr cualquier objetivo. Otros profesionales piensan que es preferible no ser exigente y, de este modo, no presionar al equipo.

La experiencia me ha demostrado que si no se es exigente, el equipo puede tender a abusar del líder. Se pueden aprovechar de esta falta de exigencia y así buscar sus intereses propios en lugar de los generales. Por otra parte, algunos piensan que esta falta de exigencia ayuda a lograr la aprobación de los miembros del grupo. Seamos todos amigos, sin responsabilidades posteriores, etc. Esto nace de una falta de seguridad en uno mismo.

Nuestro líder criético está seguro de sí mismo y lleva a cabo las acciones pensando en el bien del grupo. Ha identificado que su aprobación no depende de ser un pusilánime. Una baja exigencia puede tener buenos resultados en forma de aprobación, pero solo en el corto plazo.

Solo desde la exigencia respetuosa se va avanzando en el objetivo común. En este punto hay que señalar que no hay que entender como sinónimos la exigencia y las malas formas. Son conceptos distintos. Muy posiblemente, la mente nos lleve a alguna de las consideraciones anteriores, pero, como digo, se puede ejercer dicha exigencia desde la mesura, el respeto y el apoyo. Mesura en el sentido de que no se puede exigir lo imposible, porque eso llevaría a la desmotivación. Para que la exigencia sea efectiva, tiene que ser en búsqueda de un objetivo alcanzable. Si está muy lejos de lo que se puede lograr, no se conseguirá hacer de ella algo eficiente.

El respeto tiene que ver con las formas y con la consideración de las particularidades de cada uno. Se puede pedir algo, incluso un sobreesfuerzo, de buenas maneras, y explicando el porqué es importante. Tratar a los demás como nos gustaría que nos tratasen a nosotros.

Y el apoyo tiene que ver con que el líder debe ponerse a disposición del equipo para ayudar en la búsqueda del objetivo. Consiste en hacer ver que la exigencia es compartida y que el líder está dispuesto a colaborar, ayudar y defender a la persona exigida.

El líder debe manejar adecuadamente la dualidad exigencia-halago. Es decir, debe exigir para poder ir en búsqueda del objetivo, pero también halagar y felicitar cuando algo se hace bien. Esto tiene un importante efecto motivador.

La exigencia está muy ligada, lógicamente, con el reto que se propone, y el reto tiene un importante efecto catalizador. La motivación aumenta cuando se tiene un reto por delante. Y cuando para lograrlo, se expone una cierta exigencia. La exigencia, por tanto, debe plantearse en cualquier tipo de organización porque es la base del progreso. Y esta influencia debe ser mesurada, respetuosa y contar con el apoyo e implicación del líder.

Steve Jobs es un buen ejemplo de liderazgo exigente. El cofundador de Apple fue conocido por su perfeccionismo, permanente búsqueda de excelencia y atención al detalle en la marca de la manzana. Hay que reconocer, sin embargo, que detrás de los focos también tuvo algunos detractores con dicho estilo obsesivo, aunque para la mayoría ha sido un referente. Algunas de las características de dicho liderazgo exigente fueron las siguientes:

- Altos estándares de calidad en todos sus productos y servicios, lo que hacía extensivo a todo su equipo, quien llegaba a obsesionarse con dicha calidad.
- Innovación, procurando productos revolucionarios y que supusieran un salto en la percepción y utilización de los estándares del mercado.
- Creatividad, buscando diseños elegantes, atractivos y prácticos a la vez.
- Alta presión en el cumplimiento de plazos. Estos plazos se referían a todo el proceso: investigación, diseño, lanzamiento, ventas y otros. Esta presión no es fácil de soportar, pero Jobs, con su personalidad, terminó logrando que sus equipos lo vieran como una ventaja estratégica y que se involucrasen al máximo.
- Altas expectativas: Steve Jobs siempre puso unas altísimas expectativas en su equipo, demandándoles un rendimiento excepcional.

Aunque en ocasiones, cuestionado por su demandante estilo, Jobs logró situar a Apple a la vanguardia de las organizaciones y ser un referente empresarial; incluso, en ocasiones, social.

8.18 El líder criético y el riesgo

Un aspecto consustancial, como hemos apuntado, del liderazgo es la toma de decisiones. Toda decisión implica un riesgo, luego ambos conceptos están íntimamente ligados. Un líder que toma decisiones toma riesgos. Algunos afirman que hay que asumir los riesgos. Yo soy más partidario de gestionar los riesgos. Esto implica varios aspectos. En primer lugar, para que estos riesgos sean menores, es esencial una posición proactiva que nos anticipe a los cambios del entorno. De este modo, tomaremos decisiones por anticipado para que, posteriormente, las medidas no se vean condicionadas por situaciones desagradables. De ahí la importancia que nuestro líder criético sea una persona proactiva y analítica. Que emplee tiempo en el análisis de la evolución del negocio y las dinámicas. En este análisis ha de saber de quién rodearse adecuadamente para que le aporten puntos de vista que le puedan ser útiles. La gestión de los riesgos tiene en cuenta las siguientes consideraciones:

- No se trata de asumir riesgos innecesarios.
- Los riesgos suponen un desgaste importante. Este desgaste proviene de la necesidad de motivación del equipo, asunción de responsabilidades, inquietud o incertidumbre, entre otras. Y como líderes no hay que eludirlo, pero solo si merece la pena. Es decir, el líder debe llevar a cabo un análisis del coste beneficio de un determinado riesgo porque, tal vez, el resultado logrado en caso de tener éxito es muy exiguo y el desgaste no justifica el resultado. Hay que tener en cuenta que no se puede tener permanentemente al equipo en tensión, luego hay que elegir los momentos.
- Si el riesgo está justificado, hay que afrontarlo. Si los beneficios para el equipo lo justifican, hay que lanzarse. No debe caber ninguna duda. El líder debe ser capaz de asumir los riesgos con sensatez, serenidad y disposición. Si el fin es deseable, hay que movilizar los recursos para perseguirlo. Además, el equipo, de una manera más o menos directa, lo demandará si dispone de la información adecuada.

  En ocasiones, el mayor riesgo es no asumir ninguno. Si las cosas quedan como están, a veces, es el preludio de una muerte organizacional. Esto es algo que el líder debe tener en cuenta. También cuando afronte un cambio. El mayor riesgo del cambio, en ocasiones, es el no cambio. Para afrontar el riesgo hay que analizar bien la situación, beneficio esperado, posibilidades de lograrlo, equipo con el que se cuenta, motivación y comunicación. Si manejamos adecuadamente estos elementos, sabremos si ir adelante y cómo afrontar el riesgo.

Un ejemplo de líder arriesgado, al que ya me he referido en otros apartados, es Elon Musk. El controvertido CEO de Tesla ha mostrado, en muchas ocasiones, que no tiene ningún problema para asumir riesgos en negocios poco frecuentes o muy inexplorados (de ahí el riesgo). Su gran fortuna la ha invertido en negocios realmente arriesgados, como el aeroespacial o, hace años, la energía sostenible. Hoy en día, ya es más aceptada, pero no tanto en su momento. Nunca ha sentido aversión al riesgo y se desenvuelve bien en ese campo, donde, probablemente, otros habrían temblado.

8.19 El líder criético y la resiliencia

La resiliencia se define como la capacidad de adaptación de un ser vivo frente a un agente perturbador o un estado o situación adversos. En el contexto que estamos tratando, se trata de recuperarse de los contratiempos que se sufren en cualquier organización.

Son innumerables los contratiempos o situaciones adversas que cualquier tipo de organización puede sufrir: desde la familiar, empresa, ONG o cualquier otra. Cada día son cientos de peligros los que acechan la estabilidad de cualquier organización. Incluso, simplemente la incidencia humana ya las provoca, fijando, por ejemplo, objetivos que son difíciles de alcanzar y cuya no consecución puede suponer una tormenta no deseada.

Los últimos tiempos hemos vivido acontecimientos realmente drásticos que han puesto a prueba la capacidad de recuperación de cualquier organización. El COVID ha supuesto numerosos reveses a nivel individual, familiar y organizacional. El líder resiliente es capaz de sobreponerse a estos contratiempos y adaptarse a las nuevas circunstancias sin desfallecer. La incertidumbre, además, dificulta esta adaptación. En entornos como el actual, el famoso VUCA, es cada vez más importante porque el grupo necesita estabilidad y seguridad.

Para mí, el líder resiliente no solo es aquel que es capaz de sobreponerse ante las dificultades. Esto sería como una condición necesaria, pero no suficiente. Debe tener otras características adicionales:

- Ayuda a los demás miembros del grupo a adaptarse o a recuperarse ante esas situaciones adversas.
- Es capaz de, junto al equipo, adaptarse a la nueva situación. No se trata de mantener la línea anterior al evento negativo, sino de ser capaz de interpretarlo y adaptarse para incorporarlo a la organización y ganar en flexibilidad y capacidad de respuesta al futuro. Esto, entre otras cosas, se logra entendiendo muy bien la cultura de la organización y activando los elementos que configuran una adecuada respuesta, haciendo que, además, lo vivido suponga una experiencia para salir fortalecido.
- El líder resiliente es capaz de hacer que toda la organización sea resiliente, es decir, que no se salga de la situación a remolque de lo que indique el líder, sino que se transmita ese espíritu para que se traslade como capacidad del equipo. De alguna manera, conforma, con dicha resiliencia, uno de los elementos de la cultura organizacional.

La inteligencia emocional, de la que hemos hablado antes, supone una importante herramienta para gestionar la incertidumbre y la adversidad y, por tanto, la resiliencia. Como apuntan Southwick et al. (2017), una organización resiliente no solo sobrevive, sino que prospera en un entorno de cambio e incertidumbre. Un liderazgo sólido que promueve la cohesión e interdependencia de los equipos es clave en una organización resiliente. Esto tendría que ver con el tercer servicio que el líder presta al grupo. Coutu (2002) afirma que el nivel de resiliencia de una persona es más determinante en el éxito o fracaso que la educación, la experiencia o el entrenamiento.

En la misma línea se manifiesta Dean Becker, fundador de Adaptative Learning Strategies. Southwick sostiene que las organizaciones resilientes cuentan con líderes que demuestran apoyo continuo a la misión de la organización. Además, que lo comunican a los demás y que les motivan a llevarlo a cabo. De ahí que aspectos como la misión, la visión y los valores, que se utilizan con tanto desdén en algunas ocasiones sean tan importantes. Así lo defienden Bass y Avolio (1994) cuando se refieren a la visión de la organización en su estudio sobre liderazgo transformacional.

Hay que indicar que la resiliencia se convierte en un elemento esencial de las organizaciones desde el momento en que uno interpreta que siempre vamos a estar expuestos a situaciones no deseadas y adversas. Pensar lo contrario es iluso. El día a día de cualquier organización se va a ver zarandeado por numerosos contratiempos. Solo desde el entendimiento de que eso es un aspecto normal se pueden sentar las bases de un equipo resiliente.

Ernest Shackleton representa como nadie lo que es el liderazgo resiliente. Fue un explorador británico que, a bordo del Endurance, quedó atrapado en el hielo en su expedición transatlántica entre 1914 y 1917. Su capacidad de resistencia para mantener a su equipo con vida en situaciones extremas es legendaria. Tanto él como su tripulación tuvieron que abandonar el barco y sobrevivir entre el hielo antes de llegar a una pequeña isla deshabitada. Al igual que sucedió con los supervivientes del accidente del equipo de rugby argentino tras el accidente en los Andes, Shackleton y un grupo de hombres se embarcaron hacia la isla de Georgia del Sur para pedir ayuda. Son numerosas las dificultades que, durante todo el proceso, tuvieron que soportar, pero la resistencia suya y la que pedía a su equipo finalmente les salvó. Algunos de los elementos que caracterizaron su liderazgo fueron los siguientes:

- Actitud serena y tranquilizadora en todo momento, transmitiendo confianza a todos los miembros.
- Optimismo, haciendo ver a todo el grupo que superarían aquella situación, pese a las numerosas dificultades a las que tuvieron que hacer frente.
- Toma de decisiones valientes e inteligentes, como abandonar el Endurance antes de ser destruido por los bloques de hielo. No fue una decisión fácil y seguramente tuvo que enfrentarse a varios miembros de la tripulación, pero su decisión y persuasión los salvó.
- Flexibilidad en la adaptación a las nuevas condiciones que fueron surgiendo durante todo el tiempo. Esta flexibilidad es la que hizo que se fueran tomando las mejores decisiones para cada momento, aunque inicialmente pudieran no parecerlo a la luz de análisis previos, pero nuevas condiciones deben suponer nuevos análisis y decisiones.
- Cohesión en el equipo. El protagonista de este episodio siempre tuvo la supervivencia y bienestar del equipo (en la medida que las circunstancias lo permitieran) en primer lugar.

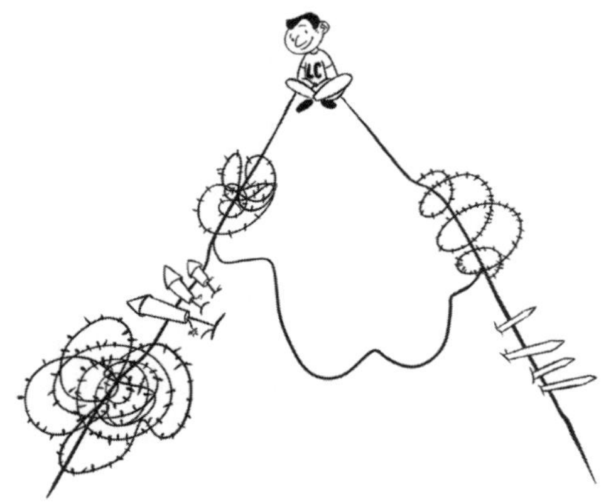

8.20 El líder criético y la pasión

La pasión se entiende como un sentimiento muy fuerte hacia una persona, idea, tema, etc. En este sentido, nuestro líder criético tiene pasión por lo que hace y por las personas que forman parte de su equipo. Ambos aspectos. Por lo que hace, en el sentido de que siente afición, ilusión por aquello que está desarrollando, pero también su orientación hacia las personas de su equipo genera esta pasión. Ahora bien, no de un modo irreflexivo. El líder criético lo hace de modo equilibrado, sensato, coherente y racional. Y es capaz de saber cuándo su equipo no lo hace bien y pone los medios para solucionarlo.

Un líder con pasión es capaz de llevar a cabo las acciones necesarias para lograr su propósito si esta pasión está en la base de su actividad. Si se encuentra la pasión, el trabajo será mucho menos tedioso y cansado. Se encuentra un plus de motivación en lo que se está haciendo.

La pasión tiene que ver con dos aspectos. En primer lugar, con la meta. Cuando esa meta es muy atractiva y deseable, se hace muy tentadora y surge la pasión por lograrla.

En segundo lugar, por las acciones que hay que desarrollar para lograrla. Cuando se hace algo que gusta, se siente pasión por ello y todo cuesta menos. Por decirlo de alguna manera, el trabajo no es trabajo, sino afición. Si un líder tiene pasión, trabaja con más optimismo y es capaz de fijar metas más ambiciosas, aunque realistas. Además, al ser un firme creyente de lo que hace, lo comunica con más seguridad y solvencia, por lo que resulta más creíble y es capaz de contagiar esta pasión. Se traslada esa energía y aumenta la satisfacción por cada tarea finalizada. Además, esta pasión contribuye a aumentar la perseverancia, ya que al hacer algo que gusta no es trabajoso ni penoso; por otro lado, cuando la meta es atractiva y se siente pasión por ella, no se abandona ante las dificultades, lo que contribuye a la resiliencia.

Ahora bien, la tarea del líder no consiste solo en tener pasión por lo que hace. El líder es capaz de transmitir esa pasión a los miembros del equipo. Y lo hace para que todos disfruten con lo que hacen; que lo hagan con ilusión, con ganas, con motivación. El proceso de comunicación es importante. Y cuando se habla de pasión, no solo las palabras cuentan. Cuentan también las acciones, el énfasis que se pone en lo que se dice; el cómo se dice. Un líder con pasión es capaz de transmitir esa pasión con el equipo y que, de alguna manera, tenga un efecto multiplicador en la motivación. Y todo desde un análisis crítico, ajeno a extremismos o dogmatismos, sino alentado por la ilusión y las ganas de trabajar en una determinada línea.

Como señala Marques (2007), el liderazgo, la inteligencia emocional y la pasión están íntimamente conectados. El autor lo relaciona según la figura 8.1.

Figura 8.1: Conexión entre el liderazgo, la inteligencia emocional y la pasión.

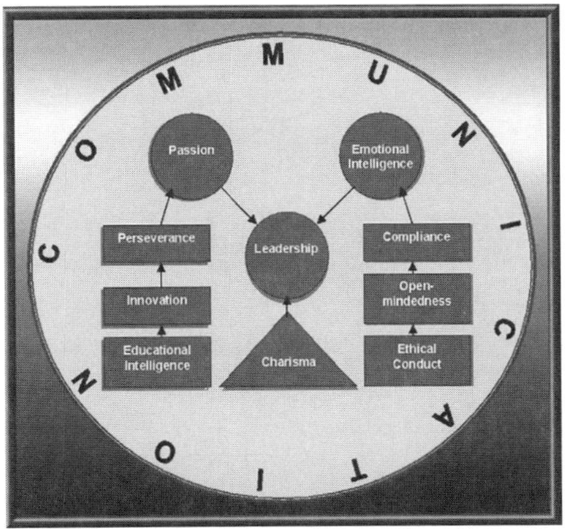

Fuente: *Marques, 2007*

La pasión tiene mucho que ver con la misión y la visión. De alguna manera es el porqué hacemos las cosas. Esto ayuda a los líderes a motivar la acción, como señala Simon Sinek en su charla TED y en su libro *Start with why: how great leaders inspire everyone to take action* (2011). Afirma que esto es más efectivo que el qué y el cómo. Una vez más, nos referimos a estos dos conceptos que nos ayudan en tener una dirección clara y un modo de motivar a los demás a hacer las cosas.

Ahora bien, ¿cuáles son los frenos a la pasión? Fundamentalmente, dos. Uno de ellos es la incomprensión de la sociedad o, al menos, de quien los rodea. Cuando uno pone pasión en lo que hace, muy probablemente se va a encontrar con muchos que digan que esa energía está fuera de lugar o que no ven hacia dónde quiere ir. De alguna manera, se extienden las críticas.

El segundo elemento tiene que ver con el fracaso. Fracaso entendido como no tener éxito según uno se había propuesto o no alcanzar las demandas de la sociedad. No hacer lo que los demás esperan. Para ser un buen líder hay que estar por encima de eso. Y esto no consiste en no escuchar a los demás; supone escuchar y analizar para aprender, pero no dejando en mano de los demás mi propia acción. El líder criético sabe que no puede ser alguien que se vea siempre afectado por lo que opinen los demás. Esto lleva a la insatisfacción permanente.

8.21 El líder criético y el cambio

Una de las características de las organizaciones y de sus interacciones con el entorno es el cambio. El cambio sí o sí es una realidad a la que van a tener que enfrentarse las organizaciones y las personas. Y dichas organizaciones necesitan líderes que lo sepan gestionar.

El cambio se va a producir tanto por desencadenantes internos como externos en las organizaciones. En el primer caso, nos encontramos con cambios de gestión, nuevas necesidades o prioridades de los miembros de la organización, cambios en el organigrama u otros.

Entre los segundos, nos podemos encontrar con impacto de los competidores (nuevos productos o servicios, por ejemplo), fusiones, guerras, cambios legislativos o de otros. Cualquier elemento puede suponer un desencadenante del cambio. Y el líder es el encargado de encontrar el máximo rendimiento de la organización en dicho cambio. Eso puede deberse a una adaptación o, en el mejor de los casos, a un aprovechamiento de las circunstancias.

El liderazgo en la gestión del cambio supone gestionar cada elemento que lo compone con una visión general de este y análisis y manejo de las diferentes interrelaciones entre ellos.

A continuación, vamos a ver cómo nuestro líder criético contribuye adecuadamente a esta gestión del cambio.

El cambio se define como la acción de transformar una cosa en otra. Supone, por tanto, abandonar una cosa o situación por otra. Esta otra, en principio, es la deseada. Y, en el ámbito empresarial, se puede desear como respuesta a un elemento desencadenante que haga que la organización se adapte positivamente a esta o que mejore su situación. Para proceder a dicho cambio, hay que llevar a cabo un proceso. Este proceso no siempre es fácil. Y será más complejo cuanto mayor lo sea la magnitud del cambio.

Kotter, en su famoso modelo de gestión del cambio (1996), apunta 8 fases, que son las siguientes y que las vamos a relacionar con la implicación de nuestro líder criético:

- **Crear un sentido de urgencia.** Nuestro líder debe analizar y explicar el porqué del cambio. Las razones para dicho cambio. Para llevarlo a cabo con éxito es necesario que el líder criético pueda llevar a cabo un análisis estratégico para ver cómo cualquier cambio puede impactar en la organización. Y es esencial que lo contraste con otros miembros para ver la idoneidad de dicho cambio. El líder criético, por tanto, debe escuchar las opiniones de otros miembros y, además, hacerlo con una escucha activa, recogiendo opiniones que ayuden a valorar si es precioso o no ese cambio. Y debe saber con quién tiene que contrastar estas opiniones. No todos tienen la misma información o grado de conocimiento del contexto. También se hace esencial saber con quién discutir qué asuntos.

También es importante saber y transmitir el riesgo de no cambiar y saber a qué consecuencias nos tendremos que enfrentar si no gestionamos el cambio con urgencia. A veces, el riesgo está en no asumir ninguno. Y el líder debe identificar muy bien cuándo corresponde planificar y ejecutar el cambio y cuándo no, o hacerlo de una manera más progresiva. No se trata de ser un kamikaze en el cambio. El cambio tiene muy buena prensa en el ámbito del *management*, pero es preciso identificar muy bien si conviene hacerlo, cuándo y cómo y, en ocasiones, fruto de no hacer este análisis o no planificarlo de manera adecuada, no se ejecuta bien y las consecuencias pueden ser muy lesivas para la organización.

- **Crea una coalición poderosa.** El cambio no lo puede llevar a cabo un solo individuo. Nuestro líder criético es consciente de que, para que tenga éxito, el cambio debe contar con el apoyo de numerosos miembros y, más importante, que estos miembros sean clave. Si el líder cuenta con otras personas o partes que apoyan su visión, tiene gran parte del camino recorrido. Para lograrlo, nuestro líder debe hacerlo en varias áreas y niveles de la organización. Así logra la mayor adhesión en el grupo. De alguna manera, el líder identifica otros líderes entre las distintas áreas y busca en ellos su apoyo. Además, es ideal un ejercicio de análisis de cuáles son los beneficios que dicho cambio puede generar para ellos. Y todo esto, naturalmente, desde una perspectiva crítica (objetiva, ajena a afinidades y exenta de pasiones en el juicio).
- **Creación de una visión que apoye el cambio.** Como habíamos apuntado al principio de este libro, la visión y orientación de hacia dónde queremos ir forma parte de las tareas del líder.
  Para establecer esa visión tiene que hacer un análisis de la situación

de partida y llevar a cabo un análisis objetivo sobre las capacidades con las que cuenta para lograr un objetivo determinado. Hay que ser ambicioso, pero no temerario. Hay que ver si esta visión es compatible con la misión, la visión y los valores de la organización, que son la referencia que nos guía.
Con la determinación clara de cuál es el objetivo que se quiere lograr y, por tanto, establecida la visión, hay que comunicarla

- **Comunicar la visión.** Supone comunicar (que no solo exponer) la visión que se pretende. Hay que hacerlo de manera reiterada. Además, cuantos más medios se utilicen mejor. No solo el correo de empresa, sino tablones, charlas informales, etc. Para que un mensaje cale, el ámbito informal tiene mucha efectividad. Hay, además, que transmitir pasión por esa visión. En los distintos comités a los que se asista, sería bueno llevar a cabo una pequeña reflexión al respecto. Y si nos podemos ayudar de algún elemento visual, mejor.
- **Eliminar los obstáculos.** Es muy probable que existan de antemano o que puedan surgir muchas resistencias al cambio. La resistencia es algo normal. En primer lugar, el líder criético no lo toma como algo personal, sino que lo considera parte de lo esperable cuando no se ha llevado a cabo un análisis crítico de la situación o no se manejan todas las variables.

  La otra razón tiene que ver con que no se haya comunicado del mejor modo posible. El líder criético juega con todas estas variables. Las razones por las que puede haber resistencia son varias:

  - Miedo a lo desconocido. Y entonces, al no saber cómo va a acabar algo, surgen esas resistencias derivadas de la incertidumbre.
  - Conocimiento, pero no deseo de una situación diferente. Esto puede deberse a un cambio de estatus o a cualquier otra circunstancia no deseada. También porque, como consecuencia del cambio, algunos van a tener que hacer frente a mayor carga de trabajo y esto no es deseado si no va acompañado de mayores compensaciones. Tal vez, también, porque en algunos casos no se cuenta con las capacidades necesarias para la nueva situación.
  - Esfuerzo en el cambio. El propio cambio supone esfuerzo y trabajo y hay muchos que no están dispuestos a asumirlo; más allá del resultado final.

Esta resistencia al cambio se puede manifestar de diversos modos: mediante el sabotaje, el ninguneo hacia las medidas o las personas que lo promueven, por ejemplo. Y dicha resistencia puede manifestarse de un modo tácito o explícito. En el primer caso, no es tan evidente; no se verbaliza, pero puede llegar a ser, incluso, más dañino, ya que se tarda más en identificar el problema. Además, se puede ejercer esta resistencia de un modo inmediato o diferido en el tiempo, es decir, no al principio, sino a medida que va corriendo el proceso. En el primer caso, la situación no es tan grave como en el segundo, ya que nuestro líder criético tiene información de otro punto de vista, tanto en la planificación como en la ejecución. Si se lleva a cabo un proceso proactivo, será, incluso, positivo, pudiendo desactivar esta resistencia en las primeras fases.

Para gestionar esto, el líder criético es consciente de que no se puede enfrentar él solo a todas las resistencias. Debe ser capaz de identificar quién le puede ayudar. Fruto de la coalición indicada, debe trabajar con estos DDR (desactivadores de resistencias) para que colaboren en la comunicación y gestión de ese cambio. Como nos sucede a los padres, en ocasiones no somos suficientemente escuchados por nuestros hijos y tenemos que recurrir a un tercero (amigo, familiar, etc.). De igual modo, el líder criético puede apoyarse en otras personas para ser lo más eficiente posible en esta gestión del cambio.

- **Gestionar y celebrar victorias en el corto plazo.** El líder criético sabe que los cambios en la empresa no son dicotómicos y que se produce un efecto acumulativo de pequeñas fases y victorias en las que se cimientan los siguientes elementos. El líder criético sabe que es importante identificar pequeños proyectos que supongan victorias relativamente sencillas en el corto plazo y que así se genere un aspecto de motivación en el equipo.

Hay que planificar los cambios como una sucesión de etapas. Es importante que las primeras, para coger moral, sean de una relativa sencillez. Además, cada éxito hay que celebrarlo. Esto tiene dos beneficios. Por un lado, motiva a todos los que han formado parte de este, con el consiguiente impacto para los siguientes; por otro lado, ayuda a contextualizar en qué punto estamos, cuáles son las fases que faltan y qué hay que hacer. Todo ello, además de la inestimable excusa que supone para volver a incidir en la importancia del cambio. En esta celebración del cambio no está fuera de lugar llevar a cabo pequeños reconocimientos a los miembros más destacados. Si se quiere ser más ambicioso, compensaciones adicionales.

Algo que me ha resultado en el pasado muy útil es compensar con algo que pueda suponer disfrute de la persona con su familia. Los cambios, como claro exponente de una actividad organizativa que resta mucho tiempo a los colaboradores de sus familias, también son logros de estas últimas. Un bono para un espectáculo, una comida con la familia, etc., pueden ser bien percibidos y ayudar a soportar esta exigente tarea que exige la implicación y comprensión de todos.

- **Construir sobre el mismo cambio.** Como hemos apuntado, el cambio se construye poco a poco y es fácil caer en una trampa, que es la de considerar que ya el cambio está logrado. Nuestro líder criético es consciente de esto y no lo va a hacer. Tras cada victoria, con su pensamiento crítico, verá qué puede ser objeto de mejora. De cada elemento que no haya salido bien, analizará el porqué y cómo mejorar para la próxima ocasión. E incluso verá si hay algún aspecto rescatable. Hay que aprovechar el impulso del cambio que se ha logrado. Y, en este proyecto, identificar si hay más agentes a quienes involucrar. Del mismo modo, si alguno de los actuales no está rindiendo conforme a lo esperado, analizar las causas y ver si se le puede apoyar. Y si esto no es posible, y va a suponer un lastre para el equipo, ayudar en su salida. Y hacerlo de una manera elegante y no lesiva.
- **Anclar el cambio en la cultura de empresa.** El cambio no puede considerarse finalizado hasta que no forme parte de la cultura de la empresa, es decir, que las cosas ya se hagan conforme al nuevo estado y que se haga sin apenas tener la sensación de que se está haciendo algo.

  Consiste en hacer las cosas con el nuevo estilo y que esto forme parte de la normalidad. Sin que exista esa sensación de cambio. Los valores instaurados en el cambio ya están incorporados a la cultura de la empresa. Y aquí nuestro líder debe hacer que todos se vayan sumando a esta nueva manera de hacer.

El conocimiento en profundidad de la cultura de empresa y encontrar un ámbito donde se puedan incorporar estos valores son tareas del líder. Y, además, hacer que estos valores prevalezcan cuando ya no estén los que los han instaurado.

El líder criético hace que las cosas sucedan. Establece una participación lo más alta posible y límites temporales para su consecución. Se trata de un proceso cuidadosamente planificado, pero que no se queda ahí, sino que lleva a cabo un seguimiento sistemático. Incluso en el establecimiento de los objetivos, tanto individuales como colectivos, establece reuniones de seguimiento con unos indicadores que permiten identificar si se produce alguna desviación y cómo poner soluciones con el tiempo suficiente.

El líder criético sabe que la estrategia, al igual que su función, no solo consiste en la planificación, sino en el seguimiento y establecimiento de medidas correctoras a tiempo y por los más adecuados.

En los últimos años de la década de los 80 y principios de los 90, el gigante americano IBM estaba atravesando una etapa realmente crítica. Sus acciones habían perdido tres cuartas partes de su valor y tuvo que despedir a más de 100.000 empleados. En 1993, Louis Gerstner asumió el cargo de CEO de la organización. Llevó a cabo un proceso de transformación intenso que ha sido objeto de estudio por su éxito e impacto en una compañía tan importante como el gigante azul. Algunos de los elementos que llevaron al éxito en el cambio fueron los siguientes:

- Foco en la estrategia. Se puso foco en las principales unidades estratégicas de la compañía, que tenían que ver con *hardware*, *software* y tecnología. Se trataba de una empresa muy diversificada y había que reducir las unidades.
- Orientación al cliente, lo que suponía poner al cliente en el centro de las decisiones.
- Cambio en la cultura corporativa. Se trataba de alinear los valores y referentes en la cultura de la organización. Aspectos como el mencionado foco en el cliente y trabajo en equipo ganaron relevancia. Con este objeto, Gerstner y sus ejecutivos llevaron a cabo una intensa labor de concienciación de la necesidad del cambio y el modelo que seguirían.

- Énfasis en la rentabilidad de cada unidad, manteniendo unos responsables de las distintas unidades a los que se les otorgó la responsabilidad y medios para lograrlos.

En definitiva, Gerstner llevó a cabo los aspectos indicados anteriormente poniendo mucho énfasis en la importancia de la cultura de la organización y buscando aliados para la gestión de este cambio en una compañía que volvió a la senda de los beneficios.

8.22 El líder criético y el servicio

El liderazgo de servicio es el que considera que la tarea más importante de un líder es ayudar a los demás. Consiste en crear un entorno que favorezca el desarrollo de los demás. Y que este desarrollo no solo sea profesional, sino, en general, en cuanto a su bienestar.

El impulsor de este tipo de liderazgo, Robert K. Greenleaf, sostiene que el liderazgo de servicio comienza con el deseo natural de querer ayudar. Posteriormente, por una decisión consciente, uno buscará liderar. Larry C. Spears, presidente y fundador del Spears Center for Servant Leadership, basándose en los estudios de Green et al. (1996) ,define las características de los líderes solidarios. Son las siguientes, en opinión del autor:

- Escucha: los líderes de servicio priorizan esta tarea. Además de comunicar bien, el buen líder es el que sabe escuchar. Y hacerlo de una manera activa.
- Empatía: el líder de servicio procura comprender a los demás; sus circunstancias y su modo de entender las situaciones. De este modo, resultará más fácil tomar decisiones y comprender cómo se pueden ver afectados.
- Superación: el líder de servicio ha identificado qué experiencias pasadas no han funcionado bien y se esfuerza por buscar áreas de mejora y superar cualquier aspecto tanto individual como colectivamente.
- Consciencia: se refiere tanto a la consciencia de las capacidades de uno mismo como a las del grupo. Supone comprender los valores y la ética desde una perspectiva global.
- Persuasión: este es un concepto muy asociado al propio de liderazgo, ya que no impone, sino que busca, cuando sea posible, el consenso. Y esto tiene que ver con la confianza y la gestión de las emociones que apelan a la acción. Aquí, además, la comunicación adecuada juega un papel importante.
- Conceptualización: se trata de interpretar las situaciones desde una perspectiva más global y asociando los diferentes aspectos. En definitiva, de pensar en el largo plazo y las relaciones entre los distintos elementos.
- Previsión: el líder de servicio debe ser capaz de anticipar las consecuencias de determinadas acciones y sucesos de futuro. Para ello es importante que lleve a cabo alguna técnica de carácter estratégico. Además de la intuición, el considerar un adecuado proceso para llevarlo a cabo ayuda en una determinación correcta.
- Administración o responsabilidad: el líder de servicio tiene la responsabilidad de velar por los recursos que se le han encargado y, además, ayuda a que los demás ejerzan su responsabilidad en las tareas que tienen.
- Compromiso con el crecimiento de las personas: tal vez sea la esencia del líder de servicio. Se muestra enfocado en el crecimiento y desarrollo de los otros. Además, esto genera un alto grado de compromiso y lealtad. Implica dar voz al grupo, apoyar a los más débiles y ponerse a su disposición para ayudar.

- Desarrollo de una comunidad: el líder de servicio hace que los miembros se sientan dentro de una comunidad. Una comunidad que los apoya y los defiende. Se genera un clima de compañerismo que desemboca en un mayor rendimiento.

Si hay alguien que ha encarnado el liderazgo como servicio, esa ha sido santa Madre Teresa de Calcuta. De origen macedonio, siempre se ocupó de los más pobres. A los 36 años, abandonó todo para ayudar a los más desposeídos de los barrios más pobres de Calcuta. Construyó asilos para ayudar a estas personas, incluso a morir. Su amor fue tal que llegó a crear una congregación denominada Misioneras de la Caridad. Pobres, enfermos de sida, mujeres maltratadas y drogadictos fueron algunos a los que la santa ayudó. Amor, paz y ayuda a los más desfavorecidos, de manera incansable, pese a su aparente fragilidad física, fueron las señas de identidad que hicieron de ella una líder incuestionable, incluso para aquellos que no profesan su misma fe.

Durante muchos años, vengo impartiendo la asignatura de liderazgo en distintas universidades de distintos países y, con gran emoción, observo que es una de las primeras referencias que personas, de muy distintos ámbitos, llevan a cabo cuando se habla de liderazgo. Pocas personas han gozado de tanto consenso cuando, en 1979, recibió el Premio Nobel de la Paz.

8.23 El líder criético y el desarrollo

Como se ha señalado, una de las acepciones de liderazgo tiene que ver con el desarrollo de los colaboradores. Una de las tareas que un líder tiene está relacionada con el desarrollo de las personas que lidera. Y las puede desarrollar en su vertiente técnica y en su vertiente personal. Desde el punto de vista técnico, el líder hará enfrentarse a contenidos de difícil solución para sus colaboradores, pero ofreciendo en todo momento el apoyo para que sean capaces de resolverlo. Aquí, la formación, tanto la genérica como la específica, son determinantes.

El establecimiento de un determinado plan de formación puede tener dos objetivos: por un lado, para cumplir con garantías el puesto que está desempeñando el colaborador. Supone asegurar que cumple su trabajo con las mayores garantías.

Por otra parte, para ir accediendo a puestos superiores, la formación que se otorga a una persona con intención de que pueda ocupar puestos de mayor responsabilidad en el futuro. Y esta formación, si se pretende que tenga unas características técnicas, irá orientada a este ámbito. Si el objetivo es que gane visión generalista, habrá que dotarle de formación global donde se ponga foco en la relación entre las distintas variables. Cuando se trata de desarrollo de carácter personal, técnicas como el *coaching* o el *mentoring* son más relevantes. Suponen ahondar en la personalidad del colaborador para ver sus áreas de mejora. Pero, además, el líder debe exponer al colaborador a situaciones donde, en un entorno real, se tenga que enfrentar a situaciones complejas. Solo así se puede desarrollar a los colaboradores. La delegación de las tareas, que no la de la responsabilidad, es algo que el líder criético tiene claro que puede ayudar en dicho desarrollo. Además de servir de prueba para ver el funcionamiento del grupo, también va a servir para que gane en eficacia.

El líder criético sabe que, si es capaz de delegar, su eficacia va a ser mucho mayor, como también lo será la de su equipo. Por tanto, todos nos veremos beneficiados por esa delegación. Ahora bien, no todo se puede delegar. El líder criético debe saber qué delegar, cuándo y a quién hacerlo. Continuar.

Para el líder criético, algunas de las ventajas de la delegación son las siguientes:

- Libera su tiempo y mejora su productividad. Además, al tener más tiempo, lo hace de manera más distendida y serena. Le permite, en definitiva, hacer más, en menos tiempo y de manera más divertida para él.
- El líder criético se enfoca en las tareas que le son más propias y donde se requiere más destreza propia del líder; lo que requiere su experiencia y competencias.
- Se mejora el clima de la organización al desarrollar a sus miembros, para quienes se generan oportunidades de aprendizaje.
- Se fomenta la motivación y el compromiso de todos los miembros con la organización.

Este plan de formación para el desarrollo de los colaboradores, idealmente debe reflejarse en el procedimiento de asignación de objetivos y posterior seguimiento. Esto compromete al líder y al colaborador, por lo que la posibilidad de que se cumpla es más real que si sólo se trata de una declaración de intenciones.

8.24 El líder criético y la flexibilidad

Si la flexibilidad es importante en cualquier ámbito de la vida, en el caso del liderazgo es esencial. La flexibilidad implica tolerancia, adaptación a situaciones adversas (de ahí su relación con la resiliencia), comprensión de posturas diferentes a la propia y empatía para comprender el porqué.

La flexibilidad en un líder no solo afecta a sus relaciones con los seguidores. La flexibilidad afecta a cualquier ámbito de la actuación del líder y, por tanto, forma parte de la relación del primero con cualquier grupo de interés: proveedores, clientes, sociedad o cualquier otro. Seguramente, nuestro líder criético es consciente de que la aproximación flexible a cada uno de ellos es diferente en función de objetivos, equilibrio de poder, misión, contexto, etc.

El líder flexible es capaz de adaptar su enfoque y su estrategia a los distintos elementos de los que se rodea. Un líder flexible debe ser capaz de adaptar su estrategia a las necesidades del entorno. Y, como hemos visto, este entorno cada vez cambia a mayor velocidad y lo hace de una manera más intensa. Ambos aspectos deben ser tenidos en cuenta por nuestro líder.

Además, el líder criético debe ser capaz de involucrar a su equipo en la estrategia. Pero no nos engañemos. Lo debe hacer con dos consideraciones: en primer lugar, escuchando. Seguramente el equipo tenga una idea más clara que el propio líder a la hora de implementar la estrategia. En la definición, seguramente el líder tenga más información. Si este es el caso, puede compartirla o, de no hacerlo (no siempre hay por qué hacerlo), al menos escuchar su punto de vista. Con frecuencia se obtiene información muy útil a la hora de confeccionarla. En segundo lugar, involucrando al equipo se pueden aprovechar mejor los conocimientos de todos y aprovechar las oportunidades, encontrando soluciones más creativas.

En cuanto a la gestión de equipos, nuestro líder criético tiene que saber con qué tipo de equipos cuenta y cuál es la tarea que llevar a cabo.

En una teoría ya clásica, Hersey y Blanchard hablan de este liderazgo situacional. Y vienen a decir, básicamente, que, según la situación, el líder puede llevar a cabo un estilo u otro. Nuestro líder, además, debe tener la suficiente cintura como para ir alternando un tipo y otro, no solo en función del equipo, sino de la tarea que desarrollar. Y, más allá, de cómo se hayan gestionado los elementos con anterioridad. No se puede estar permanentemente tensando la cuerda; del mismo modo que tampoco siempre es momento de paños calientes y suavidad en algunas circunstancias. La madurez del equipo, además de si se han incorporado miembros nuevos, la dimensión de la tarea, etc., hacen que el líder criético deba saber leer bien las situaciones para ver cuándo utilizar qué tipo de liderazgo.

Nuestro líder criético es capaz de reconocer los errores. Solo desde esa perspectiva se es capaz de aprender. La humildad, por tanto, en ese reconocimiento de lo que se podría haber hecho mejor es esencial. A veces, las cosas salen bien pese a que se hayan tomado malas decisiones. El líder criético debe aprender a discernir el proceso del resultado para aprender de cara a la próxima ocasión.

Los últimos años hemos visto la irrupción y crecimiento imparables de una empresa en el panorama económico mundial. Se trata de Amazon. Jeff Bezos, su fundador, es buen ejemplo de liderazgo flexible. Como hemos dicho, flexibilidad no implica carencia de firmeza en la toma de decisiones difíciles. Supone la adaptación a nuevas circunstancias y obtener lo mejor de ellas. Bezos es uno de los hombres más ricos del mundo.

Los elementos que determinan el éxito empresarial son muy complejos. Saber leer cada uno de ellos y, más importante, el modo en el que se relacionan y cuál es la resultante es realmente difícil. Si, además, son cambiantes, se convierte en un arte.

Bezos ha sabido adecuarse a estas circunstancias cambiantes para que su compañía sepa ofrecer a los clientes soluciones muy satisfactorias en diversos ámbitos. Algunos de los elementos que el empresario americano con orígenes españoles ha sabido conjugar son los siguientes:

- Adaptación al cliente: un cliente cada vez más exigente y complejo, fruto de su distinto origen y constante cambio.
- Innovación, como lo demuestra el hecho de haber sido capaz de diversificar negocios a partir de uno básico. En estos momentos, Amazon no solo se dedica al comercio electrónico, sino también al de servicios en la nube, entretenimiento y otros.
- Asunción de riesgos previos a cualquier toma de decisiones. Entrar en un negocio nuevo siempre supone un riesgo. Una adecuada gestión de estos ha sido esencial en el caso del gigante empresarial. Además, cada error cometido ha supuesto un aprendizaje, en palabras de Bezos, que le ha permitido ir mejorando cada día.

- Agilidad en la toma de decisiones, lo que ha permitido a Amazon adaptarse rápidamente a las nuevas circunstancias del entorno.
- Visión estratégica. El largo plazo es lo que, para Amazon, determina la medida del éxito. En lugar de buscar una orientación cortoplacista, se ha orientado al largo plazo, lo que le ha reportado la confianza de los inversores y clientes.

8.25 El líder criético y la honestidad

Según señala Marco Tulio Cicerón, la honradez tiene que ver con el cumplimiento de las obligaciones que se encuentran presentes en todas las actividades de la vida humana, en contraposición a lo útil, al placer y al sufrimiento, y representa el fin mismo al que debe aspirar el ser humano para ser recto.

Honestidad y liderazgo van de la mano. Difícilmente se puede confiar en alguien que no es honesto. La honestidad en el liderazgo tiene dos dimensiones: la interna y la externa. En la primera, se refiere a la propia honestidad. A ser franco, honrado con los propios principios y a expresar las opiniones de manera clara, sin por ello tratar de herir. A veces decimos que alguien es demasiado honesto y esto lo valoramos como positivo.

En segundo lugar, la honestidad también tiene que tener un grado de empatía y considerar cómo afecta a los demás cuando emitimos una opinión. Respecto a los demás, es importante crear un clima que propicie que se emitan cualquier tipo de opiniones. Y que esas opiniones sean tenidas en cuentas sin un juicio de desvalorización. Solo cuando se crea este clima de confianza, se pueden emitir opiniones honestas. Y esto favorece la búsqueda de soluciones.

Para que exista ese clima donde se puedan aportar opiniones honestas, no debe haber castigos fruto de la discrepancia. La discrepancia es rica y el líder criético debe fomentar esta participación.

Pero la honestidad también tiene que ver con tener un comportamiento respetuoso con los demás. Por supuesto, no contravenir las normas, pero, más allá, tener como referencia el bien para la mayoría. Esto es ser honesto con los demás. Respecto a uno mismo, significa ser coherente con sus planteamientos. De nada sirve predicar una cosa y luego comportarse de otro modo; o adecuar el nivel de ética a las afinidades o intereses personales. Esto iría en contra de dicha coherencia y, por tanto, de la honestidad que, además de cumplir, demandamos e incluso exigimos.

Una cultura no ética se manifiesta, entre otros, en muchos comportamientos absolutamente reprobables, como corrupción, soborno, favoritismo, lavado de dinero, conflicto de intereses, uso indebido de intermediarios, fraude, desviación contable, acoso laboral y sexual, atentados ambientales y otros de similar naturaleza.

Una cultura corporativa ética no solo ayuda a evitar escándalos corporativos, como señala Schwartz (2012), sino que contribuye a un mayor comportamiento ético de la organización a todos los niveles.

Un conjunto de valores éticos fundamentales parece ser crítico para establecer una cultura corporativa ética. Como explican Hunt, Wood y Chonko (1989), «los valores corporativos se consideran desde hace tiempo la dimensión central de la cultura de una organización». A su vez, se ha reconocido que una cultura corporativa ética es importante para la toma de decisiones éticas.

Schwartz señala que más allá de infundir valores éticos en toda la organización y desarrollar un programa de ética integral, para lograr una cultura corporativa ética, también debe haber un tono ético en la cúpula. De hecho, muchos sugieren que una cultura corporativa ética depende de un liderazgo ético: «El tono moral de una organización lo establece mejor la alta dirección. [...] los trabajadores suelen obtener sus señales éticas observando lo que hacen sus jefes» (James, 2000).

Según Brown, Treviño y Harrison (2005), «los líderes deben ser la fuente clave de orientación ética para los empleados». Definen el liderazgo ético como «la demostración de una conducta normativa apropiada a través de acciones personales y relaciones interpersonales, y la promoción de dicha conducta entre los seguidores a través de la comunicación bidireccional, el refuerzo y la toma de decisiones éticas».

Lo cierto es que la honestidad está en la base de un comportamiento ético. Y esto tiene que ver con uno mismo (ser fiel a una serie de valores) y con una honestidad en el comportamiento hacia los demás. El líder criético no comparte la opinión que otros tienen sobre la utilización de los demás para escalar en la organización. Es honesto consigo mismo y con los demás.

8.26 El líder criético y la lealtad

No se puede hablar de liderazgo sin lealtad. Si hablamos del líder como aquel al que el grupo, de manera voluntaria, sigue, entonces veremos que esto está muy relacionado con la lealtad. La lealtad significa, según apunta la RAE, «la observancia de la fe que alguien le debe a otra persona». Por tanto, la lealtad, si existe liderazgo, está en la misma dimensión.

Supone honrar con el compromiso a alguien. Por eso, si se le tiene lealtad a alguien, en virtud de algún servicio prestado, se muestra adhesión hacia esa persona. No se le da la espalda y, mucho menos, se le traiciona.

Es importante recordar que para que demos liderazgo a alguien tiene que ser poseedor de ciertos valores que compartimos. Por tanto, de una manera indirecta, estamos siendo leales con nuestros valores, ya que si el líder cambiase de valores o transgrediese algo que no aceptamos, le retiraríamos nuestra confianza. Si otorgamos esa confianza a alguien, lo primero que tenemos que ser es agradecidos. Seguramente, el líder, además de orientarnos y protegernos, nos impulsa y nos ayuda tanto profesional como personalmente. El líder, por su parte, no puede pensar que por el hecho de que los miembros del grupo le sean leales los puede utilizar para su propio beneficio.

El líder criético debe tratar de fomentar una lealtad basada no en el personalismo, sino en los principios y en los valores de la organización. Aquí es donde, a veces, los seguidores encuentran un dilema. Cuando tienen que elegir entre el líder o la organización. Teóricamente, esto no debiera producirse, porque se supone que el líder debe defender los valores e intereses de la organización, pero no siempre es así. En ocasiones, los intereses personales priman sobre los organizacionales y se somete a los seguidores a un duro dilema. Elegir entre quien les da apoyo, soporte y desarrollo y la organización a la que están vinculados.

El líder criético considera que este debate moral está fuera de lugar y que solo siendo un jugador de equipo y alineando los intereses personales (aunque legítimos) con los organizativos se puede ir adelante. Incluso si ha formado adecuadamente a los seguidores, deberá ponerse a un lado buscando el mayor interés de la organización y de todos sus miembros. Además, el líder criético considera que la lealtad es recíproca, es decir, el líder también se debe a su equipo y debe apoyarlo, animarlo y ser leal con él. Del mismo modo, el líder tiene obligación de que cada uno de los miembros del grupo sea leal con el resto del equipo. Tiene que fomentar esta lealtad transversal.

Cuando colisionen los intereses particulares con los del grupo, este siempre debe prevalecer y el líder criético deberá establecer este criterio de forma clara y transparente, además de mentalizar a todos los demás para que lo entiendan de este modo.

Un ejemplo de líder leal es el de Puyol, capitán del FC Barcelona y destacado miembro de la selección española. El del Puebla de Segura (Lérida) se mantuvo siempre fiel a su equipo de toda la vida, pese a recibir importantes ofertas económicas de otros clubes. Además, su compromiso en defensa del combinado nacional, así como sus gestos de liderazgo (en ocasiones reprobando el comportamiento de algunos compañeros), merecieron el reconocimiento de todos sus compañeros y rivales. En Puyol se observa cómo se puede mantener dicha lealtad tanto a nivel local (Barcelona) como nacional (España) de un modo absolutamente natural, sin que uno suponga la renuncia al otro.

8.27 El líder criético y la serenidad

El líder criético es una persona serena. Una persona que no actúa de manera histriónica ni en su comportamiento ni en su manera de juzgar. Se trata de un líder tranquilo. Y esta tranquilidad proviene de la experiencia y de saber que las cosas no son ni blancas ni negras.

Aquí me gustaría, de nuevo, apelar a nuestro campeón, Rafa Nadal. El tenista, cuando logra un éxito, hace gala de una serenidad y respeto encomiables. En sus declaraciones se muestra esta actitud y afirma, además, que dicho éxito no debe hacerle pensar que es invencible. Está contento, por supuesto, pero no da muestras (desde el convencimiento, no desde el postureo al que tan acostumbrados estamos) de creerse un superhombre. Sabe que de igual modo que ha ganado, por distintas circunstancias, podía no haberlo hecho. Y esto no le haría peor deportista o persona. Y lo vuelve a mostrar cuando así sucede. Sabe que, si ha trabajado bien, el éxito llegará. No dramatiza.

El líder criético no es amigo de aspavientos; ni positivos ni negativos. Cuando la serenidad acompaña, el análisis es más certero y, por tanto, la posibilidad de éxito mayor. Ya los estoicos, maestros en este arte, afirmaban que lo importante es centrarse en el proceso. Y centrarse en lo que se puede controlar. Es mejor no gastar energías en lo que no se puede controlar. Y desde esta perspectiva se afronta el liderazgo. Menos gestos de cara a la galería y más gestión.

La serenidad implica abordar las situaciones desde la sensatez, sabiendo que hay momentos buenos y otros que no lo son tanto. Y que eso forma parte de la vida. Y que si nos centramos en el proceso, las posibilidades de éxito son mayores. Si por cualquier circunstancia no se obtienen los resultados deseados, el líder criético no se viene abajo. Continúa perseverando y haciéndolo tras analizar qué es en lo que ha podido fallar. Del mismo modo, cuando las cosas han salido bien, hay que ser muy consciente de qué es lo que se ha hecho bien, para repetirlo si las circunstancias son similares, y qué parte del éxito es atribuible a circunstancias externas. Y en este caso, aunque hayan ido bien, y especialmente cuando no han salido como espera, el líder criético revisa qué podría haber mejorado. Y lo hace sin dramatizar.

Normalmente las cosas no son de vida o muerte. Tendemos a llevar a extremos las situaciones y, sobre todo, los análisis. El líder sereno es un líder tranquilo, que, además, no tiende a exagerar las cosas.

Por otra parte, sabe que está en el foco del análisis, por lo que no magnifica ninguna reacción, en la seguridad de que es lo mejor para el equipo. Cuando ha salido bien, porque no conviene un exceso de confianza que penalice de cara al futuro, ni cuando ha salido mal, para que no afecte a la seguridad del grupo ante otros retos. Los entrenadores deportivos tienen estos aspectos muy claros, conteniendo la euforia en caso de éxito y relativizando la situación y haciendo análisis cuando no se ha logrado lo deseado.

8.28 El líder criético y el seguimiento de las acciones

Muchas veces se habla de la importancia de la iniciativa; y es así. La iniciativa a la hora de llevar a cabo acciones es muy relevante, pero no lo es menos la capacidad de seguimiento de dichas acciones.

Es muy importante que se sigan las cosas. En las empresas norteamericanas (a la vanguardia en el ámbito económico y empresarial), esta está siendo una de las competencias en las que más énfasis se está poniendo últimamente. Y es que, si no se da seguimiento, muchas iniciativas caen en saco roto.

Cuando se toma una decisión, por lo general se impulsa con mucha determinación, pero con frecuencia, con el tiempo, ante las dificultades, se cae en el desánimo. Solo con una constancia y seguimiento adecuado podemos asegurarnos de que el barco que zarpa con un buen fin llegue a destino con éxito.

Hay que señalar que aquí no nos referimos a la, tan mencionada, resiliencia. Esta competencia, por supuesto, debe acompañar al líder en todo momento, ya que la capacidad de seguir adelante, más allá de los contratiempos, es esencial. Además, no debemos olvidar que el «cómo» también importa y que no solo consiste en lograr el objetivo. Esta diferencia entre lograrlo de un modo adecuado y no hacerlo (o no con los criterios y el modo deseado) se puede gestionar con un correcto seguimiento.

En muchos casos, los libros de gestión ponen el foco en el qué y cuándo y no en el cómo, y es aquí donde el líder criético tiene un papel relevante. Además, esta concienciación para que el grupo se haga responsable de este seguimiento sin desfallecer es también responsabilidad del primero.

Esta constancia en el seguimiento tiene mucho que ver con la planificación que se lleve a cabo y a quién se le asignen determinadas responsabilidades. Es el líder quien debe establecerlas.

Las organizaciones (de cualquier tipo) no se manejan solo desde la definición de la estrategia. Este proceso estratégico exige también una adecuada implantación de esta y su seguimiento.

En la determinación de la implantación son varios los factores en juego; de modo especial sus recursos y capacidades. Pero en el seguimiento es preciso tener claros los medidores y, sobre todo, ver las relaciones entre los distintos objetivos, observando cómo una medida afecta a cada uno de ellos y al conjunto. Este seguimiento precisa bajar al terreno y ser muy minucioso, ya que un pequeño margen de error en la mira telescópica de la estrategia tiene un alto impacto en la realidad de los objetivos.

Una de las personas con las que he tenido la fortuna de trabajar los últimos años, ha sido Segundo Huarte. Segundo ha sido decano del

Área Universitaria de ESIC y director general adjunto al presidente, Eduardo Gómez. Segundo, junto a otros, ha tenido la responsabilidad de lograr la acreditación como universidad privada de nuestra institución, así como muchos otros hitos con relación a investigación, posicionamiento de la universidad, etc., que han supuesto un trabajo intenso por parte de muchos profesionales que hemos trabajado con él. El propio exdirectivo de ESIC y del BBVA afirma que se delega la acción, pero no la responsabilidad y que, además, el seguimiento es una muestra de respeto para aquel en quien se delega.

El trabajo minucioso de seguimiento que Segundo ha hecho de todos los indicadores y pasos hasta conseguir cada una de las metas ha sido ejemplar. Sin duda, esto ha supuesto mucho trabajo y, por qué no decirlo, momentos de tensión, pero su incansable foco en cada aspecto ha hecho que todos hayamos aprendido mucho de él como líder. Garantía de éxito en el cumplimiento, este seguimiento de acciones por parte de Segundo es reconocido por todos los que hemos trabajado con él.

TEST DE AUTOEVALUACIÓN SOBRE LIDERAZGO CRIÉTICO

9 TEST DE AUTOEVALUACIÓN SOBRE LIDERAZGO CRIÉTICO

Como hemos visto a lo largo de todo el libro, el liderazgo criético responde a muchas cuestiones. En los siguientes apartados, podrás determinar tu nivel en cuanto a las tres dimensiones indicadas: liderazgo, pensamiento crítico y ética.

Completa el cuestionario aplicando la máxima honestidad. En base a ello, obtendrás un resultado. El objetivo es identificar áreas de mejora a partir de este.

9.1 Autovaloración nivel de liderazgo

Valora de 1 a 5 tu grado de identificación con la siguiente afirmación, siendo 1: No me siento nada identificado y 5: Me siento totalmente identificado.

Afirmaciones/Puntuación	1	2	3	4	5
Con frecuencia, tengo claros los objetivos de la organización y hacia dónde deseo llevar a mi equipo					
Inspiro optimismo en el grupo					
Insisto, con frecuencia, en la importancia del equipo					
Suelo estar dispuesto a asumir riesgos					
Con frecuencia, me sobrepongo a la adversidad de manera positiva					
Comunico de manera efectiva el rumbo que debe seguir el equipo					

→

Afirmaciones/Puntuación	1	2	3	4	5
Trato de fomentar, en todo momento, las capacidades de cada individuo del grupo					
Utilizo el sentido del humor para gestionar las relaciones y las situaciones					
Antepongo el bien del equipo al individual					
Siempre defiendo y protejo a mi equipo aunque esto no juegue a mi favor					
Conozco las habilidades de cada miembro del equipo y lo gestiono en base a ello					
Apelo a las emociones para motivar al equipo					
Conozco las motivaciones de cada miembro del equipo					
Fomento la discrepancia y valoro pensamientos alternativos					
Animo a la innovación					
Considero el error como parte del proceso					

Ahora suma los puntos en cada uno de los ítems e indica en qué nivel de liderazgo te clasificas:

Nivel	Puntos	Marca aquí
Muy bueno	Entre 65 y 80	
Bueno	Entre 49 y 64	
Aceptable	Entre 33 y 48	
Por mejorar	Entre 16 y 32	

9.2 Autovaloración nivel de pensamiento crítico

Valora de 1 a 5 tu grado de identificación con la siguiente afirmación, siendo 1: No me siento nada identificado y 5: Me siento totalmente identificado.

Afirmaciones/Puntuación	1	2	3	4	5
Siempre profundizo en la información de aquello que leo o escucho, más allá del titular					
Considero el contexto a la hora de analizar cualquier cuestión					
Con frecuencia, contemplo el objetivo de mi interlocutor					
Evalúo la calidad de mi pensamiento con frecuencia					
Cuando considero que estoy equivocado, rectifico mi razonamiento					
No tomo las críticas como algo personal					
Antes de abordar cualquier razonamiento o discusión, tengo claro el objetivo					
Con frecuencia, escucho activamente antes de responder					
No permito que mis emociones condicionen mi pensamiento					
Con frecuencia, contrasto la información de la que dispongo					
Suelo evaluar las repercusiones de mis decisiones					
Con frecuencia, me planteo si mi pensamiento podría haber sido diferente					

Ahora suma los puntos en cada uno de los ítems e indica en qué nivel de pensamiento crítico te clasificas:

Nivel	Puntos	Marca aquí
Muy bueno	Entre 49 y 60	
Bueno	Entre 37 y 48	
Aceptable	Entre 25 y 36	
Por mejorar	Entre 12 y 24	

9.3 Autovaloración nivel de comportamiento ético

Valora de 1 a 5 tu grado de identificación con la siguiente afirmación, siendo 1: No me siento nada identificado y 5: Me siento totalmente identificado.

Afirmaciones/Puntuación	1	2	3	4	5
Considero importante trabajar para una organización con un alto nivel de ética					
La situación de los demás me preocupa mucho					
El fin no justifica los medios					
No me siento cómodo poniendo mucha presión en los demás					
Estoy dispuesto a renunciar a una parte de mi salario por trabajar en una empresa muy ética					
Me preocupo por conocer el nivel de ética de mi empresa o entorno					
No me siento incómodo si tengo que denunciar un comportamiento poco ético					
Me aseguro de que mis decisiones respetan los intereses de los demás					
Siempre respeto mis promesas					
Siempre admito cuando cometo un error					
Ayudaría a un extraño aunque fuera incómodo para mí					
Siempre me comporto de manera ética, aun cuando nadie me haya visto y no tenga repercusión en mi vida					

Ahora suma los puntos en cada uno de los ítems e indica en qué nivel de ética te clasificas:

Nivel	Puntos	Marca aquí
Muy bueno	Entre 49 y 60	
Bueno	Entre 37 y 48	
Aceptable	Entre 25 y 36	
Por mejorar	Entre 12 y 24	

9.4 Autoevaluación dimensiones liderazgo criético

Como se ha expuesto en el libro, el líder criético tiene muchas dimensiones. En el siguiente apartado, se expone una tabla en la que se presenta cada dimensión. Tienes que completar el valor que te atribuyes a cada una de ellas. Posteriormente, la deberás reflejar en el gráfico radial. La valoración está entre 0 y 100. Cuanto mayor sea la superficie que abarque, más completo será tu liderazgo criético. ¡Mucha suerte y mucha sinceridad!

Dimensión	Puntuación
Optimismo	
Motivación	
Inclusión	
Inteligencia emocional	
Sentido del humor	
Imperfección	
Responsabilidad	
Comunicación	
Gestión de conflictos	
Gestión de líderes	
Información	
Confianza	
Coherencia	
Integridad	
Logro	
Equipo	
Exigencia	
Riesgo	
Resiliencia	
Pasión	
Cambio	
Servicio	

→

Dimensión	Puntuación
Desarrollo	
Flexibilidad	
Honestidad	
Lealtad	
Serenidad	
Seguimiento de acciones	

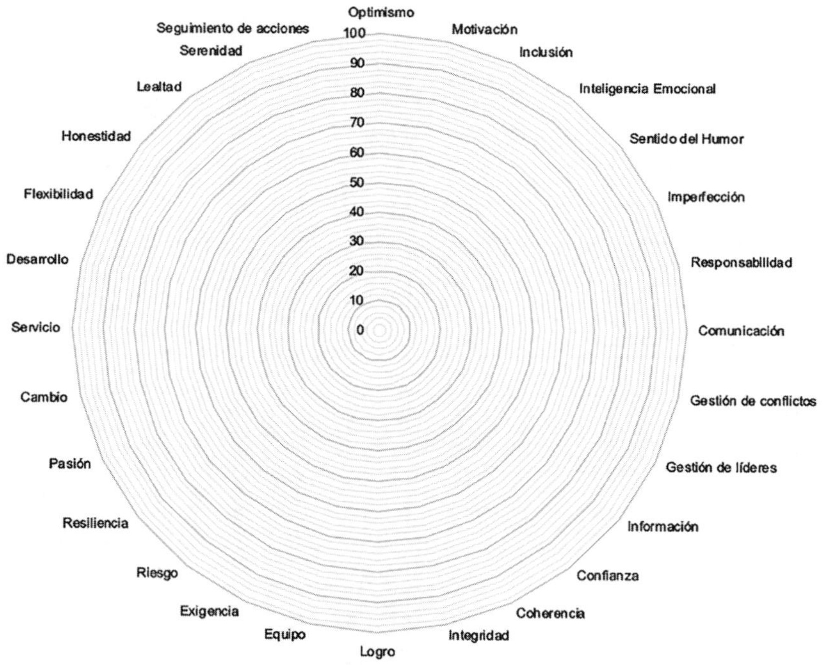

EPÍLOGO

En cualquier ámbito de la vida, necesitamos líderes. Y si no los necesitamos, son de gran ayuda. Esto es algo común a los terrenos políticos, sociales, deportivos y hasta en la comunidad de vecinos. De modo particular, en las organizaciones. Dichas organizaciones están compuestas por numerosas personas y, además, tienen un determinado objetivo y están sometidas a fuerzas muy diversas y cada vez más complejas. Estas características conforman la necesidad de contar con alguien que ejerza una función de liderazgo.

Este liderazgo es independiente de la posición y aporta una serie de servicios que, en muchos casos, son impagables. La velocidad de los tiempos hace que las características de esos líderes sean más complejas. De hecho, no todos cuentan con ese liderazgo, aunque, como hemos visto, son aspectos que se pueden trabajar. Lo cierto es que hay dos componentes que deben acompañar al líder de las siguientes generaciones.

Por una parte, está el análisis crítico. El análisis crítico sirve al líder para no dejarse convencer sin argumentos, por un tercero que, en muchos casos, pretenderá su interés sin ir más allá. Además, el contexto y modo de interpretar la información que nos llega son importantes. Hay que tratar de desbrozar todo aquello que nos condicione.

Con frecuencia, el aspecto interior, en forma de sesgos o creencias adquiridas ,es lo que juega al líder una mala pasada. Su conocimiento ayuda a su mejor gesión. La abundante información, pero imprecisa y sesgada, hace que esta capacidad de análisis crítico sea cada vez más relevante.

Una adecuada lectura de los agentes que intervienen y del contexto determinan los aspectos que hay que llevar a cabo para dicho análisis crítico. Sin una visión crítica de las cosas, cualquiera es manipulable y, por tanto, una marioneta. Una marioneta que, en el caso de los líderes, al haber muchas personas que lo siguen, puede tener consecuencias muy importantes e indeseadas. Para llevar a cabo cualquier fin, es preciso un análisis crítico de la situación y posibles alternativas.

Por otra parte, hay que referirse a la ética. Nos encontramos en un momento de tibieza. Tibieza en los valores y principios por los que una persona se rige. Como extensión de la persona, la sociedad. El líder del futuro (siempre debiera haber sido así) debe actuar de otro modo. Debe anteponer los valores y principios éticos a cualquier otra cosa. No todo vale. Y esto es algo que no dejaré de repetir. Las circunstancias pueden matizar muchos aspectos, pero no cambiar lo esencial. La ética, como motor del comportamiento, es algo innegociable. Y el líder debe estar muy convencido de esto y actuar en consecuencia.

No vamos a glosar lo que son principios éticos. Creo que están en la mente del lector, pero el respeto a todas las personas e instituciones, a los orígenes de cada uno, la honestidad, el mantenimiento de la palabra dada, el honor, la lealtad y el sacrificio por el bien de los demás seguro que están en la mente de todos.

El líder que he pretendido apuntar en este libro goza de dichos principios. Y los tiene como referente en su vida, tanto profesional como personal, porque la ética y los principios no son un traje de quita y pon.

El líder criético es un líder que atesora ambas características: pensamiento crítico y ética. Aunque con sus defectos, porque nadie es perfecto, lucha cada día para mejorar. Y a través de dicha lucha procura hacer de la organización en la que colabora (empresarial, deportiva, religiosa, social, etc.) una mejor versión de esta y transmitir estos principios y modo de actuar a todos con los que se relaciona para, de este modo, lograr una mejor sociedad.

BIBLIOGRAFÍA

Barroso Tanoira, F. G. y Salazar Cantón, J. R. (2010). Necesidades de capacitación en empresas comerciales y de servicios. Un estudio comparativo en 60 empresas de la ciudad de Mérida, Yucatán, México. *Panorama administrativo, 4*(8), 27-46.

Bass, B. M. y Avolio, B. J. (Eds.). (1994). *Improving organizational effectiveness through transformational leadership*. Sage.

Bennis, W. (1999). «The leadership advantage». Leader to leader12.2: 18-23.

Bozal, J. L. (2011). El papel de las escuelas de negocios en el desarrollo de un nuevo modelo económico. *Economía Industrial*, *381*, 19-29.

Brown, M. E., Treviño, L. K. y Harrison, D. A. (2005). Ethical leadership: A social learning perspective for construct development and testing. *Organizational behavior and human decision processes*, *97*(2), 117-134.

Capella, F. (2008). Ética individual y social. *Ecuador Ciencia*.

Cejudo, A. B. (2021). *Reinventa tu liderazgo: 12 claves para gestionar equipos*. ESIC Editorial.

Chamine, S. (2012). *Positive intelligence*. Greenleaf Book Group.

Ciulla, J. B. y Ciulla, J. B. (2020). The importance of leadership in shaping business values. *The search for ethics in leadership, business, and beyond*, 153-163.

Cohen, W. A. (2000). *New Art of the Leader*. Prentice Hall Press.

Cortina, A. (2005). *Ética de la empresa: hacia un nuevo orden global*. http:// www. etnor. org/publicaciones (2005).

Coutu, D. L. (2002). How resilience works. *Harvard business review*, *80*(5), 46-56.

Covey, S. R. y Gulledge, K. A. (1992). Principle-centered leadership. *The Journal for Quality and Participation*, *15*(4), 70.

Cruz Ortiz, V. y Salanova, M. (2011). Percepciones compartidas: cuando 1 y 2 son más que tres. *Fòrum de recerca de la Universitat Jaume I*, 16, 861-874.

Davis, K., Newstrom, J. W. y Agea, A. E. (2003). *El comportamiento humano en el trabajo*. McGraw-Hill.

Ryan, R. M. y Deci, E. L. (2017). Self-determination theory. *Basic psychological needs in motivation, development, and wellness*.

De Mello, M. F. (2015). La importancia del liderazgo sostenible como una estrategia de las organizaciones. *Revista ciencias estratégicas.*

Dos Santos, T. (2010). Economía mundial. Integración regional y desarrollo sustentable: las nuevas tendencias y la integración latinoamericana. . En *Obras reunidas de Theotonio dos Santos*. Universidad Nacional Autónoma de México.

Facione, P. (1998). Critical thinking. *Leadership, 104.*

Freeman, R. E. (1994), The politics of stakeholder theory: some future directions, *Business Ethics Quarterly*, Vol. 4 No. 4, pp. 409-421.

Gardner, J. (1989). Leadership Development. *NASSP Bulletin*, *73*(515), 73.

George, B. (2010). *True north: Discover your authentic leadership* (Vol. 143). John Wiley & Sons.

Glenn, E. S. y Glenn, C. G. (1981). Man and mankind: Conflict and communication between cultures. *(No Title)*.

Gómez-Rada, C. (2002). Liderazgo: conceptos, teorías y hallazgos relevantes. *Cuadernos hispanoamericanos de psicología*, *2*(2), 61-77

Green, M. T., Rodríguez, R. A., Wheeler, C. A. y Baggerly-Hinojosa, B. (2016). Servant leadership: A quantitative review of instruments and related findings. *Servant Leadership: Theory & Practice*, *2*(2), 5.

Greenleaf, R. K. (2002). *Servant leadership: A journey into the nature of legitimate power and greatness*. Paulist Press.

Hersey, P., Blanchard, K. H. y Natemeyer, W. E. (1979). Situational leadership, perception, and the impact of power. *Group & organization studies*, *4*(4), 418-428.

Hunt, S. D., Wood, V. R. y Chonko, L. B. (1989). Corporate ethical values and organizational commitment in marketing. *Journal of marketing*, *53*(3), 79-90.

James, H. S. (2000). Reinforcing ethical decision making through organizational structure. *Journal of business ethics*, *28*, 43-58.

Kahneman, D. y Tversky, A. (1972). Subjective probability: A judgment of representativeness. *Cognitive psychology*, *3*(3), 430-454.

Kamil Kazan, M. (1997). Culture and conflict management: A theoretical framework. *International Journal of Conflict Management*, *8*(4), 338-360.

Kets de Vries, M. F. (1994). The leadership mystique. *Academy of Management Perspectives*, *8*(3), 73-89.

Kimakowitz, V. E., Pirson, M., Dierksmeier, C. y Spitzeck, H. (2011), *Introduction to humanistic management in practice*. Palgrave Macmillan, Houndmills.

Koontz, H., O'Donnell, C. y Pérez Salgado, I. (1970). *Curso de administración moderna: un análisis de las funciones de la administración*. Ediciones del Castillo.

Kotter, J. P. (1996). *Leadership change*. Harvard Business School Press.

Kuligowski, W. (2019). Polskie jądra ciemności. Postkolonialne wymiary historii i kultury. *Czas Kultury*, *15*(03/EN), 125-132.

Lipman, M. (1987). Critical thinking: What can it be? *Analytic Teaching*, *8*(1).

McClelland, D. C. (1987). *Human motivation*. Cambridge University Press.

Madalina, O. (2016). Conflict management, a new challenge. *Procedia Economics and Finance*, *39*, 807-814.

Marques, J. F. (2007). Leadership: emotional ntelligence, passion and… what else? *Journal of Management Development*, *26*(7), 644-651.

Maslow, A. H. (1943). *A Theory Of Human Motivation*. pdf.

Michael, F. (2002). Liderar en una cultura de cambio. *Octaedro*.

Mischel, W., Shoda, Y. y Rodríguez, M. L. (1989). Delay of gratification in children. *Science*, *244*(4907), 933-938.

Munroe, M. (2005). *The spirit of leadership*. Whitaker House.

Nader, R. (1988). *Leadership and motivation*. https://n9.cl/0o25zi

Nathanson, C. (2021). The humanistic leadership model. *Excelsior College Journal of Business and Technology.*

Orellana, B. y Portalanza, A. (2014). Influencia del liderazgo sobre el clima organizacional. *Suma de negocios*, *5*(SPE11), 117-125.

Perdomo, Y., & Prieto, R. (2009). El liderazgo como herramienta de competitividad para la gerencia del servicio. *CICAG: Revista del Centro de Investigación de Ciencias Administrativas y Gerenciales*, *6*(2),

30-48.

Pirson, M. A. y Lawrence, P. R. (2010), Humanism in business–towards a paradigm shift, *Journal of Business Ethics*, Vol. 93 No. 4, pp. 553-565.

Ponce, P., Pérez, S., Cartujano, S., López, R., Álvarez, C. y Real, B. (2014). Liderazgo femenino y clima organizacional, en un instituto universitario. *Global conference on business and finance proceedings* (Vol. 9, No. 1, pp. 1031-1036).

Robbins, S. P. (1978). Conflict management and conflict resolution are not synonymous terms. *California management review*, *21*(2), 67-75.

Robbins, S. P. y Judge, T. A. (2009). Los equipos de trabajo. *Comportamiento Organizacional*, 320-344.

Rodríguez-Lluesma, C., Davila, A. y Elvira, M. M. (2014), Humanistic leadership as a value-infused dialogue of global leaders and local stakeholders, en *Humanistic Perspectives on International Business and Management*, Palgrave Macmillan.

Rost, J. (1993). *Leadership for the twenty-first century*. Greenwood Publishing Group.

Sánchez-Bayón, A. (2016). *Problemas y retos para alcanzar la sociedad del conocimiento: el deficit ético-moral y los cambios económico-sociales (propuesta humanista iberoamericana de postglobalización)*. Delta.

Sastre Segovia, F. J. (2016). *Una revisión crítica sobre el enfoque de las escuelas de negocio españolas*. [Tesis de Pedagogía. Universidad Pontificia de Comillas]. https://www.educacion.gob.es/teseo/imprimirFicheroTesis.do?idFichero=mJ53jWRLHJY%3D

Schaffer, B. (2008). Leadership and motivation. *Supervision*, *69*(2), 6.

Schein, E. H. (2010). *Organizational culture and leadership* (Vol. 2). John Wiley & Sons.

Schwartz, S. H. (1992). Cultural dimensions of values-Towards an understanding of national differences. *International journal of Psychology* (Vol. 27, N.°. 3-4, pp. 540-540).

Schwartz, S. H. (2012). An overview of the Schwartz theory of basic values. *Online readings in Psychology and Culture*, *2*(1), 11.

Seligman, M. E. (2000). Optimism, pessimism, and mortality. In *Mayo Clinic Proceedings*.

Seligman, M. E., Steen, T. A., Park, N. y Peterson, C. (2005). Positive psychology progress: empirical validation of interventions. *American psychologist*, *60*(5), 410.

Serban, A. y Roberts, A. J. (2016). Exploring antecedents and outcomes of shared leadership in a creative context: A mixed-methods approach. *The leadership quarterly*, *27*(2), 181-199.

Serra, J. P. (2010). *Coaching y liderazgo: Para directivos interesados en incrementar sus resultados*. Ediciones Díaz de Santos.

Sims, R. R. y Sims, S. J. (1991). Increasing Applied Business Ethics Courses in Business School Curricula. *Journal of Business Ethics , 10* (3), 211-219.

Sinek, S. (2011). *Start with why: How great leaders inspire everyone to take action*. Penguin.

Southwick, F. S., Martini, B. L., Charney, D. S. y Southwick, S. M. (2017). Leadership and resilience. *Leadership today: Practices for personal and professional performance*, 315-333.

Sternberg, R. J. (1986). *Critical Thinking: Its Nature, Measurement, and Improvement.* Yale University.

Thomas, H. y Thomas, L. (2011). Perspectives on leadership in business schools. *Journal Management Development , 30* (5), 526-540.

Tracy, B. (2014). *Leadership (The Brian Tracy Success Library)*. Amacom.

Ulrich, D., Smallwood, N. y Sweetman, K. (2009). *The leadership code: five rules to lead by*. Harvard Business Press.

Weybrecht, G. (2010). Grassroots: Giselle Weybrecht argues that business schools have a key role in preparing the next generation of business leaders to make sustainability the norm. *Global Focus: The EFMD Business Magazine , 4* (1), 26-29.

Williams, M. K. (2017). John Dewey in the 21st century. *Journal of Inquiry and Action in Education*, *9*(1), 7.

Yeh, S. C. J., Yuan, K. S., Chen, S. H. S., Lo, Y. Y., Chou, H. C., Huang, S., ... y Wan, T. T. (2016). The moderating effect of leadership on the relationship between personality and performance. *Journal of nursing management*, *24*(7), 869-883.

OTRAS FUENTES

https://www2.deloitte.com/content/dam/Deloitte/ca/Documents/audit/ca-audit-abm-scotia-high-impact-leadership.pdf

https://www.apollotechnical.com/leadership-statistics/
https://comparecamp.com/leadership-statistics/#6
https://www.gallup.com/workplace/245786/gallup-reports-share-leaders-2019.aspx
https://www.hbs.edu
https://www.linkedin.com/pulse/recent-leadership-data-statistics-you-should-know-johnson/
https://www2.deloitte.com/us/en/insights/focus/human-capital-trends/2019/21st-century-leadership-challenges-and-development.html
https://www.marshmclennan.com/content/dam/mmc-web/insights/publications/2019/sep/Leadership.Dvelopment.Trends.2019.pdf
https://media.ddiworld.com/research/GLF2021-final.pdf
https://www.ticpymes.es/tecnologia/noticias/1127524049504/86-de-trabajadores-considera-falta-liderazgo-directivos.1.html
https://www.weforum.org/agenda/2020/10/x-charts-showing-the-jobs-of-a-post-pandemic-future-and-the-skills-you-need-to-get-them/